新时代中国区域经济前沿问题系列丛书

中国区域经济
格局变动与增长极重构

ZHONGGUO QUYU JINGJI
GEJU BIANDONG YU ZENGZHANGJI CHONGGOU

张可云 等◎著

经济管理出版社
ECONOMY & MANAGEMENT PUBLISHING HOUSE

图书在版编目（CIP）数据

中国区域经济格局变动与增长极重构/张可云等著 . —北京：经济管理出版社，2023.10
ISBN 978-7-5096-9390-2

Ⅰ.①中… Ⅱ.①张… Ⅲ.①区域经济发展—研究—中国 Ⅳ.①F127

中国国家版本馆 CIP 数据核字（2023）第 204958 号

责任编辑：谢　妙
责任印制：黄章平
责任校对：董杉珊

出版发行：经济管理出版社
　　　　　（北京市海淀区北蜂窝 8 号中雅大厦 A 座 11 层　100038）
网　　址：www. E-mp. com. cn
电　　话：（010）51915602
印　　刷：唐山昊达印刷有限公司
经　　销：新华书店
开　　本：720mm×1000mm/16
印　　张：16.75
字　　数：331 千字
版　　次：2023 年 10 月第 1 版　　2023 年 10 月第 1 次印刷
书　　号：ISBN 978-7-5096-9390-2
定　　价：98.00 元

前　　言

　　中华人民共和国成立以来，特别是改革开放以来，中国的经济社会面貌发生了翻天覆地的变化，中国经济在世界经济中所占的份额日益提高，对全球经济增长的贡献率首屈一指。然而，虽然中国的国际地位、影响力与话语权不断提升，但历史上长期形成的区域发展不平衡不充分问题依然存在，不仅长期形成的面积较大的落后（"穷"）地区始终存在，而且自改革开放后又出现了工业基地老化（"老"）以及城市病（"堵"）等问题，区域利益矛盾与冲突时有发生，区域之间的发展差距仍然较大。在全面建成小康社会的伟大目标实现后，中国开启了建设社会主义现代化国家的新征程。可以说，如何"推动形成优势互补、高质量发展的区域经济布局"是建设社会主义现代化国家无法回避的重大课题。

　　事实上，自中华人民共和国成立至今，中国就一直在探索如何解决区域发展不平衡不充分的问题。20世纪50年代，毛泽东同志在《论十大关系》中提出正确处理沿海工业和内地工业的关系；20世纪80年代邓小平同志提出"两个大局"战略构想；20世纪90年代初期，在明确构建社会主义市场经济体制后，中央政府提出了区域协调发展战略，之后这一战略的内容随着发展条件与环境的变化而不断调整与丰富；党的十八大以来，以习近平同志为核心的党中央提出了京津冀协同发展、长江经济带发展、粤港澳大湾区建设、长三角一体化发展以及黄河流域生态保护和高质量发展等新的区域重大战略。当今世界正经历百年未有之大变局，党中央明确提出加快构建以国内大循环为主体、国内国际双循环相互促进的新发展格局。这就要求区域协调发展战略需要做出相应调整。在这样的背景下，2019年中国人民大学宏观经济论坛决定组织专门的课题组研究"中国区域经济格局变动与增长极重构"。

　　课题组由刘元春、杨瑞龙、毛振华总负责，张可云负责执行。参与研究讨论的专家（按姓氏拼音排序）主要有陈彦斌、丁守海、范志勇、刘凤良、刘晓光、刘元春、毛振华、孙久文、孙三百、王晋斌、王孝松、席强敏、闫衍、杨瑞龙、于春海、于泽、虞义华、袁海霞、张杰、张可云等。研究报告包括一个总报告与九个分报告,于 2020 年初完成。由于受到新冠病毒感染疫情的严重影响,直到 2020 年 9 月 26 日研究报告才以"中国宏观经济分析与预测报告(2020 年第三季度)"的形式公开发布。

本书是以 10 个研究报告为基础形成的,分总论与分论两个部分。总论部分是分论部分主要内容的概括,在分论部分研究的基础上提出了重构支撑中国经济增长的区域增长极的思路与建议,并对"十四五"时期培育新空间动能进行展望。分论部分分专题对有关中国区域经济格局变动与增长极重构的重大问题进行了详细讨论,共分 9 章。其中,有些章的内容没有纳入总论部分,但这些内容是总论部分中结论与建议的重要支撑。

本书的框架由张可云主持设计,经集体讨论形成,孙三百与席强敏协助张可云做了大量工作。本书总论部分参与者(按姓氏拼音排序)为何大梽、廖敬文、邵璇璇、孙久文、孙三百、文余源、席强敏、姚鹏、姚永玲、虞义华、张颖、张可云。分论部分各章的执笔人分别为:第 4 章,孙三百、张可云;第 5 章,张可云、廖敬文;第 6 章,孙久文、易淑昶、胡安俊、宋准、高宇杰;第 7 章,姚永玲、邵璇璇;第 8 章,席强敏、张颖、姚永玲;第 9 章,虞义华、王邹;第 10 章,姚鹏、孙久文;第 11 章,闫衍、袁海霞、汪苑晖;第 12 章,张可云、何大梽、朱春筱、孙鹏。书稿由张可云审定。

中国正在走向世界舞台中央。要引导不同类型的区域充分发挥自身发展优势和潜力,就必须优化区域经济格局并重构增长极,这是中国由经济大国转变为经济强国的必然要求。期望本书的出版有助于制定中国的区域协调发展决策,同时也有利于推动中国的区域经济研究。

张可云

2021 年 5 月 5 日于北京

目　　录

Ⅰ　中国区域经济格局变动与增长极重构：总论部分

I 中国区域经济格局变动与增长极重构：总论部分

内容提要

总论部分是分论主要部分的概括，在分论部分研究的基础上提出了重构支撑中国经济增长的区域增长极的思路与建议，并对"十四五"时期培育新空间动能进行展望。

经济进入新常态以来，中国创新活力不断提升并助推经济增长，第三产业成为拉动经济增长的主力军，且一些新经济增长态势较好，但投资和劳动力供给对经济增长的拉动作用较为有限。在空间上，各省份人均 GDP 存在微弱的趋同趋势，但是 GDP 不平等程度近年来有所上升。自 2013 年以来，南北差距不断扩大，东部、中部、西部和东北地区四大板块的总体差距则变化不大，但是东北地区经济增速从 2011 年开始急速下降，进而经济总量继续偏向东南沿海地区，各省份并未出现 β 趋同的情形。虽然重庆市经济总量在西部地区有崛起之势，但人均 GDP 较高的新兴发达城市更多出现在沿海地区。中国经济增长空间动能的主要问题在于沿海地区的优势进一步扩大，而落后地区创新能力较弱、政府债务率偏高和劳动人口占比偏低是其增长动能匮乏的重要原因，同时东南沿海地区的传统增长极辐射带动范围有限，中西部和东北地区需要依靠自身的发展挖掘出新的增长极。

在外部冲击和内部扰动的叠加影响下，为对抗经济下行压力，中国需要培育壮大经济增长的新空间动能。目前，中国经济正处于新旧动能转换的关键时期，区域新旧动能交替明显，主要表现在：第二产业的结构优势转变为结构劣势，由此造成了较大的经济损失，但第二产业的区域竞争优势仍是多数区域经济增长动能的主要来源；第三产业的产业结构优势开始释放经济增长新动能，甚至已取代第二产业的区域竞争优势，成为少数区域经济增长动能的主要来源。但是，对于大多数区域而言，第三产业结构优势贡献的经济增长量有限，仍需培育发展和深入挖掘第三产业结构潜在动能。未来中国经济的发展不仅要保留第二产业的区域竞争优势，还要重塑第二产业的产业结构优势，尤其是扭转传统工业的产业结构劣势，同时，还需继续着力开发、培育第三产业结构优势。通过协同推进各区域第二产业转型升级与第三产业发展，释放中国经济增长的新空间动能。

城市群是中国人口和经济增长的主要空间。其中，五个国家级城市群的聚集水平远高于区域和地方城市群；空间联系方面以京津冀、长三角和珠三角最为显著；内部一体化在各城市群相差不大。交通网络尤其是高铁建设突飞猛进使城市群成员之间联系日益密切；随着京津冀、长三角和珠三角城市群创新能力提升，人口将继续向主要城市群聚集，这些城市群融入全球城市网络的速度明显加快。与此同时，城市群之间差距明显缩小，中西部地区快速成长的城市群有助于重塑中国区域新格局。

中心城市及与其高度一体化的外围地区组成的都市圈，是带动全国经济增长、促进区域协调发展的重要空间载体。采用偏离—份额法、局部加权回归和空间统计分析等方法，对中国中心城市及其都市圈的经济增长和内部联系进行分析后得出：①中西部地区中心城市经济增长势头迅猛，尤其是西部地区的重庆、西安和成都这三个国家中心城市，而长春、天津和大连三个位于北方的中心城市经济增长低迷，缺乏动力。②从距城市中心 200 千米、500 千米、1000 千米和全国范围等空间尺度来看，长三角、珠三角和京津冀地区中心城市的市场潜能均明显高于其他地区，市场区位优势显著；但从交通可达性来看，位于中部地区的武汉和郑州交通区位优势较为明显，这一结论在考虑了经济份额权重之后仍稳健，未来经济增长潜力较大。③成都、深圳和广州都市圈整体经济增长迅猛，且都市圈内部联系紧密，综合发展实力强劲，而长春和重庆都市圈整体增速相对缓慢，且都市圈内部联系不紧密，一体化程度较低。

自进入新时代以来，高质量发展的主基调对中国经济社会发展的方方面面都提出了新的要求。新时代支撑经济增长的区域经济格局调整思路是：一方面要推进区域治理体系与治理能力的现代化；另一方面要构建区域协调发展新机制。区域发展不平衡不充分是社会发展不平衡不充分的重要表现之一，区域治理体系与治理能力的现代化和构建区域协调发展新机制，应分别从区域管理的方式手段、制度安排、现实抓手和结果评估等诸多方面来促进区域协调可持续发展，从而形成支撑经济增长的区域经济新格局。

新时期调整和优化我国区域经济布局，要求发挥优势、分类施策，重构增长极体系，纠正资源错配，释放创新活力。优势、老化和新兴这三类增长极的发展态势状况、面临的问题与挑战各不相同，因而增强优势增长极、振兴老化增长极和扶持新兴增长极应该采取因区而异的对策。

"十四五"时期，在国家新的区域政策体系下，我国区域经济发展将向着均衡化与非均衡化并存、区域繁荣融合与化解风险同行、以发展质量提升和不断优化区域空间结构的新发展阶段前行。"十四五"时期区域经济规划与政策重点是：①按照高质量区域发展的要求，持续优化区域空间结构；②构建多元的区域创新系统，驱动区域经济高质量发展；③进一步提升中心城市和城市群的承载力与资源配置能力；④通过优化区域政策不断提高空间治理能力；⑤进一步优化对外开放的战略布局。

1 中国经济增长态势与
区域格局变动

从 2013 年提出"三期叠加",到 2014 年做出中国经济发展进入新常态的重大判断,再到 2015 年提出"供给侧结构性改革",中国宏观经济调控根据国民经济周期性与阶段性变化不断深化。与此同时,世界经济增长持续放缓,世界格局加速变化的特征更趋明显,全球动荡源和风险点则显著增多。

当然,改革开放以来,中国积累了雄厚的物质基础与技术基础,拥有超大规模的市场优势和内需潜力,以及庞大的人力资本和人才资源。习近平总书记指出:"中国经济长期向好的基本面没有变。"2020 年是全面建成小康社会和"十三五"规划收官之年,需要实现第一个百年奋斗目标,为"十四五"时期经济发展和实现第二个百年奋斗目标打好基础。然而,当前中国经济形势整体欠佳且区域差异持续存在,迫切地需要从区域层面寻找未来经济增长的新引擎和新动能,挖掘经济增长潜能,保证经济平稳运行。

2020 年 5 月 14 日,中央政治局常务委员会会议提出,要充分发挥我国超大规模市场优势和内需潜力,构建国内国际双循环相互促进的新发展格局。当前,推进国内大循环要建立在统筹国内区域发展的基础之上,按照客观经济规律调整完善区域政策体系,合理规划经济布局,提高中心城市和城市群等优势区域的经济承载能力,充分发挥经济增长极的带动作用,以实现更大范围、更宽领域的经济循环。①

---

① 李燕:《推动形成国内国际双循环发展新格局》,人民网-理论频道,2020 年 6 月 22 日。

1.1 中国经济增长态势分析

1.1.1 "一带一路"开辟新空间

国际政治局势的不确定性对企业投资、外贸出口及居民消费产生了负面影响，拖累了全球经济。就中国经济而言，综观三大需求因素对中国经济增长的贡献，消费在近些年超越投资一跃成为第一拉动因素，而净出口因素对中国经济增长的拉动作用相对较小，甚至在部分年份为负值。2016~2018 年，净出口都出现了负增长，这与外部环境存在的风险不无关系。相对前几年而言，2019 年净出口对经济增长的贡献率转为正值（11%），拉动经济增长 0.67 个百分点。

在当前较为严峻的国际形势下，中国提出的"一带一路"倡议如何拉动全球经济增长成为外界关注的焦点。2019 年 4 月，习近平提出："从亚欧大陆到非洲、美洲、大洋洲，共建'一带一路'为世界经济增长开辟了新空间。"近年来，中国外贸出口先导指数缓慢上升，而出口企业综合成本指数逐步下降，呈现出良好的发展势头。可见，中国开放型经济同样迎来较好的发展机遇。由于新冠病毒感染疫情等原因，2020 年消费对 GDP 增长拉动-0.5 个百分点，资本形成对 GDP 增长拉动 2.2 个百分点，净出口对 GDP 增长拉动 0.7 个百分点。即使在 2020 年这一特殊年份，开放经济对 GDP 的拉动作用仍略高于 2019 年。

1.1.2 经济增速放缓但长期向好

在当前世界发展环境下，中国与世界经济增速均处于各自的相对低位。从近些年经济增长轨迹来看，世界 GDP（2010 年美元不变价格）保持平稳增长态势（2009 年除外）（见图 1-1），美国 GDP 增长速度与世界 GDP 增长态势趋同，中国 GDP 增长速度则高于世界 GDP 增速。中国经济总量与美国经济总量的差距不断缩小，以购买力平价衡量的实际 GDP 在 2014 年已经超过美国。近年来，美国 GDP 增速较低但自 2016 年以来有所提升，而中国 GDP 增速从 2007 年的高位逐渐下降。自 2013 年提出"三期叠加"和 2014 年经济发展进入新常态以来，中国经济虽然保持平稳增长，但是总体增速还是呈现出下降趋势，2016 年 GDP 增长率开始降到 7%以下，2019 年 GDP 增长率则为 6.1%。

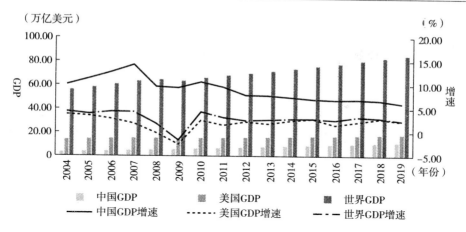

图 1-1 2004~2019 年中国、美国与世界 GDP 及 GDP 增速

资料来源：世界银行数据库。按 2010 年美元不变价格计算得到。

值得注意的是，2019 年 12 月开始出现的新冠病毒感染疫情给中国经济带来了较大挑战。当然，需要强调的是，这种影响是阶段性的、暂时性的，不会改变中国经济长期向好的基本面。① 2020 年，中国 GDP 增长 2.3%，成为全球唯一实现正增长的主要经济体。

1.1.3 经济增长动能逐渐转变

为识别中国经济增长的动能，以下分别从创新、投资和劳动力角度考察经济增长动力的来源，同时从产业和行业的角度考察中国经济增长动力的构成。

（1）增长源泉出现更迭

第一，创新活力不断增强。在世界知识产权组织发布的 2019 年全球创新指数中，中国连续 4 年保持上升势头，排在第 14 位，比上一年上升了 3 个位次。在国际专利方面，欧洲国家占据了前 10 名中的 7 席，在中等收入经济体中，中国和南非占据前 2 名②。从世界银行居民专利申请量数据来看，中国专利申请量自 2004 年以来不断增长，中国专利申请量占世界的比重也与专利总量一样保持着持续增长的趋势，这表明中国创新活力在不断提升（见图 1-2）。2019 年，中国境内外专利申请数量比上年增长 1.3%，授予专利权数量增长 5.9%，全年共签订技术合同数量比上年增长 26.6%。

---

① 《中国经济：长期向好，平稳运行前景阔》，http：//www.gov.cn/xinwen/2020-02/17/content_5479828.htm。

② 《全球创新指数 2019：中国排名再创新高》，https：//www.sohu.com/a/329647651_749842。

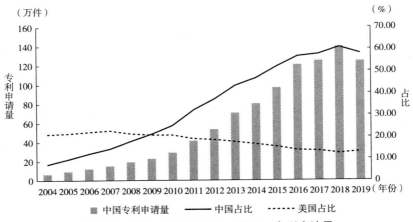

图1-2　2004~2019年中国（居民）专利申请量

资料来源：世界银行数据库。

第二，投资拉动的空间有限。2019年，全年全社会固定资产投资5.6万亿元，比上年增长5.1%，增长率低于2018年的5.9%。具体而言，2019年第一产业和第二产业投资增速低于2018年，第三产业投资增速高于2018年；分区域看，2019年东部和中部地区投资增速低于2018年，西部地区投资增速高于2018年，东北地区投资则下降3.0%。由于中央政府债务余额自2004年以来节节攀升（见图1-3），中央政府债务率（债务/GDP）则基本保持在15%左右。未来通过中央政府直接投资拉动经济增长的空间，可能出现减弱的趋势。

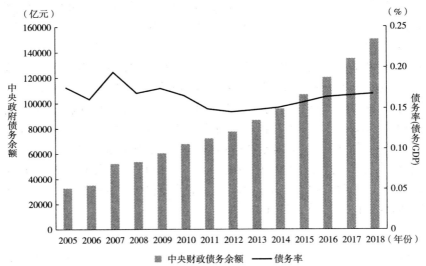

图1-3　2005~2018年中央财政债务情况

资料来源：国家统计局网站。

与此同时，作为拉动经济增长主要引擎的房地产市场，未来对经济增长的贡献可能继续下降。2019年，中国房地产业增加值69631亿元，增长3.0%，增长率低于2018年的3.8%。全国层面房地产投资的潜力，也可能继续保持在低位（见图1-4）。一方面，城市化对房地产投资的拉动不足。2019年中国城市化率已经达到60.6%，但是房地产住宅投资增长率呈现下降趋势。另一方面，城镇住房空置率不断增长，住房供给侧呈现出局部过剩的态势。未来如果继续扩大房地产住宅投资，可能会进一步提升住房空置率。

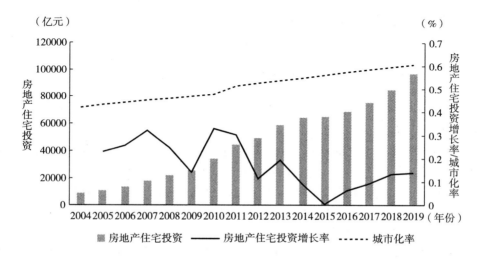

图1-4　2004～2019年房地产住宅投资变化趋势
资料来源：国家统计局网站。

第三，劳动供给拉动难以持续。作为经济增长的重要因素，中国总抚养比不断上升，即劳动年龄人口逐渐减少。2005～2010年，全国劳动年龄人口（15～64岁）增长迅速（见图1-5），但在2010年开始出现增长疲软，此后总抚养比（尤其是老年抚养比）不断提升，劳动年龄人口总量也开始呈现下降趋势，近几年来递减趋势尤为明显。2019年，16～59岁（含不满60周岁）劳动人口数量由2018年的64.3%下降到64%，而且作为沿海发达省份劳动供给重要组成部分的流动人口，由2018年的2.41亿人下降到2019年的2.36亿人。因此，中国依靠劳动力供给拉动经济增长的模式已经无法持续。

（2）第三产业成为增长主力

三次产业对经济增长的拉动作用，在2014年出现一个较为明显的变化。2014年之前，第二产业对经济增长的拉动作用基本上大于第三产业对经济增长

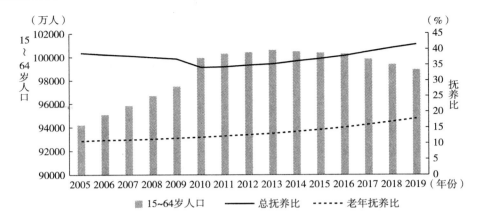

图1-5　2005~2019年劳动年龄人口与抚养比

资料来源：国家统计局网站。

的拉动作用，而2014年之后第三产业对GDP增长的拉动作用超过了第二产业，成为中国经济增长的主要引擎，并且二者的差距近几年有扩大的趋势。然而，值得注意的是，2019年第三产业对GDP的拉动作用较2018年有所回落，下降约0.7个百分点。2020年受新冠病毒感染疫情影响，第三产业对GDP的拉动作用为1.1%，仍高于第二产业的1%和第一产业的0.2%。

（3）新业态经济增长态势较好

在三大产业内部，不同行业对经济增长的拉动作用也存在明显差异。以信息技术革命为代表的新经济，不断推动高新科技产业快速发展，给传统产业发展带来了极大的冲击。智能化、数字化、生物科技、太空经济等对国民经济发展产生了深刻的影响。《中华人民共和国国民经济和社会发展第十四个五年规划和2035年远景目标纲要》明确指出："促进数字技术与实体经济深度融合，赋能传统产业转型升级，催生新产业新业态新模式，壮大经济发展新引擎。"事实上，自2004年以来，具体行业的增加值占GDP的比重呈现出明显的变化趋势，其中，农业和工业增加值所占比重大致呈现逐年降低的趋势，第三产业总体比重不断增加，与产业结构高端化的趋势保持一致。而在第三产业内部，房地产业、金融业增加值占比近些年分别保持在8%、6%左右，但是其他行业（包含信息传输、软件和信息技术服务业、科学研究和技术服务业、教育文化、体育和娱乐业等行业）增加值占比具有较为明显的逐年上升趋势，这表明一些归类于其他行业的新业态（如数字经济、共享经济等）正在不断呈现出较好的增长趋势。

1.2 区域经济格局的演变趋势

中国经济增长在空间上呈现出明显的分化现象，如南方与北方之间，东部、中部、西部、东北地区四大板块之间，在经济发展水平上都存在较为明显的差异。同时，不同省份所处的经济发展阶段不一样，自身经济发展的问题、任务和目标各异，因此需要区分各省份经济发展的阶段性特征以考察经济增长动力的空间差异。

1.2.1 地区差距呈扩大趋势

1949~2019 年各省份 GDP 总量的不平等程度，呈现出先下降后上升、近十年再次先下降后上升的总体趋势。改革开放以后，地区经济不平等程度持续攀升直至达到 2006 年的最高点（地区基尼系数为 0.43，此处仅反映省份之间的不平等，没有反映省份内部的不平等）。自 2006 年后，地区不平等程度开始逐渐下降，到 2014 年降至近 10 年来的最低点（地区基尼系数为 0.39），随后地区不平等程度又开始攀升，2019 年地区 GDP 基尼系数已经上升到 0.41。由此可见，近些年地区不平等程度在高位呈现进一步扩大的趋势。

进一步使用各省份人均 GDP 的空间不平等程度考察区域经济的空间演变，以检验各省份之间是否存在 σ 趋同①。1949~2018 年，地区人均 GDP 的不平等程度总体上处于水平波动的状态，Thiel 指数大部分年份维持在 0.1~0.2，2011 年以来 Thiel 指数降到 0.1 以下，表明存在微弱的 σ 趋同趋势。

1.2.2 板块格局发生变动

随着西部大开发、东北振兴、中部崛起等重大区域性战略的深入推进，区域发展协调性逐渐增强（盛来运等，2018），然而各大区域之间仍存在明显的差距。中国经济四大板块是区域经济分析中尤为重要的空间划分思路，可以充分体现地理空间的横向差异，而南北差距体现的是区域经济地理空间的纵向差异。以下从"一纵一横"两个角度来分析各板块间差距的变化趋势。

（1）纵向差距扩大

近年来，中国北方部分地区的 GDP 增速、工业增加值增速等指标出现一定

---

① σ 趋同是指不同经济系统间人均收入的离差随时间的推移而趋于下降。β 趋同用来描述人均收入的增长率与其初始人均收入水平之间的负相关关系。

回落，而南方地区则保持着平稳较好的发展态势，"南北差距"扩大逐渐成为我国区域发展面临的新问题（盛来运等，2018）。2004~2019年，南北地区不仅经济总量上的差距在逐步扩大（2019年北方地区GDP为南方的61.8%），经济增速在近几年也出现较大的差距，其中2013年为转折点。虽然2019年差距有所缩小，但是南方地区GDP增速仍高于北方地区1个百分点。

进一步考察南方地区和北方地区的内部差异和组间差异发现，北方地区内部GDP差异明显小于南方地区内部差异，但是近些年来内部差异都呈现较小的下降趋势，有"俱乐部趋同"的迹象。从Thiel指数的分解来看，全国GDP总体差异主要还是南方地区和北方地区组内差异导致的，南方地区和北方地区的组间差异占比较小。然而，值得注意的是，南方地区和北方地区的组间差异近几年有上升的趋势，表明"南北差距"在扩大。

（2）横向差距相对稳定

中国区域经济横向差异同样较为明显，2019年东部地区经济总量超过中部、西部和东北地区的总和，尤其是东部经济总量处于高位，同时GDP增速也与中部和西部板块保持较为一致的趋势。相反，东北地区经济总量较小，同时经济增速从2011年开始急速下降并且一直处于四大板块中的最低水平，充分反映了东北经济发展存在的问题。与之相比，中部和西部的GDP增速虽然也步入新阶段，但是近些年来GDP增长率一直略高于东部。

同样，进一步考察中国四大经济板块的内部差异和组间差异发现，西部和东部地区内部GDP差异明显大于中部和东北地区的内部差异，而且近年来东部、中部和西部地区内部GDP差异都没有出现明显的变动，但是东北地区内部差异呈现明显的下降趋势，即存在低水平的"俱乐部趋同"的迹象。从Thiel指数的分解来看，全国GDP总体差异同样主要还是四大板块组内差异导致的，但是四大板块之间的差异也不容小觑。而且，四大板块之间的差距并没有出现明显的变化，这表明中西部和东北地区未能较好地追赶东部地区经济发展的步伐。

1.2.3 省级经济空间格局演变

从南方、北方分区和东部、中部、西部、东北地区四大板块的分区可以看出，中国区域经济发展呈现较为明显的"一纵一横"的空间分化特征，但是进一步挖掘板块内部区域经济的差异，需要从省级层面进行更为细致的分析。

（1）大部分省份迈入工业化后期

区域经济发展处于不同阶段，其发展特征（面临的问题、任务与目标）存在鲜明差异。参考陈佳贵等（2006）的划分思路，使用人均收入水平、产业结构（三次产业结构）、工业结构（制造业增加值占总商品增加值比重）、空间结构

（人口城市化率）和就业结构（第一产业就业人员占比）五个指标，对 2017 年（2018 年部分省份数据缺失）中国各省份（香港、澳门和台湾地区相关数据缺失，未包含在内）经济发展阶段进行划分。2017 年，海南与西藏处于工业化中期；安徽、甘肃、广西、贵州、河北、河南、黑龙江、湖北、湖南、吉林、辽宁、内蒙古、宁夏、青海、山西、陕西、四川、新疆和云南处于工业化后期，北京、福建、广东、江苏、江西、山东、上海、天津、浙江和重庆处于后工业化时期。当然，这一划分标准也难以完全准确地判断各省份经济发展所处的阶段，但是大体上能在空间上反映各省份经济发展阶段的总体分布情况，即东南沿海地区率先进入后工业化时期，而中西部省份大部分尚未完成工业化进程。

（2）经济增长空间差异明显

第一，地区总量占比变化较小。2019 年，中国经济总量在空间分布上呈现明显的偏向东南沿海的特征，尤其是广东省、江苏省和山东省在经济总量占比上有明显的优势。其中，广东省、江苏省和山东省在 2014 年和 2019 年占全国实际 GDP 的比重达到 10% 左右。相比于 2014 年（经济步入新常态），除辽宁省和内蒙古自治区外，2019 年各省份实际 GDP 占全国比重并没有出现较大的变动。横向比较发现，中国经济步入新常态以来，2014～2019 年中国经济的重心并没有出现明显的变化，东南沿海省份所占的比重持续保持在相对较高水平，而中西部地区所占比重较低，尤其是西部地区 GDP 占全国的比重都处于全国平均水平以下。

第二，西部与东北贡献偏少。从各年份 GDP 较上一年的绝对增加额（本年度 GDP 减去上一年度 GDP）占全国增加额的比重来看，2019 年 GDP 增加额占比与 GDP 总量占比在空间分布上呈现出类似的特征，广东省、江苏省和山东省的 GDP 绝对增加额占比较高。相比于 2014 年，2019 年江苏省、山东省、重庆市和天津市的 GDP 绝对增加额占比出现了较为明显的下降趋势。广东省、江苏省、浙江省、福建省、湖北省、四川省、安徽省、河南省、山东省、陕西省、湖南省和北京市的 GDP 绝对增加额占比高于全国平均水平，其他省份则低于全国平均水平。因此，总体上西部地区和东北地区对 GDP 增长的相对贡献较少。

第三，β 趋同尚未出现。2018 年，处于后工业化阶段的省份经济增长率大体上低于工业化后期的省份，但是东北地区经济增长率相对较低，尤其是黑龙江省较为明显。从具体增长率来看，2019 年吉林、宁夏、黑龙江、天津、内蒙古、海南和辽宁的实际 GDP 增长率较低，其中天津市和吉林省的实际 GDP 出现负增长。具体而言，山西、重庆、浙江、河南、河北、四川、安徽、湖北、福建、湖南、江西、云南、青海、贵州和西藏的 GDP 增速高于全国平均水平，其他省份 GDP 增速低于全国平均水平。

进一步考察各省份人均实际 GDP 的增长情况发现，人均实际 GDP 增长率的空间差异与 GDP 增长率的空间差异较为相似，同样是处于工业化后期的省份人均实际 GDP 增长率大部分高于后工业化时期的省份，但也在一定程度反映了中国区域经济没有出现 β 趋同，与现有相关研究的发现（戴觅和茅锐，2015）保持一致。从 2018 年地区人均 GDP 及其增长率的关系来看，在剔除天津市和吉林省这两个人均 GDP 负增长的省份之后，人均 GDP 增长率与人均 GDP 水平并没有呈现明显的负向关系。与之相反，一些人均 GDP 较低的省份（黑龙江省、河北省、重庆市和山东省）的人均 GDP 增长率处于全国的下游水平，而一些人均 GDP 较高的省份（北京市、上海市、江苏省、浙江省、福建省和广东省）的人均 GDP 增长率处于全国的中等水平。由此可见，总体上中国各省份确实并未出现 β 趋同的情形。

1.2.4 城市经济空间的格局演变

为进一步考察各区域和省份内部经济增长的空间差异，以下分析全国地级以上城市经济发展水平在空间上的分布及其变化，以充分识别各板块和省份内部城市增长的核心——增长极。

（1）城市总体空间格局较稳定

从带动地区经济发展的城市增长极的十年变迁来看，2007 年和 2017 年中国城市 GDP 的空间分布，除天津市、苏州市和重庆市外，十年来城市经济发展的空间格局变化并不明显。2007 年处于第一梯队的城市为"北上广深"，2017 年处于第一梯队的城市有北京市、天津市、上海市、广州市、深圳市和重庆市。值得注意的是，作为西部成渝经济区的代表性城市，2007 年重庆市 GDP 总量在城市层面处于第二梯队（与成都市相同），2017 年则进入了第一梯队。

（2）沿海地区涌现一批新兴发达城市

由于人均 GDP 能更好地反映城市经济发展水平，进一步考察城市人均 GDP 的空间分布变化发现，2007 年克拉玛依市、苏州市、东营市、无锡市、深圳市、鄂尔多斯市、广州市、上海市、宁波市、大庆市和威海市处于第一梯队，2017 年深圳市、东营市、苏州市、无锡市、克拉玛依市、广州市、珠海市、南京市、常州市、杭州市、长沙市、北京市、镇江市、宁波市、佛山市、威海市、上海市、青岛市、武汉市和天津市处于第一梯队。由此可见，2007～2017 年这十年间鄂尔多斯市和大庆市人均 GDP 跌出第一梯队，而珠海市、南京市、常州市、杭州市、长沙市、北京市、镇江市、佛山市、青岛市、武汉市和天津市步入了第一梯队的行列，可见新兴发达城市更多出现在沿海地区。

1.3　经济增长明显极化

从各区域和省份的经济增长和人均 GDP 增长水平来看，大部分落后地区的省份经济增长乏力，可见中国经济增长在空间上同样存在诸多问题。

1.3.1　沿海地区优势在扩大

在全球经济下行的趋势下，2018 年各省份 GDP 增长率普遍不高，而且相比于 2008 年，各省份 2018 年 GDP 增速普遍出现明显下滑（除新疆、甘肃和西藏外）。尤其是中西部和东北地区的部分省份（内蒙古、宁夏、重庆、湖南、辽宁、吉林和黑龙江等），2018 年 GDP 增速相比于 2008 年出现大幅度下滑，低于全国各省份的平均增速。相反，一些发达省份，如上海、北京和广东虽然经济增速出现下滑，但仍然保持在全国平均水平附近，进而导致沿海发达省份的优势进一步扩大。当然，相比于 2008 年，一些欠发达地区 2018 年的 GDP 增速出现下滑，但还是保持着相对较高的 GDP 增速，如四川、贵州和广西等。

进一步考察人均 GDP 增速及其变化情况，同样发现很多欠发达省份的人均 GDP 增速低于沿海发达省份，如重庆、黑龙江和宁夏等省份人均 GDP 增速偏低，而北京市人均 GDP 增速相对较高。通过比较 2008 年和 2018 年的人均 GDP 增速发现，人均 GDP 增速较低的欠发达省份在 2008~2018 年人均 GDP 增速下滑幅度较大。与之相反，北京和上海的人均 GDP 增速处于相对较高的水平，而且 2018 年人均 GDP 增速明显高于 2008 年人均 GDP 增速。除北京和上海外，2008~2018 年全国各省份仅新疆和西藏人均 GDP 增速出现正向增长，其他省份 2018 年人均 GDP 增速均低于 2008 年，但是广东和浙江这两个发达省份人均 GDP 增速下降幅度较小，内蒙古、吉林、天津、宁夏和天津的下降幅度较大。

1.3.2　落后地区经济增长乏力

中国经济增长的空间动能问题，集中体现在落后地区经济增长缺乏驱动力。相比于发达地区，落后地区无论是技术创新和投资活力，还是劳动力供给，都缺乏推动经济快速发展所需的动力引擎。

（1）创新活力不足

近年来，虽然总体上中国创新能力不断加强，全球创新指数不断提升，但是地区间创新能力差异明显。以专利授予量反映的创新主要集中在沿海及发达省份，如广东省、北京市、江苏省、浙江省和上海市，广东省专利授予总量位居全国前列，同时增长率也高于全国平均水平。与此类似，在企业创新层面，由中国人民大学企业创新课题组发布的《中国企业创新能力百千万排行榜》中，在2019 中国企业创新能力 1000 强中，广东省独占 200 家，北京市有 150 家，江苏省有 114 家，上海市有 106 家，浙江省有 68 家，而宁夏和新疆分别只有 1 家。因此，落后地区缺乏技术创新活力是制约其经济快速发展，尤其是制约其参与新经济发展潮流的主要因素。

（2）高负债未带来高增长

各地政府通过大力举债积极推动经济发展和应对危机，在一定程度上对经济增长发挥了积极的作用，然后目前一些地方政府的债务风险较高，后续继续通过发行债务推动经济增长的空间不大。

中西部省份大部分还处在工业化后期，地方政府债务压力较大。2018 年末，地方政府债务余额规模排名前 5 位的地区为江苏省、山东省、浙江省、广东省和四川省，分别为 13286 亿元、11437 亿元、10794 亿元、10008 亿元和 9299 亿元。而地方政府负债率（以债务余额/GDP 衡量）方面，青海、贵州、海南、云南、内蒙古和宁夏负债率较高，广东、上海、江苏的负债率则相对较低。2018 年，地方政府债务率（以债务余额/综合财力衡量）方面，有 6 个省份突破国际警戒线（100%），即贵州、辽宁、内蒙古、云南、天津和湖南，青海和海南债务率则接近 100%。当前，经济下行叠加减税降费及土地财政的不可持续性，削弱了地方政府的偿债能力，加大了债务风险。[①]

现有研究发现，政府债务与经济增长之间存在"U"形关系，当政府受制于债务约束时经济增长率随着政府债务的增加而逐渐降低（陈诗一和汪莉，2016）。然而，从当前中国地方政府债务率与经济增长率之间的关系来看，虽然二者呈现较弱的"U"形关系，但是更多省份出现在离"U"形曲线较远处。贵州省与青海省具有很高的地方政府债务率，但是 GDP 增长率相比于其他省份（如甘肃、云南等）而言，并无明显优势。因此，落后地区在未来促进经济增长的过程中，如何权衡政府支出与经济增长的关系，有效控制地方政府债务风险，是寻找经济增长空间动能和保持经济稳定健康增长的重要方面。

（3）劳动力供给不足

虽然人工智能正在不断对经济增长产生影响，然而目前劳动供给仍是经济增长的重要因素。人口抚养比过高，在一定程度上制约了地区经济发展所需的劳动供给。从工业化阶段来看，中西部大部分省份尚未完成工业化进程，但是人口抚

---

① 《任泽平中国财政报告 2019：政府债务风险与化解》，https：//baijiahao.baidu.com/s? id = 1656290122367181708&wfr = spider&for = pc。

养比却高于东部沿海地区。人口抚养比明显高于全国均值的省份有河北省、安徽省、山东省、湖南省、广西壮族自治区、重庆市、四川省、贵州省和新疆维吾尔自治区，而且这些省份的抚养比基本上是在近几年有较大的提升。

从人口抚养比的变化来看，相比于 2014 年，基本上所有省份（天津、西藏、陕西和云南除外）2018 年的人口抚养比都出现进一步上升的趋势，其中山东省、浙江省、上海市、甘肃省的上升幅度尤为明显。进一步对比 2004 年和 2018 年的抚养比发现，广东省、海南省的抚养比下降幅度较大，天津市、山西省、内蒙古自治区、福建省、云南省、西藏自治区、陕西省、青海省和宁夏回族自治区都出现一定幅度的下降，而其他省份人口抚养比均出现不同程度的上升，其中，河北省、山东省的人口抚养比则增幅较为明显。

近年来，在中国劳动年龄人口总量快速减少的同时，劳动参与率的下降进一步推动了劳动供给形势的变化，并对中国经济增长形成了制约（都阳和贾朋，2018）。当前，欠发达省份（贵州、广西、四川等）人口抚养比反而较高，这些省份大部分尚未完成工业化进程，在人口抚养比较高和劳动力外流长期存在的情况下，难以支撑其经济快速发展的劳动力需求。相反，北京、上海、天津、广东等发达省份的人口抚养比相对较低。这种劳动年龄人口在空间上的差异性分布，有利于发达地区经济增长，却抑制了落后地区的追赶步伐。因此，劳动力供给在空间上如何优化配置，也是挖掘中国经济增长空间动能的重要方面。

1.3.3 传统增长极辐射范围有限

通过城市 GDP 的局部莫兰指数考察城市 GDP 的空间集聚形态发现，城市 GDP 在 2007 年出现高高集聚的区域，主要是以北京市、天津市、大连市、济南市和青岛市等为代表的环渤海经济圈，以上海市、苏州市、杭州市和南京市等为代表的长三角经济圈，以及以广州市和深圳市为代表的珠三角经济圈，即这些城市自身 GDP 水平较高，且周边城市 GDP 水平也较高。重庆市和成都市则属于高低集聚的类型，即自身集聚总量较高，但是周边城市经济总量较低。此外，舟山市为低高集聚，即自身 GDP 水平较低，周边城市较高，定西市属于低低集聚区域，即自身与周边城市 GDP 都处于较低水平。

相比于 2007 年，2017 年城市 GDP 的空间聚集形态总体上并没有发生根本性变化，只是长三角经济圈中的盐城市进入高高集聚的俱乐部，即长三角经济圈的辐射作用得到进一步体现，但辐射范围仍然集中在各自经济圈内部，同时台州市和温州市掉出高高集聚区。同样，2017 年环渤海经济圈和珠三角经济圈呈现高高集聚特征的城市相比于 2007 年有所减少，大连市、济南市、威海市和东莞市掉出高高集聚区，这表明这些仍然处于高高集聚形态的城市与周边掉出高高集聚区的城市的 GDP 差距在扩大。此外，中部地区城市出现一些新的变化，武汉市和长沙市呈现出高低集聚的特征，表明其在武汉城市群、长株潭城市群中的经济总量优势得到了进一步凸显。定西市则不再呈现低低集聚形态。总体而言，十年来环渤海经济圈、长三角经济圈和珠三角经济圈的辐射带动作用范围仍较为有限，相反有进一步极化的迹象。

2 中国经济增长的新空间动能识别

自 2008 年全球金融危机爆发以来，在外部冲击和内部扰动的双重冲击下，中国经济面临前所未有的挑战与机遇。面对艰难的内外经济环境，部分城市抓住机遇，顺应市场需求，顺利完成产业转型升级，实现新旧动能交替，维持经济社会持续健康发展；部分城市则未能及时调整产业结构的方向和重点，原有的经济增长动能后劲不足。在新冠病毒感染疫情冲击下，无论是民生，还是就业，都需要经济增长的支撑。因此，为应对经济增长减速的潜在风险，中国应及时把握各区域经济增长新旧动能变化的空间特征，并积极开发经济增长新动能，以保持经济稳定增长。

2.1 不同类型区域

不同类型区域的初始禀赋、发展条件以及发展阶段不尽相同，因而经济增长动能存在空间差异。本节从产业结构优势和区域竞争优势出发，分别以省域和城市作为空间单元，从省域和四大板块两类空间尺度，考察了经济增长动能的空间特征和变化趋势。

2.1.1 省份层面经济动能的动态变化与特征

根据《中国城市统计年鉴》的产业分类，我们将国民经济 19 类产业重新分为 8 类，并利用偏离—份额分析法（Shift-Share），分解各省经济增长量，得到产业结构分量和区域竞争力分量，以此分析省域层面经济动能的来源、变化和特征。[①]

---

① 关于产业分类与偏离—份额分析方法，详见本书第 5 章。

具体而言，偏离—份额方法将区域经济的增长量分解为全国分量（NS）、产业结构分量（IM）和区域分量（RS）三部分，各部分代表对经济增长的贡献程度。其中，产业结构分量和区域竞争分量之和称为总偏离。根据产业结构分量和竞争力分量把区域分为6类：第1类区域的产业结构分量和区域竞争分量均大于0；第2类区域的总偏离大于0，即产业结构分量大于0且区域竞争力分量小于0，同时，产业结构分量的绝对值大于区域竞争力分量的绝对值，意味着虽然区域竞争力分量对经济增长起到了消极作用，但是产业结构分量和区域竞争力分量的综合作用促进了区域经济增长；第3类区域的总偏离小于0，即产业结构分量大于0且区域竞争力分量小于0，同时，产业结构分量的绝对值小于区域竞争力分量的绝对值；第4类区域的产业结构分量和区域竞争力分量均小于0；第5类区域的总偏离大于0，即区域竞争力分量大于0且产业结构分量小于0，同时，区域竞争力分量的绝对值大于产业结构分量的绝对值；第6类区域的总偏离小于0，即区域竞争力分量大于0且产业结构分量小于0，同时，区域竞争力分量的绝对值小于产业结构分量的绝对值。为识别经济增长新动能，主要研究对象应该设定为总偏离大于0的区域。因此，以下主要对经济扩张期（2004~2008年）、经济收缩期（2009~2012年）和经济转型期（2013~2017年）内总偏离大于0的区域（第1类、第2类和第5类）展开分析。

（1）经济扩张期各省份经济动能来源

在2004~2008年的经济扩张期，工业比其他产业更具产业结构优势和区域竞争优势，是经济增长的主要动力。

从产业层面来看，相比其他产业，工业的经济贡献占绝对优势。全国有14个总偏离大于0的省份，这些省份的共同特征是工业对经济增长的贡献显著。具体体现在两个方面：就产业结构分量而言，与其他产业相比，工业的产业结构分量最大。就区域竞争力分量而言，在9个正偏离省份中，相比其他产业，工业的区域竞争力分量最大。

从省域层面来看，相比产业结构分量，区域竞争力分量对经济增长的贡献占据主导地位。在14个正偏离省份中，13个省份的区域竞争力分量均大于产业结构分量。山西是唯一一个通过产业结构优势弥补区域竞争劣势的省份。

（2）经济收缩期各省份经济动能来源

在2009~2012年的经济收缩期，工业的产业结构优势开始减弱。批发和零售业取代工业，成为最具产业结构优势的产业，但贡献的经济增长新动能有限。工业的区域竞争优势仍是经济增长动能的主要来源。

从产业层面来看，工业在经济增长中的绝对优势开始动摇。在总偏离大于0的22个省份中，工业结构优势贡献的经济增长量显著下滑。偏离—份额分析结果显示，经济扩张期和经济收缩期内总偏离均大于 0 的省份有 11 个。在经济收缩期，这 11 个省份的批发和零售业替代了工业，成为贡献最大产业结构分量的产业。但在 11 个省份中，除宁夏外，工业仍是贡献最大区域竞争力分量的产业。

从区域层面来看，区域竞争力分量对经济增长的贡献仍占据主导地位。在 22 个正偏离省份中，除天津、山西和重庆外，其余所有省份均是通过区域竞争优势弥补了产业结构劣势造成的经济损失。至于天津、山西和重庆，三者的产业结构分量与区域竞争力分量都大于 0，但产业结构分量对经济增长的贡献远低于区域竞争力分量。

（3）经济转型期各省份经济动能来源

在 2013 ~ 2017 年的经济转型期，金融业和其他第三产业取代了批发和零售业，成为最具产业结构优势的产业，贡献的经济增长新动能是少数省份经济增长的重要来源。但是，大部分省份经济增长动能的重要来源仍是工业的区域竞争优势。

从产业层面来看，共有 19 个总偏离大于 0 的省份，这些省份的工业、批发和零售业的产业结构分量均为负值，表示这两类产业已无产业结构优势，并对经济增长产生了负影响。在所有正偏离省份中，相比其他产业，金融业或其他第三产业贡献的产业结构分量最大，意味着金融业或其他第三产业开始释放经济增长新动能，并且成为东部少数省份最重要的经济增长动能（如北京和上海）。但是，大多数省份最重要的经济增长动能仍源自工业。工业是区域竞争优势最强的产业，为超过一半的正偏离省份贡献了最大经济增量。从省域层面来看，尤其值得注意的是，少数正偏离省份的产业结构分量开始取代区域竞争力分量，释放新经济增长动能。例如，上海和北京的产业结构分量不仅弥补了区域竞争力分量对经济的负面影响，还起到了带动经济增长的重要作用。

2.1.2 四大战略区域内增长极特征及动能转化趋势

本小节将研究视角由省域转向城市，运用偏离—份额分析法，分解东部、中部、西部和东北地区地级市在不同时期的经济增量。根据城市产业结构分量和区域竞争力分量，提出新方法，将所有城市分为三类增长极，从而分析四大战略区域内增长极经济动能的空间特征及转化趋势。增长极包括三类：优势增长极、新型增长极和老化增长极。

优势增长极是指在经济收缩期（2009 ~ 2012 年）和经济转型期（2013 ~ 2017 年）均为正偏离（产业结构分量和区域竞争力分量之和大于 0）的城市，以及 2018 年地区生产总值超过万亿元的城市。正偏离代表城市增长率超过同期区域平均水平。2008 年全球金融危机爆发后，在经济收缩期和经济转型期，都实现经济增长率超过平均水平的城市，可被视为具有长期稳定的增长优势。另外，对于国内生产总值超过万亿元的城市而言，即使总偏离小于0，较大的全国分量仍为城市经济增长动能转换奠定了坚实的经济基础。

新兴增长极是指在经济收缩期（2009～2012年），既无产业结构优势，又无区域竞争优势，但在经济转型期（2013～2017年）至少获得产业结构优势或区域竞争优势之一的城市；以及在经济收缩期只具有产业结构优势或区域竞争优势，但在经济转型期同时具有两种优势的城市。划分新兴增长极的依据是，经济遭受冲击后，城市应该至少在产业结构或区域竞争方面重新取得优势，才代表有能力开发经济增长新动能。

老化增长极是指缺乏抵御外部冲击和适应性调整的能力、经济增长潜能有限的城市。划分标准是，在经济收缩期（2009～2012年）和经济转型期（2013～2017年），始终不具有产业结构优势和区域竞争优势的老工业基地城市，以及在经济收缩期具有产业结构优势和区域竞争优势，但在经济转型期丧失这两种优势的城市。国家发展改革委于2013年印发《全国老工业基地调整改造规划（2013-2022年）》，用于推进调整改造老工业基地城市的产业结构，致力于改造旧动能，开发新动能。相比其他在经济收缩期和经济转型期始终不具有产业结构优势和区域竞争优势的城市，在经济转型期，老工业基地城市获得了国家针对性的政策扶持。在此背景下，部分老工业基地城市仍未培育出产业结构优势或区域竞争优势，这表明经济增长潜力有限，有理由将这些城市视为老化增长极。另外，2008年全球金融危机爆发后，部分城市由于过度依赖外贸市场，缺乏抵御外部冲击的能力，一旦外部环境发生剧烈变动，便容易同时丧失产业结构优势和区域竞争优势，导致经济发展滞缓或主导产业开始呈现衰退特征，因此，这样的城市也被定义为老化增长极。[①]

（1）东部地区增长极特征及动能转化趋势

东部地区第三产业的产业结构优势赶超第二产业的区域竞争优势，成为少数优势增长极经济增长动能的主要来源，但是，多数优势增长极的经济增长动能主要来自第二产业的区域竞争优势。未来，来自第三产业结构优势的新动能将与来自第二产业区域竞争优势的传统动能"并驾齐驱"，共同驱动东部经济持续向好。就东部地区优势增长极而言，第一，省会城市通常是优势增长极；第二，在产业结构方面，经济增长动能的来源从第二产业变为第三产业，但是，第三产业通过产业结构优势释放的新动能有限，仅是少数城市经济增长的重要来源；第三，第三产业结构优势贡献的经济增量有限，第二产业的区域竞争优势才是城市

---

① 四大板块不同时期的城市象限分布图，详见本书第5章。

经济增长动能的重要来源。

就东部地区新兴增长极而言，与优势增长极相比，第二产业的产业结构分量均为负值，第三产业的产业结构分量均为正值，但第三产业的产业结构分量对经济增量的贡献更加有限。新兴增长极的经济增长动能仍主要源自第二产业的区域竞争优势。

就东部地区老化增长极而言，3个城市的第二产业都陷入了发展困境。第二产业的转型升级滞后，造成了相应的产业结构劣势和区域竞争劣势，表现为第二产业的产业结构分量和区域竞争力分量为负值，对经济增长产生了较大的负面影响。

（2）中部地区增长极特征及动能转化趋势

第三产业的结构优势在中部地区初步彰显，但对经济整体增长的贡献有限。未来，来自第三产业结构优势的新动能有待持续成长壮大，与源于第二产业区域竞争优势的动能形成"双引擎"，共同助推中部地区经济增长。

就中部地区优势增长极而言，第一，中部地区2/3的省会城市都属于优势增长极；第二，产业结构优势释放的经济增长动能发生变化，由第二产业的产业结构优势变为第三产业的产业结构优势；第三，大部分城市主要凭借第二产业的区域竞争优势，实现了经济增长率超过中部平均经济增长水平。换句话说，相比第三产业的产业结构优势，第二产业的区域竞争优势是城市经济增长动能的重要来源。

就中部地区新兴增长极而言，与中部地区优势增长极相比，第三产业通过产业结构优势释放的经济动能更为有限。而且，新兴增长极的经济增长动能主要源自第二产业的区域竞争优势。

就中部地区老化增长极而言，与东部地区老化增长极类似，11个城市的第二产业同样缺乏产业结构优势和区域竞争优势，导致经济增长受阻。鉴于老化增长极数量较多，未来中部地区的经济发展应重点关注此类区域，避免其成为制约区域经济增长的瓶颈。

（3）西部地区增长极特征及动能转化趋势

西部地区经济增长的强劲动能主要来自第二产业的区域竞争优势。第三产业的产业结构优势仍处于培育阶段，释放的新动能有限，不足以支撑经济稳定增长。就西部地区优势增长极而言，第一，不同于东部和中部地区，西部地区只有少数省会城市属于优势增长极；第二，产业结构优势释放的经济增长动能发生转变，动能来源由第二产业的产业结构优势变为第三产业的产业结构优势，但第三产业的结构优势释放的新动能较少，并低于东部和中部地区的对应量；第三，西部地区优势增长极的经济增长动能主要来自第二产业的区域竞争优势。

就新兴增长极而言，与东部和中部地区新兴增长极的情况相似，多数城市经济增长动能主要来自第二产业的区域竞争优势。同时，第三产业的产业结构优势和区域竞争优势都不突出。就老化增长极而言，与东部和中部地区老化增长极的情况相似，第二产业对产业结构分量和区域竞争力分量的负面影响较强。而且，从经济收缩期到经济转型期，西部老化增长极的区域竞争劣势被进一步放大。因此，西部地区未来发展需重视老化增长极这一难题，防止其成为西部地区经济高速增长的阻碍。

（4）东北地区增长极特征及动能转化趋势

东北地区来自第三产业结构优势的新动能，普遍不足以抵消第二产业劣势对经济增长的负面影响，对经济增长的拉动作用更是有限。东北地区的经济增长动能主要来自第二产业的区域竞争优势。就东北地区优势增长极而言，第一，与其他地区截然不同的是，优势增长极不包含省会城市，这表明东北地区省会城市的产业结构优势或区域竞争优势不足；第二，从经济收缩期到经济转型期，具有产业结构优势的产业发生变化，第三产业的产业结构优势开始释放新动能，但是，新动能的经济拉动作用非常有限；第三，与第三产业的产业结构优势相比，第二产业的区域竞争优势才是支撑经济增长的重要动能；第四，优势增长极中高达5/7的城市属于《全国老工业基地调整改造规划（2013-2022年）》的范围内，这表明在国家的不断扶持下，全国老工业基地的调整改造取得了显著成效。

就东北地区新兴增长极而言，与东部、中部和西部地区的新兴增长极情况类似，经济增长动能主要来自第二产业的区域竞争优势。大连和哈尔滨第二产业的区域竞争力分量带动了整个东北地区的经济增长。

就东北地区老化增长极而言，7个城市都是老工业基地城市。第二产业的产业结构劣势和区域竞争劣势，对经济增长产生了严重的负向影响。东北地区工业历史悠久，老工业基地城市的工业发展已进入"路径依赖"的负锁定阶段，原有传统工业体系排斥新产业的进入和成长。因此，直接引入新产业替换原有产业存在一定困难。可先对原有产业进行重构或升级，重塑区域竞争优势，改善区域经济基础，再加大对产业结构的调整，从而逐步拓宽经济增长动能的来源。

2.2 城市群

进入新时期，城市群发展战略、规划和各项配套政策密集出台，以城市群为空间载体，带动区域协调发展，正在成为重塑区域空间新格局的主要力量。

2.2.1 城市群发展特征比较

2018 年中国 12 个城市群中，包括了 190 个地级及以上城市，城市数量约占全国地级以上城市数量的 65%，全部分布在经济发达地区和主要的经济增长区；12 个城市群市辖区的人口占全国城镇人口的比重从 2004 年的 51.23% 增至 2017 年的 58.86%，占全国总人口的比重从 21.4% 增至 34.44%，成为中国城市人口的主要集聚地区。

（1）经济聚集度

采用城市群占全国经济比重与区域经济密度的乘积表示城市群的经济聚集度。以 2004 年为基期进行平减得到 2017 年的实际地区生产总值，计算各个城市群的经济聚集度并进行标准化处理。

珠三角、长三角的聚集度显著高于其他城市群；京津冀、长江中游、山东半岛城市群则处于第二梯队，海峡西岸、成渝、辽中南、成渝城市群的聚集度相对更低，聚集度最低的城市群为哈长、关中和北部湾城市群。区域级城市群中，除山东半岛城市群的经济聚集水平较高之外，其余城市群都处于较低水平。总体来看，经济聚集度的东、中、西阶梯性差异明显。

（2）空间联系

采用腾讯位置大数据，以 12 个主要城市群内部日均人流量来计算城市连接性，取值为 0~1。[①]

内部连接性与城市群的级别存在明显正向关系，且不同级别城市群内部连接性有较大差异。国家级－Ⅰ类城市群，即京津冀、长三角和珠三角，平均连接性远超过其他级别城市群。区域级的城市群内部连接较低，如山东半岛、辽中南、哈长、海峡西岸城市群等，标准化后所得的连接性不足 0.1。在国家级－Ⅱ类城市群中，成渝城市群的内部连接性远高于长江中游城市群；长江中游城市群一直以来结构松散，各自为政较为普遍，分别以武汉、长沙、南昌 3 个核心城市为中心的都市圈之间还存在较大竞争。

（3）内部一体化

一般用基尼系数表示经济单元之间的发展差距，代替一体化程度。基尼系数越趋向 1 表明差距越大，越趋向 0 则越平均。以 2017 年各城市人均实际 GDP 作为基础数据，测算各成员城市的人均 GDP 基尼系数，并用 1 减去各城市人均 GDP 基尼系数，以衡量城市群内部的一体化程度。

国家级城市群的一体化水平最高，协同发展程度也最好。自 2014 年京津冀

---

① 结果见本书分论部分表 7-5。

协同发展大力推进以来，京津冀一体化水平不断提高，接近珠三角发展水平。珠三角城市群的城市化发展和城市群建设一直处于全国领先水平，随着"广佛同城化""深莞惠一体化"、广深线打通以及近年来粤港澳大湾区的建设，进一步提高了珠三角城市群的一体化水平。而长三角城市群明显形成了两个圈层，即苏沪浙城市的核心层和安徽城市的外围层，其中核心层的一体化仍然在全国处于高水平地位，核心圈层的均等性水平为 0.892，居 12 个城市群之首。成渝城市群与长江中游城市群的一体化水平差距不大。区域级城市群的一体化水平整体低于国家级城市群。

2.2.2 城市群发展潜力与态势分析

基础设施、技术创新和对外开放是中国城市群成长的主要动力。进入新时期，中国高质量发展环境将为城市群快速成长提供良好条件。

（1）交通网络迅猛发展使城市之间联系更加密切

基础设施之间的互联互通是影响城市群联系的关键因素。中国高速铁路营业里程从 2013 年的 1.1 万千米增至 2019 年的 3.5 万千米，占铁路营业的比重从 10.69% 增至 25.90%。围绕核心城市 1 小时或 2 小时经济圈形成的高速铁路，正在成为城市群关联的主要交通工具。根据全国高铁时刻表，按照最小乘车时间，筛选出位于核心城市"2 小时交通圈"内的城市高铁线路。

以广州、深圳为核心的珠三角城市群已基本形成"2 小时交通圈"；尽管京津冀城市群内部差距曾经较大，但高速铁路覆盖快速、内部连接和协调度明显提升；随着高速铁路"八纵八横"的逐步完善，苏浙沪与安徽省城市的连通性将会进一步提高，长三角城市群将会有更大的成长空间。对于国家级-Ⅱ类的两个城市群，高速铁路对核心城市的连接性作用不明显，城市群联系潜力受阻。在区域级城市群中，随着黄河生态经济带进一步建设，中原城市群核心城市郑州作为交通枢纽将发挥更大作用；辽中南城市群与哈长城市群，随着东北振兴战略的进一步落实，交通网络和核心城市地位将会更加突出；海峡西岸、关中以及北部湾城市群的交通网络最为稀疏，将影响城市群的内部连接性。

（2）技术创新成为城市群的主要增长动力

技术创新越来越成为城市合作的主要方式。中国城市群的技术水平与创新实力参差不齐，差距较为悬殊。

在 12 个城市群中，发明专利授权量最多的是三个国家级-Ⅰ类城市群，京津冀、长三角、珠三角三者之和占据 12 个城市群的 63.75%，创新要素的集聚优势显著。

（3）城市群之间差距呈缩小趋势

随着区域协调步伐加快，以及新型城镇化战略深入推进，未来不同城市群之间的差距将不断缩小。将 2004~2017 年中国 12 个城市群的经济总量年均增速作对比。其中，10 个城市群的经济年均增速高于全国年均水平，哈长城市群和辽中南城市群发展较缓慢，年均增速分别为 7.47% 与 6.27%，这与东北区域整体面临萧条问题、经济转型困难有关。

国家级 - Ⅰ 类城市群的年均增速低于国家级 - Ⅱ 类城市群，尤其是成渝城市群，作为西部板块的增长核心，年均增速为 12 个城市群之首，长江中游城市群的年均增速也位居前列。北部湾和关中区域级城市群，近年来增长势头极为强劲，增速分别达 12.9% 和 12.26%。这说明中西部地区的城市群在快速成长，将为地区发展提供强大引擎，有助于缩小全国地区之间的差距。

（4）与世界城市网络进一步融合

随着进一步对外开放，国家级城市群中的核心城市正逐步成长为世界城市乃至全球中心城市。从实际利用外资总量来看，三大城市群是区域级城市群的 2 倍。

正是由于三大城市群的对外开放窗口效应，使这些城市群及其核心城市在世界城市网络中的地位迅速提升。根据拉夫堡大学全球城市工作组（GaWC）的全球城市网络排名显示，近年来中国城市在世界城市网络中的地位迅速提高。

在 2004 年与 2018 年 GaWC 发布的世界城市排名中，中国进入世界城市名册的城市数量增加非常迅速。尤其是 β（全球二线）城市的数量增加最多，包括成都、杭州、天津、南京、武汉、重庆、苏州、大连、厦门、长沙、沈阳、青岛和济南，基本为国家级城市或区域及城市的核心引领城市；北京、上海、广州、深圳也相继进入全球一线城市之列。基于此可以推断，未来中国的城市群发展也将在这些核心城市的引领带动下，逐步向建设世界级城市群的发展方向迈进，不断与世界城市网络融合。

2.2.3　城市群增长趋势的类型划分

随着城市化进入稳定期，城市群将成为经济和社会发展的主要载体和主要空间形态。其中，人口和经济将继续向城市群聚集的优势更加明显。

（1）人口增长趋势与类型

2004~2017 年，中国城镇人口从 41.62% 增至 58.52%，上升了 16.9 个百分点。与此同时，人口的增长进一步向大城市和城市群集中，2004~2017 年，中国城镇人口的年均增长率达到 3.17%，且主要分布在较为成熟的城市群区域（见图 2-1）。

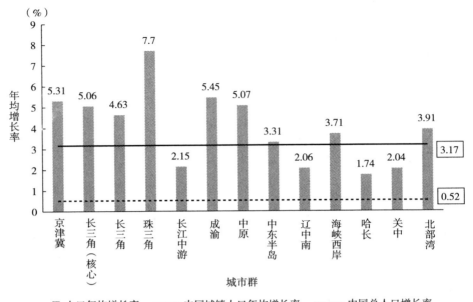

**图 2-1　2004~2017 年中国 12 个城市群市辖区常住人口
年均增长率与全国城镇人口年均增长率比较**

资料来源：2005 年和 2018 年《中国城市统计年鉴》。

珠三角城市群市辖区人口增长率远高于全国平均水平；成渝、京津冀、中原以及长三角城市群人口增长率也居于前列；山东半岛、海峡西岸以及北部湾城市群人口的增长率也高于中国城镇人口的年均增速；中部地区的长江中游城市群、西部的关中城市群、东北的哈长和辽中南城市群人口年均增长率明显低于全国平均水平。

12 个城市群的人口增长主要表现为三个类型：人口高增长区，主要包括珠三角、京津冀、长三角、成渝和中原城市群；人口较高增长区，主要包括山东半岛、海峡西岸和北部湾城市群；人口低增长区，主要长江中游、辽中南、哈长和关中城市群。

（2）经济增长趋势与类型

尽管中国城市群的发展起步较晚，但增速较快。12 个城市群市辖区经济体量从 2004 年的 8.01 万亿元增至 2017 年的 30.8 万亿元，年均增长率达 10.92%；同期，占全国经济总量的比重从 49.53% 增至 53.41%。以 12 个城市群 2004~2017 年实际 GDP 为基础数据测算各城市群年均增速，与全国年均增速进行比较。

在 12 个城市群中，有 10 个年均 GDP 增速超过全国平均水平。经济增长趋势明显分为三个类型：高增长型，以成渝城市群最为典型，反映了产业向中西部转移、中国区域格局进一步趋于平衡的发展趋势；中高增长型，包括北部湾、长江中游、珠三角、关中、京津冀、海峡西岸、山东半岛、中原和长三角9个城市群，城市群数量最多，反映了城市群作为中国经济主要增长极的特征；低增长型，主要为哈长和辽中南两个东北城市群。

（3）经济聚集趋势与类型

2004~2017年，12个城市群的经济总量占全国比重从49.59%增至53.00%，2017年已经超过全国总量的一半以上，这反映出经济活动仍然在向城市群聚集。

分级别类型来看，国家级城市群增长速度均较高，尤其是长江中游城市群，经济份额提升的幅度仅次于京津冀和长三角城市群；区域级城市群所占比重有所下降，其中，东北地区的辽中南与哈长城市群的比重下降明显；关中、北部湾以及海峡西岸城市群则增长速度较快。

由此可知，经济活动将持续向发育良好的城市群聚集，发展较为成熟的长三角和珠三角的扩散效应逐渐显现；成渝、长江中游等国家级城市群以及关中等区域级的城市群，仍需不断聚集要素，增强自身极化效应，引领区域快速发展；区域级城市群需要改善经济发展环境，为承接要素转移提供条件。

2.3 中心城市与都市圈

2019年2月国家发展改革委发布的《关于培育发展现代化都市圈的指导意见》指出，"都市圈是城市群内部以超大特大城市或辐射带动功能强的大城市为中心、以1小时通勤圈为基本范围的城镇化空间形态"。本书将据此界定中国都市圈的空间范围。从相关政府文件和文献研究来看，国家中心城市和万亿俱乐部城市都应该具有较强的辐射带动能力，故结合两者的城市名单以及超大和特大城市，最终确定了北京、上海、天津、广州、深圳、重庆、成都、武汉、南京、杭州、西安、郑州、苏州、青岛、长沙、宁波、大连和长春作为研究对象。考虑到未来城市周边轨道体系不断完善，本书将通勤时间延长到1.5小时以内（含），以此来确定都市圈的空间范围。

2.3.1 中心城市与都市圈的经济发展特征比较

（1）中心城市的经济发展特征比较

党的十八大以来，中国经济发展进入新常态，2013~2017年GDP年均增长

7.1%，经济增长保持在合理区间。18个中心城市在2013~2017年GDP的平均增速也为7.1%，与全国平均增速持平，经济增长极的带动作用没有得到充分发挥。从各中心城市来看，增速差距较大，重庆、西安、深圳和成都的平均增速均超过了9%，经济增长势头迅猛。除深圳和杭州外，高增长城市集中分布在中西部地区，尤其是重庆市，年均增速达到9.8%，表明中西部地区的中心城市增长极作用正在逐步显现。与之相反，长春、天津和大连三个北方城市经济增长低迷，其中大连的经济发展呈现负增长，年均下降了2.4%，虽然这与前期GDP数据存在虚高相关，但也表明东北经济增长动力严重不足。

从产业结构来看，除重庆、长春、大连和宁波外，其余中心城市的第三产业比重均超过50%，表明绝大多数中心城市的经济发展已表现出了服务经济的特征，产业结构已进入后工业化阶段。从动态变化来看，18个中心城市的产业结构均呈现出进一步向服务化方向转型的特征，2013~2017年第三产业占比都得到了提高，其中，长沙、郑州和天津第三产业占比上升幅度较大，分别提高了16.0个、10.1个和10.0个百分点。郑州和长沙的产业结构也从以第二产业为主导的工业化阶段过渡到了以第三产业为主导的服务经济阶段。中心城市对地区的服务功能正在逐步显现。

（2）都市圈的经济发展特征比较

为认识都市圈的经济发展特征，分别从经济增速、产业结构和竞争力角度进行分析。受区县数据可获得性的限制，数据选取的年份为2017年，增长率均以2016年为基期，采用各省份CPI指数平减后的实际增长率。资料来源以《中国城市统计年鉴》和《中国县域统计年鉴》为主，这两个年鉴中缺失的数据来自各城市的统计年鉴和区县的统计公报。

第一，经济增速对比。成都、深圳、郑州、杭州和南京等10个都市圈2017年的GDP增速均超过都市圈整体9.74%的平均增速，经济增长势头迅猛，尤其是成都都市圈，增速高达13.45%，遥遥领先于其他都市圈，深圳、郑州和杭州都市圈的增速也都超过了12%；与之相反，北京、青岛、重庆和长春等8个都市圈的经济增速则低于平均水平，其中长春和天津都市圈受中心城市经济低迷的影响，增速仅分别为3.54%和3.67%，明显低于其他都市圈。

第二，产业结构对比。以18个都市圈为标准区域，对各都市圈2016~2017年的经济增量进行SSM分析。从结构偏离分量来看，北京、上海、深圳、广州和天津都市圈的产业结构优势十分明显，尤其是北京和上海都市圈，结构偏离分量增率分别为0.97%和0.68%，2017年第三产业增加值占GDP的比重分别达到了77.13%和66.15%，进入了后工业化发达阶段。而其他13个都市圈的产业结构劣势问题较为突出，尤其是宁波、重庆和大连都市圈的产业结构升级仍存在较大空间，2017 年第三产业增加值占 GDP 的比重分别为 43.69%、44.27% 和 46.10%，服务功能有待强化。

第三，竞争力对比。从竞争力偏离分量上看，成都、郑州、深圳、杭州和西安都市圈的竞争力较高，而天津、长春和长沙都市圈的竞争力明显不足，造成了经济增长乏力。为深入揭示都市圈三次产业部门的竞争力情况，对都市圈三次产业部门在 2016~2017 年的增量进行 SSM 分解。

北京和长春都市圈的三次产业竞争力偏离分量均为负值，而深圳、成都、武汉、南京和杭州都市圈的三次产业竞争力偏离分量均为正值，成为推动经济增长的关键动力。另外，天津、广州、西安、郑州和长沙都市圈的竞争力优势主要体现在第三产业上，上海、重庆、苏州、青岛、宁波和大连都市圈的竞争优势则主要来源于第二产业。

2.3.2　中心城市的市场潜能与交通可达性分析

中心城市对周边地区发展的作用主要体现在其辐射和聚集能力上。下面将从中心城市的市场潜能和交通可达性两方面来分析中心城市的辐射与聚集能力。

（1）中心城市的市场潜能

对于中心城市而言，本地经济规模及其周边地区的城市规模是其潜在的需求规模，需求规模越大，市场潜能也相应越大。本书借鉴 Harris（1954）和 Crozet（2004）的度量方法衡量各中心城市的市场潜能。中心城市辐射空间范围不同，对市场潜能的测度产生的影响也不同。因此，为保证分析结论的稳健性，分别基于距城市中心 200 千米、500 千米、1000 千米范围内和全国范围，测度了各中心城市的市场潜能。

测算结果显示，市场潜能高的城市仍主要分布在长三角、珠三角和京津冀三大重点区域，其中长三角和珠三角中心城市的市场潜能明显高于京津冀。通过比较不同空间范围内的市场潜能可以发现，深圳、上海、广州和苏州的市场潜能主要分布在 200 千米范围内，因为周边地区较为发达的经济为中心城市的发展提供了广阔的市场空间。此外，无论是从哪个空间范围来看，西部和东北地区中心城市的市场潜能明显较低，市场区位处于劣势地位；而东部发达地区中心城市的市场潜能明显高于东北和中西部地区。

（2）中心城市的交通可达性

交通作为联系地理空间中社会经济活动的纽带，是中心城市辐射带动周边地区经济发展的根本保证。中国高铁快速建设带来的时空压缩将对沿线城市与区域空间组织产生深远影响，该影响主要源于交通可达性的提高。基于 2017 年的火车时刻表数据，我们收集整理了各地级及以上城市之间的最短乘车时间，然后测度了各中心城市与其他城市的简单平均乘车时间和以 2017 年各城市 GDP 占全国份额为权重得到的加权平均时间，以此度量各中心城市的交通可达性。

无论是从简单平均乘车时间，还是基于经济份额加权得出的平均乘车时间来看，交通可达性最优区均集中于京沪、京广、沪昆相交叉的东中部三角地带，其中位于中部的武汉和郑州交通可达性最好；中心城市交通可达性最差的区域则分布在成渝地区，其交通网络连接度较低。此外，各中心城市的简单平均乘车时间均明显长于经济份额加权的平均乘车时间，由此可以反映出，铁路线路的布局遵循了市场发展规律，趋向于缩短与经济发展水平较高的城市之间的通勤时间。

2.3.3 都市圈内部的发展差距与空间相关性

都市圈的经济发展追求整体竞争力提升和产业结构升级，但同时更强调都市圈内部各空间单元之间的经济联系与分工合作。本节将采用空间统计分析方法，从区县层面剖析都市圈内部的发展差距与空间相关性。

（1）都市圈内部经济发展的空间差异

借鉴 Cowell（2000）的方法，采用基尼系数 Gini 和泰尔指数 Theil，测度各都市圈内部区县之间经济发展水平差异。结果显示，长三角内部的次中心城市，宁波和苏州都市圈内部的经济发展差异相对较小，均衡程度较高。以超大城市为中心的都市圈内部经济发展水平差异相对较大，这在一定程度上表明超大城市对周边地区极化效应的强度大于扩散效应；重庆都市圈内部的经济发展差异最大，主要原因是重庆市远郊区的经济发展水平较低。

（2）都市圈内部经济发展的空间相关性

基于都市圈分区县 GDP 数据，采用莫兰指数（Moran's I）和 G 统计量衡量各都市圈内部空间单元之间经济发展的相关性，权重矩阵使用反距离权重矩阵。Moran's I 可以判断出都市圈内部的经济发展呈现的是集聚、离散还是随机分布的特征，而 G 统计量则可以进一步判断经济发展是呈现高值集聚还是低值集聚的特征。郑州、苏州和长春都市圈的 Moran's I 不具有统计学上的显著性，故区县之间的经济发展不存在空间相关性；其余 15 个都市圈内部的经济发展均存在相关性。结合 Moran's I 和 G 统计量的结果可以进一步得出：上海、西安、青岛和大连都市圈内部经济发展的空间相关性相对较强，且呈现显著的正相关关系，表明大多数都市圈的空间一体化正在形成。

2.3.4 都市圈增长趋势的类型划分

基于以上分析结论，根据各都市圈整体经济增长和内部联系程度，可将都市圈的经济增长划分为以下五种类型（见表 2-1）。

表 2-1　都市圈经济发展的类型划分

发展类型	都市圈
整体增速迅猛，且内部联系紧密	成都、深圳和广州都市圈
整体增速较好，且内部联系紧密	北京、武汉、杭州、西安、南京和宁波都市圈
整体增速较好，但内部联系不够紧密	郑州和苏州都市圈
整体增速缓慢，但内部联系紧密	天津、长沙、大连、青岛和上海都市圈
整体增速缓慢，且内部联系不紧密	长春和重庆都市圈

2.4　中国增长极的类型

基于上文对不同类型区域和不同空间尺度的增长极类型的划分，本节将进行简单总结。

从传统的省域和四大战略区域来看，按优势增长极、新兴增长极和老化增长极标准来考察，首先，东部地区各省份以绝对优势占据了最多的优势增长极；动能转换趋势良好，第二产业的竞争优势明显，带动部分优势增长极的增长率超过全国平均水平；第三产业的结构优势对经济增长的拉动在全国范围内越发突出。其次，中部地区的优势增长极集中在省会城市，产业结构正经历第二产业向第三产业转型的阶段，但后者优势仍不明显；无论是大多数优势增长极还是新兴增长极，主要拉动力还是第二产业；老化增长极数量较多，需要特别关注。再次，西部地区的优势增长极数量虽然不少，但其中省会和核心城市不多，反映出整体经济社会实力相对落后；在优势增长极和新兴增长极中，第三产业的拉动力十分有限；对于老化增长极而言，产业和结构优势皆落后较大。最后，东北地区的优势增长极中未包含省会城市，大多属于老工业基地城市，说明相关外部政策调节取得了一定成效；然而，其老化增长极数量较多且全是老工业基地城市，第二产业在产业结构和竞争力方面均严重滞后，反映出其调整产业结构和重塑老工业区优势的任务仍旧严峻。

从 12 个国家级和区域级城市群来看，首先，在人口增长方面，珠三角、京津冀、长三角、成渝等基础设施完善，综合发展程度成熟的城市群是主要的人口聚集地，中西部地区城市群对人口吸引力依然较弱。其次，在经济增长方面，成渝城市群增长势头最大，体现出极强的追赶优势；而北部湾、长江中游、珠三角、关中、京津冀、海峡西岸等 9 个城市群增长速度次之，但也都超过了全国平均水平；只有哈长和辽中南两个东北城市群落后于全国平均水平。最后，在经济聚集方面，长三角、珠三角和京津冀城市群对经济活动和要素集聚的吸引力仍然较大，其他地区城市群需要在增强自身极化吸引力上更加努力。

从18个中心城市及其都市圈来看，成都、深圳和广州都市圈整体增速迅猛，且内部联系紧密；北京、武汉、杭州、西安、南京和宁波都市圈整体增速较好，且内部联系紧密；郑州和苏州都市圈增速较好，但内部联系不够紧密；天津、长沙、大连、青岛和上海都市圈内部联系紧密，但整体增速趋缓；长春和重庆都市圈不仅内部联系不够紧密，且经济整体增速低迷。

3 增长极重构与中国经济增长的新空间动能培育

重构增长极以培育中国经济增长的新空间动能，需要有明确的区域经济格局调整思路，也需要分门别类地促进不同类型增长极的发展并提升其带动作用。

3.1 支撑经济增长的区域经济格局调整思路

新时代支撑经济增长的区域经济格局调整思路：一方面要推进区域治理体系与治理能力的现代化；另一方面要构建区域协调发展新机制。区域发展的不平衡与不充分是社会发展不平衡不充分的重要表现之一，如何有效地解决区域发展不协调的现实问题是中国经济在全球经济下行压力下保持预期增速的关键。推动区域治理体系与治理能力的现代化和构建区域协调发展新机制，需要分别从区域管理的方式手段、制度安排、现实抓手和结果评估等诸多方面促进区域协调可持续发展，从而形成支撑经济增长的区域经济新格局。

3.1.1 区域治理体系与治理能力现代化

坚持和完善中国特色社会主义制度、推进国家治理体系和治理能力现代化是全面深化改革的总体目标，也是解决不平衡不充分问题的基本要求以及推动人类命运共同体构建的基础。区域治理体系是国家治理体系中十分关键的组成部分，区域治理能力现代化是国家治理能力现代化的重要标志。任何一个国家发展到一定程度后，都难以避免出现落后、膨胀与萧条三类区域病（这三类病可简称为"穷""堵""老"）并存的局面，也难免在一定程度上扩大区域差距并引发区域之间的利益矛盾与冲突。促进区域协调发展包括两个方面的主要内容：一方面，从区域内部考察，需要着力解决"穷""堵""老"三类突出问题；另一方面，从区域间关系考察，需要缩小经济与社会发展水平的区域差距，化解区域之间的利益矛盾与冲突，并促进区域合作。为此，必须充分发挥好市场与政府的作用，并运用科学、规范的手段完善区域治理。

区域治理体系现代化，就是要建立科学的区域治理结构，完善区域治理的制度安排。区域治理体系现代化的主要内容包括三个方面：

第一，处理好市场与政府在区域经济发展中的关系，发挥市场与政府在促进区域发展与区域关系协调中的作用。在区域治理中处理好市场和政府的关系，首先要明确适宜当前经济发展阶段的空间尺度，在政策针对性更强的新时代，过大的空间尺度显然是不可取的，取而代之的是城市群、都市圈和中心城市这些更加具体的空间单元。一方面，以政府的力量促进要素在以城市群为主体的空间尺度中有效流动，尽可能削减由于要素的远距离流动而带来的高昂的社会成本，从而形成以城市群为主要形态的增长动力源，进而带来中国经济的整体协调发展；另一方面，遵循市场规律，促进各城市群内部要素自由流动和资源有效配置，以大城市发展推动区域增长极的高质量发展，进而辐射带动城市群内其他城市，实现以大城市发展来增进效率、增强全球竞争力，通过中小城市的要素流动，使其参与到全球分工网络中，从而减少差异分化，兼顾平等，最终形成空间上的平衡发展。

第二，从纵向与横向两个方面建立健全的区域协调体系。在纵向方面，处理好中央与各级地方政府在区域治理中的职能分工与定位；在横向方面，处理好同级行政区域间的关系，妥善安排区域之间的横向经济联系与合作。具体而言，包括三方面的内容：一是加强中央政府的调控。在空间治理中，中央政府的调控旨在从区域治理的角度为空间治理提供工具。中国目前的区域治理采用的是分立的职能部门模式。这种模式在一定程度上可以调动相关部门参与区域开发的积极性，但因区域开发时需要协调多方人力、财力、物力以争取区域政策项目，易造成区域与地方间的矛盾和冲突。二是强化地方政府横向联系。在区域治理时，必须重视区域与地方当局的作用，将自上而下和自下而上的治理方式相结合。三是促进非政府主体合作。除了中央政府外，区域政策的实施还需要其他一些组织或机构。

第三，完善区域管理的基本制度基础，具体包括区域管理机构的设立、标准区域和问题区域的划分、区域规划与政策的工具选择法制化以及区域规划与政策实施的监督和评价。这四个方面的制度基础可概括为处理好"四管"，即谁管、管谁、咋管与管效。其中前两个"管"涉及的是体制改革，而后两个"管"涉及的是区域协调发展的机制。

区域治理能力现代化，就是要提高各级政府职能部门的区域管理水平与能力。中央政府区域管理职能部门的区域治理能力主要体现在实现区域协调发展三大目标的能力方面，这三大目标分别是基本公共服务均等化、基础设施通达程度比较均衡、人民基本生活保障水平大体相当。地方政府区域管理职能部门的区域治理能力主要体现在两个方面，即协调辖区内子区域间的发展能力以及促进与同级行政区域合作的能力。

3.1.2 区域协调发展新机制

党的十九大报告明确提出"建立更加有效的区域协调发展新机制"。2018 年底发布的《中共中央　国务院关于建立更加有效的区域协调发展新机制的意见》（以下简称《意见》）规定，区域协调发展的目标为"基本公共服务均等化、基础设施通达程度比较均衡、人民生活保障水平大体相当"三部分内容，将缩小区域发展差距提炼为着手解决公共服务、交通通达性和收入水平三个现实问题，这无疑加强了政策的目标导向性，使落实到各负责部门的工作任务更加具体，实施效果也更加易于检验。区域协调发展的内容可归纳为"统筹有力、竞争有序、绿色协调、共享共赢"十六字方针。

统筹有力主要强调政府统筹区域发展的职责，这需要政府提升统筹能力。进一步加强中央政府的宏观调控能力，针对区域间的差别和区域格局的动态变化进行精准施策。毫无疑问，统筹区域发展是中央政府的职责之一。统筹能力的提升，一方面能够满足"新机制"的要求，另一方面也有助于实现"治理体系和治理能力现代化"的目标。中央政府在统筹社会主义现代化建设的过程中发挥着不可或缺的作用，其宏观调控能力毋庸置疑，尤其是在处理一些跨区域合作事务时，能够快速有效地促进地方政府之间的合作，打破行政壁垒。同时，在处理各个空间层面的具体问题时，还要考虑到区域间差别和区域格局的动态变化，根据不同区域的具体情况进行精准施策。

竞争有序的关键在于保证不同区域内的微观利益主体在区域竞争时不发生冲突并强化合作，避免区域间的重复建设、原料大战与市场封锁。企业跨区域活动都是为了追逐利益，但单个企业的逐利行为不一定与政府的区域协调发展目标相吻合，而且可能造成无序竞争，引起市场关系混乱。竞争有序的主体是企业，企业也是非政府主体之中最具活力、占比最重的一部分。因此，竞争有序的重中之重便是企业之间的有序竞争。企业的区内（区间）活动旨在追逐高额利润，但企业的利益最大化很难与区域利益最大化实现"双赢"的匹配，一旦不相吻合，便会造成无序竞争和市场关系混乱。可以说，有效处理企业竞争秩序的问题就是牵住"竞争有序"目标的"牛鼻子"。因此，地方政府要充分充当企业之间利益关系的"调和剂"，充分运用区域规划和区域政策两种手段，通过规范、正确的引导方式，健全、完善的市场机制来引导企业的区域行为。

绿色协调包括两种理解：一种是绿色发展加上协调发展；另一种是强调生态文明的区域协调发展。两种解释的核心内容都是在实现人与自然和谐的基础上促进区域协调。确保绿色协调主要有主体功能区制度与区域产业发展负面清单两种手段。主体功能区在"十一五"规划中首次提出，至今已经历了由规划到战略，再到制度的过程，充分表明主体功能区日益受到中央的重视。值得注意的是，在"十三五"规划中提出的"创新、协调、绿色、开放、共享"的新发展理念中，主体功能区是支撑其中协调与绿色两大发展理念的具体战略措施。区域产业发展负面清单是一种正在尝试的区域管理制度创新，其目的是禁止不符合生态文明要求的产业在特定区域布局。制定合理的区域产业发展负面清单，无疑是政府协调区域发展的重要职能之一，不但要兼顾地方发展和"绿水青山"，更要明确由哪些机构执行、监督与评估这类清单。

　　为了实现各区域间"基本公共服务均等化、基础设施通达程度比较均衡、人民基本生活保障水平大体相当"的协调发展目标，必须建立共享共赢机制，确保在全国整体发展的基础上各区域的发展水平与生活水平趋于平等，主要依靠问题区域扶持政策与对口支援政策两种手段。在中央政府对问题区域实施的政策中，不同类型政策的重点有所不同：扶持"穷"者的政策重点应落脚于促使其加快从农业社会转向工业社会或服务业社会，最终步入现代化轨道；扶持"堵"者的政策重点在于促使其通过产业结构与布局调整吐故纳新，永葆经济发展活力；扶持"老"者的政策重点应倾向于帮助其通过产业转型或重构，重振昔日雄风，最终目标是恢复往日活力和地位。对口支援政策是有中国特色的区域扶持政策。完善对口支援政策，需要在效率与均衡负担方面加以改进。正是由于对口支援具有无偿性，往往会重政治效果而轻经济效率。提高对口支援项目的效率，应该围绕受援区域的需要安排支援项目；发达地区中也存在地区发展水平的差距，财力雄厚的发达地区应该对口支援落后地区中的难点地区，而财力一般的发达地区应该对口支援落后地区中条件较好的地区，以适当均衡负担。

　　总之，协调区域发展是政府不可推卸的职责，但无论采用何种机制，必须以市场在资源配置中起决定性作用为前提。只有处理好政府与市场的关系，才能使区域协调发展新机制更加有效。在社会主义市场经济条件下，政府的作用领域是有限的，协调区域发展是政府，特别是中央政府有限作用领域中的重点。中央政府在构建区域协调发展新机制时，还需要充分调动并积极引导地方和企业参与协调区域发展，并规范地方政府执行区域规划与区域政策的行为。因此，区域治理体系与治理能力现代化是区域协调发展新机制能够高效实行的前提条件，而区域协调发展新机制的确立则是区域治理体系与治理能力现代化的目标导向，二者的相互作用将形成支撑经济增长的区域新格局。

3.2　支撑经济增长的区域增长极重构

经济发展进入新常态后，供给侧结构性改革后的内外部环境条件促使我国必须重构经济增长的动力机制。增长动力机制的重构有多个维度：宏观维度的关键是实现发展方式的转变；微观维度的重点是推动企业转向自主创新；空间维度要着眼于优化资源空间配置，重塑区域协调发展的增长极体系，通过多管齐下共同推动经济从规模增长转向高质量发展。前两个维度国家层面采取了系列政策措施并取得了显著成效。在空间维度上，国家十余年来出台了一系列国家级区域规划和区域政策，对我国区域空间布局产生了深刻影响，重塑了我国经济地理版图，区域发展出现了空间分化，增长极空间格局变化显著。新时期，为应对国内外经济下行压力，迫切要求我们发挥优势，分类施策，重构增长极体系，纠正资源错配，释放创新活力，支撑全国经济稳定增长。

3.2.1　高质量发展的区域经济布局要求

未来我国区域经济布局的调整和优化，应该遵循区域经济发展的基本规律，并为高质量发展提供高质量的空间动能载体，从地理上构建推动高质量发展和区域协调发展的空间增长极体系。

（1）合理分工优化，完善空间治理

各地区要落实主体功能区战略，根据各自的优劣势条件，走合理协作分工、整体协同优化发展的路子，完善空间治理，避免各自为政、互设壁垒的"一亩三分地"思维定式，加速推进形成优势互补、高质量发展的区域经济布局。

（2）认清新形势，谋划新思路

我国区域发展格局正在经历巨变，区域分化明显。新形势下构建支撑高质量发展空间动能体系的总体思路：按照客观经济规律调整完善区域规划和政策体系，充分发挥各地区比较优势，促进各类要素充分流动和高效集聚，增强区域发展的创新驱动，以中心城市和城市群等经济发展优势区域为载体，分级分类提升各增长极的经济承载力，加快构建支撑高质量发展和区域协调发展的新空间动能系统。

（3）构建新机制，落实新举措

构建新的空间动能系统，需要新的发展机制和改革措施，必须从多方面培育和健全区域协调发展的新机制，抓紧落实有关政策措施，形成全国统一开放、竞争有序的商品和要素市场，尽快改革土地管理制度，全面建立生态补偿制度，完善财政转移支付等制度建设。为构建层次分明、相互衔接的新空间动能系统提供制度和机制保障。

3.2.2 增强优势增长极

城市群是承载我国发展要素的主体空间，区域布局优化应以城市群发展为主导。根据前文所述城市群增长趋势和城市尺度优势增长极分布关系显示，城市群尺度的优势增长极包括长三角、珠三角、京津冀、长江中游、成渝和海峡西岸6个城市群。优势增长极具有雄厚的经济规模基础，良好的增长态势，是当前和下一阶段我国经济增长的重要空间动能源泉，其发展应进一步增强优势，创新驱动，克服短板，保持活力，为创造和支撑我国经济稳定增长提供更为可靠的空间动能。

（1）瞄准世界级城市群定位发展目标

高层次的发展目标是激发增长潜力的重要动力。六大优势增长极是国内最具实力的增长极，世界级城市群目标是其合理的下一个目标。其中，长三角、珠三角（粤港澳大湾区）和京津冀三个城市群已具备了世界级城市群的雏形，并且都明确提出了世界级城市群的建设目标。长江中游城市群、成渝城市群和海峡西岸城市群与国际联系的区位优势和通道优势明显，都处于陆上或海上丝绸之路的枢纽性节点，陆海（河）空交通体系快速便捷，长江中游城市群和成渝城市群已开通了汉新欧、渝新欧、蓉新欧等洲际铁路。更重要的是，六大优势增长极都是我国科教资源、创新要素、尖端技术服务、高端金融、国际商务、高端设计制造等高级生产性服务业的聚集地，具备了向全球提供高端生产性服务的基础和条件。这六大城市群作为优势增长极，应从战略高度优化提升城市群内部创新增长动力，建设面向全球、引领全国的世界级城市群。通过服务全球激发增长动力，进而成为全国的引领性增长新动能。

（2）构建提升增长动能的网络空间格局

充分发挥各城市群核心城市的引领带动作用，拓展都市圈功能，推动各增长极形成核心—都市圈网络化空间结构，夯实支撑城市群新增动能产生的空间基础。对于长三角城市群，进一步提升核心城市上海的全球城市功能，提高其全球城市能级，加速其进入世界城市行列的速度，以更好地发挥其对长三角城市群的核心带动和辐射作用。依托交通轴线网络，推动南京、杭州、合肥、苏锡常、宁波等都市圈的同城化，促进沿海、沿江、沪宁合杭甬、沪杭金衢等发展带的聚合化发展，打造"核—圈—带"的网络型空间结构。

珠三角城市群（粤港澳大湾区），进一步整合广州、深圳、香港的高级生产服务和先进制造功能，提升其全球城市的能级，延伸其全球生存空间，进一步推动广佛、深港、珠澳等都市圈的同城化和粤港澳大湾区一体化空间网络结构的形成。

京津冀城市群，着力提升北京、天津双核的全球城市功能，推动北京打造具有强辐射力的世界城市，推进北京、天津、石家庄、唐山等都市圈的同城化，推动京津塘、京石邯、京雄等发展轴带的高品质发展，形成支撑区域新动能创造的空间网络。

成渝城市群，依托西部大开发、"一带一路"和蓉新欧、渝新欧等洲际通道，进一步提升其核心城市成都和重庆的能级和辐射范围，发挥出更大的双核带动作用。推进成都和重庆两个都市圈的一体化，构建以成渝发展主轴为重点，以沿江、成德绵乐两带为次轴，以多城市为节点的空间网络化格局。

长江中游城市群，依托长江经济带提升其核心城市武汉、长沙和南昌的全球城市功能，推动武汉城市圈、长株潭城市群、鄱阳湖城市群的紧密协作联系和一体化进程，构建长三角支持新增长动能培育的网络空间结构。

海峡西岸城市群，通过提升厦门、福州的全球城市核心能力，推进福州都市圈、厦漳泉都市圈、温州都市圈、汕头都市圈等的聚集功能，推动与对岸台北、台中、高雄等城市的紧密连接和经贸合作，共同打造世界级"海峡城市群"，以提升其在全球的能级，为增长极新动能的培育提供更广阔的全球基础。

（3）强化创新驱动增长新动能

经济转型升级首先需要创新驱动战略升级。六大增长极应进一步实施创新驱动发展战略，营造优良创新生态，充分发挥城市群内部科教资源密集、高级人力资本富集、创新制度政策环境优渥等优势，大力聚合国际国内创新要素，构建协同创新共同体，健全协同创新机制，加快发展新经济，支撑引领经济转型升级，激发经济发展内生动力和活力，培育壮大增长新动能。

（4）完善以交通为主导的基础设施互联互通网络

六大城市群作为优势增长极，已经拥有较好的基础设施网络和发展条件，但面对经济下行压力，以及进一步挖掘增长动能潜力和创造增长新动能的要求而言，依然有很大提升空间。各城市群应统筹推进以交通通信为主导的基础设施网络建设，构建布局合理、功能完善、运转高效的现代基础设施体系，提升基础设施互联互通和现代化服务水平。具体措施包括构筑城市群内外快速高效的综合交通网络、提升交通枢纽辐射带动能力、构建高速共享信息网络、提高能源和水资源基础设施水平等。

（5）深化内外开放合作，深度融入全球体系

六大优势增长极的目标是形成有全球意义的世界级城市群，建立开放的现代

经济体系，为培育增长极新动能而建立外部动力系统，因此六大城市群都必须深化对内对外开放。对内不断拓展内陆开放的广度和深度，对外提高开放层次，深度融入全球经济体系，在开放中增强发展新动能和竞争新优势，全面提升城市群全球资源配置能力。首先，通过提高利用外资水平和质量、有序扩大服务业开放和营造国际化营商环境，以着力提升对外开放层次。充分发挥六大城市群内的自由贸易试验区在服务业中的先行先试作用，有序扩大银行、保险、证券等生产性服务业领域的开放。其次，以"一带一路"等框架为依托，通过构建便捷通畅的国际通道和共建高标准的开放平台，来推进城市群与世界经济体系的联通度。最后，六大城市群依托并推进各自的自由贸易试验区，积极创新发展模式，探索建立自由贸易港区，提升开放层次，深度融入全球经济体系中并逐渐占据有利地位。

3.2.3　振兴老化增长极

老化增长极具有很好的发展基础，在全国分布广泛，区域发展规模占全国比重高，其中不少地方是新中国工业的摇篮、全国重要的城镇化阵地和经济增长极，但近年来的发展同优势增长极地区相比，不断下行。若不采取振兴措施，则其颓势难以遏制，不仅自身发展难以升级转型，而且会影响全国整体发展。因此，振兴老化增长极地区既是其自身发展的需要，也是促进区域协调发展的必然要求。当前面临经济增速换挡、外部国际环境压力陡增等负面冲击，我国正在推进"加快形成以国内大循环为主体、国内国际双循环相互促进的发展新格局"的战略，推动老化增长极振兴更是意义重大。

（1）坚持正确的振兴思路

老化增长极出现颓势的主要原因在于产业老化、技术老化、创新动力缺乏和历史路径依赖，因此必须以加快转变经济发展方式、创新发展动力为主线，以深化改革、扩大开放作为动力，把再造产业竞争新优势、提升城市综合功能作为主攻方向，把增强创新支撑能力、提振增长极活力作为主要着力点，对老化增长极地区的老工业基地进行调整改造，实行分类推进，区分各地不同发展态势和产业结构问题，明确调整改造主要任务和政策取向，打造国家重要的新型产业基地，再造区域发展的重要增长动能。

（2）分类推进发展

老化增长极地区由于资源禀赋、改革力度、原有基础等差异，各地面临的具体问题不同。因此应根据不同发展态势的增长极分类推进发展。对于总体增速较快但发展粗放的老工业集聚地区，以转变发展方式为主线，加快发展战略性新兴产业和现代服务业，增强自主创新能力，提升经济发展的质量和效益，完善城市综合服务功能，增强可持续发展能力和辐射带动能力，培育具有发展活力的增长极。对于发展滞缓或主导产业衰退（如资源枯竭地区）比较明显的老化增长极，要加快体制机制创新，加快培育和发展朝阳性接续产业，推进国有企业改革，切实解决历史遗留问题，增强发展活力，尽快进入良性转型轨道。

（3）再造产业竞争新优势

走新型工业化道路，改造提升传统优势产业，大力培育发展战略性新兴产业，推进生产性服务业与工业融合，全面提升老化增长极地区产业综合竞争力。改造提升传统优势产业，着力调整改造和增强传统优势产业的竞争优势。对于以装备制造业为主导产业的增长极，着力增强重大技术装备研发成套能力，提高基础零部件、基础工艺、基础材料的研制应用水平，提高工业增加值率。对于以汽车制造产业为主导的增长极，着力拓展城乡和国内外不同层次的市场需求，增强产品研发能力，培育自主品牌系列产品。对于以钢铁、有色、化工等原材料工业为主导的增长极，着力进行提质增效降耗技术改造，延伸产业链，重点发展各类精深加工材料产品。对于以资源开采加工业为主导的增长极，着力合理控制资源开采规模和强度，延长产业链，提高加工深度。通过对各类传统产业的改造提升，为老化增长极注入新动能。

（4）培育发展战略性新兴产业

对于老化增长极，要全面发力创造增量新动能，仅靠改造提升传统产业是不够的，还应依托本地优势企业、科研机构和重大项目，着力培育和发展高端装备制造、新材料、节能环保、新能源、生物医药、新能源汽车、新一代信息技术等战略性新兴产业，以促进产业结构升级优化。

高端装备制造要以我国重大工程迫切需求为导向，重点发展航空航天装备、轨道交通设备、船舶及海洋工程装备、能源装备、重大智能制造装备及关键零部件；新材料产业要紧跟国家重大工程建设需求，重点发展先进结构材料、高性能复合材料、新型功能材料和生物医药材料等；节能环保产业重点发展具有自主知识产权的节能技术和装备、高效节能产品、先进环保技术和装备等；新能源产业重点发展新能源技术装备和清洁可再生能源；生物医药产业重点发展生物化学制药、基因工程药物、疫苗、生物诊断试剂等；新能源汽车要重点发展纯电动汽车及电池、电机、电控等核心部件；新一代信息技术产业重点发展电子信息核心基础部件、高端软件和信息技术服务等。通过一系列战略性新兴产业的培育发展和布局，为老化增长极焕发新的增长活力奠定产业基础。

（5）进一步完善区域基础设施网络，支撑增长极转型

加强各增长极的基础设施建设，扩大服务范围、提高服务质量，强化各增长

极区内及毗邻区域基础设施互联互通，构建内联外通基础设施网络，提高基础设施对老化增长极振兴的先导作用和保障能力：一是完善以区域铁路、公路、空港、港口以及客运货运综合交通枢纽为重点的综合交通运输网络。二是推广物联网、云计算、大数据等新一代信息技术，加快全光纤网络城市建设和无线宽带网络建设，加强信息基础设施建设和加快智慧城市建设。三是优化能源结构，完善能源输配网络，加强能源电网设施建设。

（6）构建振兴新体制，深化国有企业改革，大力发展民营企业

老化增长极地区国有经济占比高，市场化水平相对低，经济活力不足。应从根本上厘清政府和市场的关系，深化"放管服"改革，建立权力清单、责任清单、负面清单制度，促进市场在资源配置中起决定性作用，尽快形成有利于激发市场内在活力的振兴发展新体制。积极稳妥发展混合所有制经济，优化国有经济战略布局，以增强国有经济活力、竞争力和抗风险能力。大力发展民营经济，建设新型政商关系，及时解决民营企业发展中遇到的实际困难。通过为企业营造良好的营商环境，为老化增长极转型提升活力建立企业基础。

（7）多层次创新振兴机制，培育内生发展新动力

老化增长极的弱点在于缺少创新，缺乏新生活力，因此振兴老化增长极必须把创新摆在发展全局的核心位置，多层次创新振兴机制，深入推进"双创"，多方位构筑创新驱动的发展，使创新成为培育老化增长极内生发展动力的主要生长点：一是构建"官产学研"一体的创新体系，以企业创新为主导，依托骨干企业和产业集群带动区域创新发展，推进企业创新转型；二是推动增长极地区多层次创新创业平台建设，将具备条件的增长极地区，如京津冀城市群、哈长城市群、辽中南城市群、山东半岛城市群等打造成创新创业高地和重要的技术创新与研发基地，并在此基础上探索形成创新体制、机制和政策体系；三是加大人才培养和智力引进力度，培育壮大创新创业"双创"群体；四是强化财政支持，完善创新创业支持政策。

3.2.4 扶持新兴增长极

新兴增长极主要位居西部地区，包括北部湾、滇中、黔中、兰西和宁夏沿黄五个城市群。新兴增长极因后发优势发展快速，已经具备一定发展基础，但目前经济规模偏小，占比较低，对全国的增长贡献有限。但新兴增长极分布面广，分布在全国各地的城市，多是我国欠发达地区，其中很多是我国集中连片贫困分布区域。因此，扶持新兴增长极，对于培植区域增长新动能，巩固脱贫攻坚成效和促进全国区域协调发展具有重大现实意义。

（1）优化城市规模结构体系，构建增长动能空间基础

城市体系是培育增长新动能的空间依托。新兴增长极所在的多数城市群目前

尚处于发育初级阶段，其内部城镇体系尚不健全，不足以支撑培育新动能增长极。因此，提升城市规模结构，完善城镇体系，构建发展载体是第一要务。通过放松城市户籍限制等措施，继续强化城市群内中心城市的集聚效应，壮大其规模，提升其能级，增强其辐射带动力。推动群内重要节点城市的发展，形成专业化产业竞争力。

（2）打造绿色现代产业体系

新兴增长极多为生态环境脆弱区，不宜发展污染密集型产业。因此，必须坚持绿色化、低碳化发展方向，改造提升传统产业，大力发展绿色、环保经济，培育壮大发展新动能。以集聚集约集群促产业提升，培育一批因地制宜、有特色优势的产业集聚区，创建一批新型工业化产业示范基地，打造绿色现代产业体系，全面夯实城市群产业基础。

（3）构筑产业发展平台，促进承接产业转移

利用北部湾城市群和滇中城市群与东南亚毗邻的地缘优势，推进建立中国—东盟产业合作园。深入参与中国—中南半岛国际经济走廊建设，推进与东盟国家跨国（境）产业园区建设。发挥黔中、兰西和宁夏沿黄三个城市群处于"一带一路"重要节点位置的区位优势，推进与共建"一带一路"国家和地区的中外合作产业园区建设，提升园区合作层次，创新园区建设模式。探索建立区域产业协作利益共享发展机制，鼓励与国内发达地区、海外战略投资者共建产业园区。逐步形成横向错位发展、纵向分工协作的发展格局。以此为依托，打造面向国内外的双向承接产业转移平台，既面向东盟及共建"一带一路"国家和地区，积极参与国际产业对接和产能合作，又面向东部沿海发达地区，促进承接东部转出的合适产业，汇聚国际国内双向产业资源。

（4）推动基础设施互联互通

主要地处西部的新兴增长极，其基础设施网络相对滞后，因此培育增长新动能需要夯实基础设施的支撑能力。应统筹推进各自交通、信息、能源等重大基础设施的建设，打造布局合理、功能完善、保障有力、互联互通的现代基础设施体系，强化对新兴增长极的支撑。具体措施包括构筑综合交通运输网络；优先建设城际交通网络；完善核心城市机场布局和功能，改善支线基础设施、支线航空网络，提高远距离的快速通达能力；构建高速共享信息网络；健全城市群能源保障体系。

3.3 "十四五"时期新空间动能培育展望

"十四五"时期将是我国区域经济发展的一个转折期。改革开放40多年的区域发展，改变了我国地区经济普遍落后的状况，大部分地区进入到工业化后期阶段，有的已经到达后工业化时期。"十四五"时期，在国家新的区域政策体系下，我国区域经济发展将向着均衡化与非均衡并存、区域繁荣融合与化解风险同行、发展质量提升和优化区域空间结构相伴的新发展阶段前行。

3.3.1 "十四五"时期区域发展的基本态势

对"十四五"时期中国的区域发展基本态势的判断：

（1）四大板块的经济比重在总体保持稳定的情况下将缓慢变化

从2006~2019年的GDP比重变化来看，中国经济四大板块的比重变化在2~3个百分点，说明没有大的起伏性变化。从各年的数据来看，年度变化在0.5个百分点左右。东部地区经济总量超过了中部、西部和东北地区的总和，尤为重要的是东部地区经济总量处于高位，同时GDP增速也与中部和西部板块保持较为一致的趋势，我国地区经济存在微弱的σ趋同。

（2）持续多年的地区分化态势，使南北差距明显扩大

2012年以来，北方地区经济开始大幅度放缓，东北三省、山西、甘肃甚至天津等不少省份出现了明显的衰退。2016年，北方地区经济规模占全国比重首次下降到40%以下，2018年占比已经下降到38.64%，2019年持续下滑至35%。中国经济总量在空间分布上呈现明显的偏向东南沿海的特征，这是第三产业成为经济增长的主要推动力的一种结果。在东中西差距趋于趋同的同时，"南北差距"扩大逐渐明显，成为我国区域经济协调发展的新问题。

（3）中心城市和城市群作为主要空间动力源的作用将继续凸显

中心城市和城市群不但是城市发展和成长的主要推动力，也是中国经济的主要增长空间。12个重点城市群的市辖区经济体量占全国经济总量的比重从2004年的49.53%增至2019年的54.03%；人口占全中国城镇人口的比重从2004年的51.23%增至2019年的59.13%；城市群的级别越高，其空间联系越密切。中心城市和城市群作为主要空间动力源将继续起到促进区域经济增长的作用。

（4）深化高质量区域协调发展将成为区域经济的主旋律

通过实施京津冀协同发展、长江经济带建设、粤港澳大湾区建设、长三角一

体化发展、黄河流域生态保护和高质量发展等国家战略，在创新驱动的引领下，追求经济发展质量成为区域经济协调发展的主要目标。技术创新越来越成为区域合作的主要方式，研究表明，各城市群的发明专利授权量基本集中在核心城市，核心城市对城市群发展有着显著的引领作用。随着人工智能、互联网、新一代通信技术的迅猛发展，"十四五"时期的高质量区域发展将把区域协调发展推向一个新的高度；但区域之间与城乡之间的整体水平的普遍提升和相对差距的不断拉大，也要求我们需要对区域协调发展有新的相应政策。

3.3.2 新空间动能的经济增长效应

（1）结构转型的区域产业发展动能效应

一是第三产业的发展动能。在 2013～2017 年经济转型期间，上海、云南、北京、四川、宁夏、安徽、广东、江苏、江西、河南、浙江、海南、湖北、湖南、福建、西藏、贵州、重庆和陕西等的经济增长已经向第三产业转移，这些省份的第三产业的区域竞争力优势也开始显现，金融业、高端商务服务、新型科技服务、新兴商业业态、文化旅游产业等获得了良好发展，有助于产业结构转型升级，领跑经济增长。

二是高新技术产业发展动能。中心城市在产业基础、技术创新、人力资源等方面的优势，将加快以人工智能、互联网等为代表的高技术和新技术产业的发展，带动区域产业结构的优化，形成区域经济发展的新动能，促进区域经济发展。

（2）核心增长极的网络空间优化动能效应

中国区域经济已经进入到以中心城市和城市群引领的核心增长极带动区域经济发展的阶段，"十四五"时期这种空间动能效应将会有更加深刻的体现。需要政策支持的是充分发挥各城市群核心城市的引领带动作用，拓展都市圈功能，推动各增长极形成核心—都市圈网络化空间结构，夯实支撑城市群新增动能产生的空间基础。

东部地区的优势增长极有北京、天津、上海、广州、深圳等 39 个城市，京津冀、长三角和粤港澳大湾区 3 个国家规划建设的城市群，以及山东半岛、海峡西岸等城市集群，海南岛国家级自贸区。中部地区优势增长极包括郑州、武汉、长沙等 27 个城市，其中，长江中游城市群和中原城市群作为主要增长极，太原、合肥都市圈作为辅助。西部地区的优势增长级有重庆、成都、柳州、梧州等 26 个城市，其中，成渝和关中两个城市群作为主要增长极，另有呼包鄂、兰州—西宁、天山北坡、滇中、黔中等城市群作为辅助。东北地区的优势增长极包括沈阳、四平、辽源、白山等 7 个城市，新兴增长极包括大连、吉林、哈尔滨、伊春、七台河、黑河等城市,辽中南和哈长两个城市群支撑其区域经济发展。

3.3.3 培育新空间动能的政策建议

根据前文所述,关于区域经济格局调整思路和增长极重构的探讨,以及对"十四五"时期区域发展态势的判断,结合构建国内国际双循环相互促进发展新格局的战略需要,本书对我国"十四五"时期区域发展的政策建议如下:

(1)按照高质量区域发展的要求,持续优化区域空间结构

优化区域空间结构是加快形成"以国内大循环为主体、国内国际双循环相互促进的发展新格局"的战略需要,也是"十四五"时期区域发展的必然要求。由于东西部区域均衡发展开始显现,南北方相对均衡发展的格局被打破,优化区域空间结构,需要从南北发展差距的拉大来着眼出台政策。东部沿海地区仍然是中国区域经济的重心;中部地区目前发展的态势良好;东北和西部地区需要重点关注;南方地区应以高新技术产业、高端服务业为主导,创新核心城市引领,打牢中国经济发展的主要支点;北方地区需要因地制宜,而回归比较优势的发展思路,也不失为正确的选择。

(2)构建多元的区域创新系统,驱动区域经济高质量发展

从以城市增长极为中心的区域创新主体结构来看,要重视市场推动区域创新体系发展的重要作用,鼓励企业或民间中介组织主导构建新型区域创新体系,由创新体系的受益者支付必要的创建费用。同时,地方政府应做好协调支持,在创新基础设施建设、科技平台建设、科技专项攻关等方面给予适当的政策倾斜,区域发展的重点是提升京津冀、长三角和粤港澳大湾区等国家战略区的科技创新能力,推动北京、上海、深圳等优势地区建成具有全球影响力的科技创新中心。

(3)进一步提升中心城市和城市群的承载力及资源配置能力

对于中心城市而言,区域产业结构层面的经济增长动能均发生变化,由第二产业转变为第三产业。但目前利用第三产业结构优势带来的经济增长量还不足以弥补第二产业结构劣势造成的经济减少量,因此新的驱动力需要加速培育。国家应催促工业产业结构转型升级,鼓励发展工业内部高技术产业、战略性新兴产业和装备制造业,改善传统工业结构给经济带来的巨大负面影响,同时需要补齐工业产业结构的短板。随着进一步对外开放,国家级城市群中的核心城市正逐步成长为世界城市乃至全球中心城市。未来中国的城市群发展也将在这些核心城市的引领带动下,逐步以建设世界级城市群为发展方向,不断与世界城市网络融合。

(4)通过优化区域政策不断提高空间治理能力

优化空间治理能力,就是要提高各级政府职能部门治理空间的水平。空间治理不仅要注重经济增长、产业发展和人口就业,促进人、地繁荣,还要立足资源

禀赋和环境承载能力，构建生态功能保护基线、环境质量安全底线、自然资源利用上线。在治理方法上，要整体统筹与精准施策相配合，既要做好中央政府的有力统筹，实现区域间微观主体的有序竞争，又要合理高效地识别出问题区域，实施差异化的治理政策，解决空间问题。划分标准区域是提高区域治理能力的一个主要途径。中国未来的标准区域至少应该分为三级：第一级标准区域以省级行政区为基本空间单元，每个区域包含若干个省份；第二级标准区域以地市级行政区域为基本空间单元，可打破省级行政界线，每个区域都应有实力较强的中心城市或城市群等增长极；第三级标准区域以县级行政区为基本空间单元，每个区域包括若干个县，各区域必须至少有一个中等城市或小城市作为经济中心。在标准区域框架下，可以根据类型和尺度的不同，采取科学合理的指标体系，依照符合法律规定的程序，对问题区域和区域问题进行识别，并实施具有针对性的区域政策，优化空间治理。

（5）进一步优化对外开放的战略布局

改革开放以来，沿海地区由于区位、基础条件等优势，国家对沿海地区的开放政策给予了倾斜，沿海地区获得了较快的发展，大幅提高了东部沿海地区自主创新的能力。当前，应推动沿海对外开放转型升级，不断提高沿海地区的对外开放水平。同时，形成不断完善的对外开放格局，构建全方位开放的蓝图。此外，加快速度提高内陆地区的开放层次，提升沿海地区开放层次，逐步形成分工协作、互动发展的全方位开放新格局。要重点打造亚欧大陆桥、中蒙俄、中国—中亚—西亚、中国—东盟、中巴等国际经济合作走廊。推动内陆沿边地区铁路、公路、水路、空路、管路、信息高速路的互联互通，促进中欧铁路运输大通道建设，形成国际物流大通道；完善民航国际航线建设，增加航班等。

II 中国区域经济格局变动与增长极重构：分论部分

内容提要

分论部分分专题对有关中国区域经济格局变动与增长极重构的重大问题进行了详细讨论，共9章。其中，有些章的内容没有纳入总论部分，但这些内容是对总论部分的结论与建议的重要支撑。

第4章是中国区域分化与空间动能问题分析。这一章的主体内容纳入了总论部分。

第5章是中国经济增长的新空间动能识别。这一章的主体内容纳入了总论部分。

第6章是区域产业布局与优化。这一章着重分析中国产业空间布局的演变过程、现状、突出特征与关键问题，提出了优化产业布局的政策建议。

第7章是城市群发展及格局演进。这一章的主体内容纳入了总论部分。

第8章是中国中心城市和都市圈的辐射与带动。这一章的主体内容纳入了总论部分。

第9章是区域创新与经济发展。这一章评价了中国国家及区域创新能力，分析了区域创新与经济发展的协同关系，并提出了提升区域创新水平的建议。

第10章是全方位对外开放与中国经济增长。这一章分析了中国对外开放的演变、现状及其与经济增长的关系，提出了优化对外开放战略布局的政策建议。

第11章是区域性债务风险现状、演化及防范策略。这一章分析了当前中国区域性债务风险及其影响因素，讨论了区域性债务风险演化趋势及新冠病毒感染疫情冲击，提出了防范化解区域性债务风险的政策建议。

第12章是空间治理优化与区域政策。这一章的主体内容纳入了总论部分。

4 中国区域分化与空间动能问题分析

中国经济进入新常态以来，创新活力不断提升并助推经济增长，第三产业成为拉动经济增长的主力军，且一些新经济增长态势较好，然而投资和劳动力供给对经济增长的拉动作用较为有限。在空间上，各省份人均 GDP 存在微弱的收敛趋势，但是 GDP 不平等程度近年来有所上升。具体而言，南北差距自 2013 年以来不断扩大，东部、中部、西部和东北地区四大板块的总体差距则变化不大，但是东北地区经济增速从 2011 年开始急速下降，进而经济总量继续偏向东南沿海，各省份并未出现 β 收敛的情形。虽然重庆市经济总量在西部地区有崛起之势，但人均 GDP 较高的新兴发达城市更多地在沿海地区涌现。中国经济增长空间动能的主要问题在于沿海地区的优势进一步扩大，而落后地区创新能力较弱、政府债务率偏高和劳动人口占比偏低是其增长动能匮乏的重要原因，同时东南沿海地区的传统增长极辐射带动范围有限，中西部和东北地区需要依靠自身的发展挖掘出新的增长极。

4.1 外部环境与中国经济增长态势

当前，中国宏观经济发展面临较为严峻的内部条件与外部环境，整体上投资、消费和出口均加速下行，经济增长呈现周期性下降趋势。从 2013 年提出"三期叠加"，到 2014 年做出中国经济发展进入"新常态"的重大判断，再到 2015 年提出"供给侧结构性改革"，中国宏观经济调控根据国民经济周期性与阶段性变化不断调整。2019 年 12 月的中央经济工作会议指出，中国正处在转变发展方式、优化经济结构、转换增长动力的攻关期，结构性、体制性、周期性问题相互交织，"三期叠加"（经济增长速度换挡期、结构调整阵痛期、前期刺激政策消化期）影响持续，经济下行压力加大。与此同时，世界经济增长持续放缓，仍处在国际金融危机后的深度调整期，世界格局加速变化的特征更趋明显，全球动荡源和风险点显著增多。

4.1.1 外部风险与机遇并存

当前，中国面对着深刻变化的外部环境，经济全球化遭遇波折，多边主义受到冲击，国际金融市场震荡，特别是中美经贸摩擦给一些企业带来了生产经营困难、市场预期欠佳等影响。中美之间的经贸摩擦将趋于长期化、反复化和尖锐化，对中国进出口规模、就业、经济增速以及国内投资者的信心都带来了一定程度的负面影响。贸易摩擦不直接影响中美经济增长，但会通过贸易依赖程度的变化间接影响经济增长（潘长春等，2019）。而且美伊冲突升级影响全球经济、资本市场、中国经济、中美关系，将进一步对世界经济政治格局带来深远影响。此外，地缘政治局势紧张将使大国和重要地区加剧军备竞赛，全球经济增长和民生改善或进一步受到负面影响[1]。2019年全球恐怖主义指数（GTI）显示，恐怖活动致死人数在2014年达到顶峰之后连续四年出现下降；2018年恐怖主义造成的全球经济损失为330亿美元，较上年下降38%，但受恐怖主义影响的国家数量有所增加[2]。

国际政治局势的不确定性将对企业投资及出口、居民消费产生负面影响，拖累全球经济。就中国经济而言，三大需求因素对中国经济增长的贡献情况是，消费支出在近些年超越资本形成成为第一拉动因素，而净出口因素对中国经济增长的拉动作用相对较小，甚至在部分年份为负值（见图4-1）。2016~2018年，净出口都出现负增长，这与外部环境存在的风险不无关系。相较前几年而言，2019年净出口对经济增长的贡献率转为正值（11%），拉动经济增长0.67个百分点。

在当前较为严峻的国际形势下，中国提出的"一带一路"倡议如何拉动全球经济增长成为外界关注的焦点。2019年4月，习近平指出，"从亚欧大陆到非洲、美洲、大洋洲，共建'一带一路'为世界经济增长开辟了新空间"。近些年来，中国外贸出口先导指数缓慢提升，而出口企业综合成本指数逐步下降，呈现出良好的发展势头。可见，中国开放型经济同样迎来较好的发展机遇。最新数据显示，由于新冠病毒感染疫情等原因，2020年消费对GDP增长拉动为-0.5个百

---

① 《美伊危机：原因、影响及展望》，https：//baijiahao.baidu.com/s？id=1655244837473332001&wfr=spider&for=pc。

② 《2019年全球恐怖主义指数对外发布》，http：//www.enet.com.cn/article/2019/1120/A201911201045026.html。

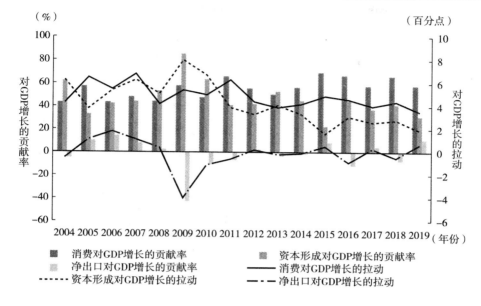

图 4-1　2004~2019 年三大需求对 GDP 的贡献与拉动作用

资料来源：国家统计局网站。贡献率指三大需求增量与支出法国内生产总值增量之比。拉动是指国内生产总值增长速度与三大需求贡献率的乘积。

分点，资本形成对 GDP 增长拉动为 2.2 个百分点，净出口对 GDP 增长拉动为 0.7 个百分点。

4.1.2　中国经济增长变化及其分解

就中国自身经济增长而言，从 2013 年提出"三期叠加"和 2014 年经济发展进入新常态以来，中国经济保持着平稳增长，但是总体增速呈现下降趋势，2016年 GDP 增长率开始降到 7% 以下，2019 年 GDP 增长率则为 6.1%。下面分别从创新、投资和劳动力角度考察经济增长动力的来源，同时分别从产业和行业角度考察经济增长动力的构成。总体而言，中国创新活力不断提升并推动经济增长，但是投资和劳动力供给对经济增长的拉动作用较为有限；第三产业成为拉动经济增长的主力军，其中一些新经济增长态势较好。

（1）产业分解：第三产业成为增长主力

随着中国经济增速的下行，2014 年以来中国基本上保持着 6%~7% 的经济增速，处于相对低位。三次产业对经济增长的拉动作用则在 2014 年出现了一个较为明显的变化（见图 4-2），2014 年之前第二产业对经济增长的拉动作用基本上大于第三产业对经济增长的拉动作用，而 2014 年之后第三产业对 GDP 增长的拉动作用超过第二产业，成为中国经济增长的主要引擎，并且第三产业与第二产业对经济增长拉动作用的差距在近几年有扩大的趋势。近年来，第二产业对GDP增长的拉动作用呈下降趋势，且与GDP增速下行趋势较为相似，表明第二产业对经济增长的拉动作用下降是GDP增长总体下行的重要原因。然而，值得注意的是，2019年第三产业对GDP的拉动作用相较于2018年有所回落，比2018年下降约0.7个百分点。

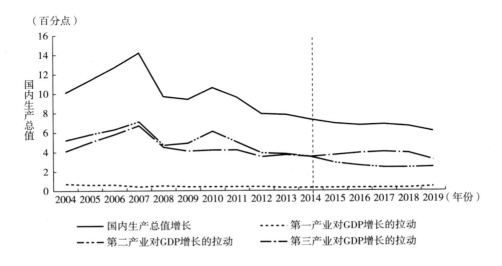

图4-2 2004~2019年国内生产总值增长率及三次产业的贡献

资料来源：国家统计局网站。2019年数据为统计局网站公布的季度数据，并参考2018年季度数据与《中国统计年鉴》中2018年的数据进行调整估算而来。

进一步分析三次产业增加值及其增速（见图4-3）可知，虽然第二产业和第三产业的增加值保持明显的增长趋势，但是其增速较低。从增速变化趋势来看，近几年第二产业和第三产业的增速基本上位于2009年第一季度的最低值附近。与三次产业对经济增长贡献类似，第三产业增加值的增速也于2014年超过第二产业增加值的增速，并且近几年一直保持在7%以上的增长水平。由此可见，第三产业对经济增长的拉动作用成为中国经济增长的重要推动力，同时第三产业自身也保持在相对较高的增长水平，未来将继续成为中国经济增长的重要动力。

（2）行业分解：新经济值得关注

在经济增长的产业分解中可以发现，第三产业已成为经济增长的主要动力。实际上，在三大产业内部，不同行业对经济增长的拉动作用也存在明显差异。如

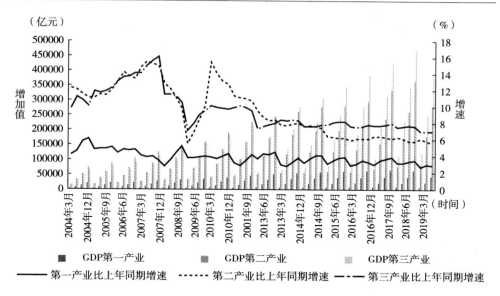

图 4-3 三次产业增加值及增速（2004～2019 年）
资料来源：国家统计局网站。

以信息技术革命为代表的新经济，不断推动高新科技产业快速发展，对传统产业发展带来了极大的冲击。智能化、数字化、生物科技、太空经济等对国民经济发展的方方面面都产生了深刻的影响。国际机器人联合会（IFR）数据显示，从2007～2017 年，全球工业机器人呈现出销量加速增长的态势。2019 年，中国全年服务机器人产量 346 万套，比上年增长 38.9%；全年网上零售额 106324 亿元，按可比口径计算，比上年增长 16.5%。因此，从不同行业的角度去分析经济增长，方可看出新型行业和传统行业对经济增长贡献的差异。

2004 年以来，具体行业的增加值占 GDP 的比重呈现出明显的变化趋势（见图 4-4），其中，农业和工业增加值所占比重大致呈现逐年降低的趋势，第三产业总体比重不断增加，与产业结构高端化的趋势保持一致。而在第三产业内部，近些年房地产业、金融业增加值的占比分别保持在 8% 和 6% 左右，但是其他行业（包含信息传输、软件和信息技术服务业、科学研究和技术服务业、教育文化、体育和娱乐业等行业）增加值的占比具有较为明显的逐年上升趋势，表明一些归类于其他行业的新业态（如数字经济、共享经济等）正在不断呈现出较好的增长趋势。

（年份）

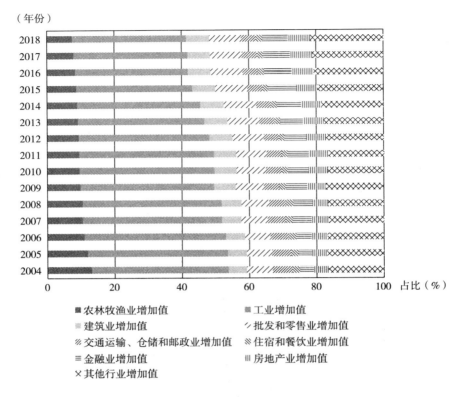

图4-4 2004~2018年分行业增加值的占比变化

资料来源：国家统计局网站。

4.2 区域分化与中国经济增长

中国经济增长在空间上呈现明显的分化现象，如南方与北方之间、四大板块之间，在经济发展水平上都存在较为明显的差异。具体到各省份，不同地区经济发展同样具有各自鲜明的阶段性特征，如（人均）地区生产总值（增长率）、三次产业结构等在空间布局上均存在差异。基于中国经济增长在区域层面的分解，可以剖析区域分化与中国经济增长之间的关系，识别各省份经济增长占全国经济增长的总量及其变化。同时，不同省份所处经济发展阶段不一样，自身经济发展的问题、任务和目标都存在差异，因此需要区分各省份经济发展阶段性特征来考察经济增长动力的空间差异。

4.2.1　全国区域经济不平等及其演变

中国各省份经济总量的空间分化存在明显的时间变化趋势，1949~2019 年各省份 GDP 总量的不平等程度无论是采用基尼系数还是 Theil 指数度量，均呈现先下降后上升的趋势，近十年的总体趋势也如此（见图 4-5）。改革开放以前，地区经济不平等程度维持在相对低位的水平上波动，改革开放以后地区经济不平等程度持续攀升直至 2006 年的最高点（地区基尼系数为 0.43，此处仅反映各省份之间的不平等，没有反映各省份内部的不平等）。自 2006 年之后，地区不平等程度开始逐渐下降，到 2014 年降至近 10 年来的最低点（地区基尼系数为 0.39），随后地区不平等程度又开始攀升，2019 年地区 GDP 基尼系数已经上升到 0.41。由此可见，近些年地区不平等程度在高位呈现出进一步扩大的趋势。进一步考察各省份 GDP 增长率的不平等程度发现，各省份 GDP 总量的增长率总体不平等程度呈现逐年下降的趋势，近些年来以 2009 年为高点（0.02），随后呈现平稳的下降趋势。

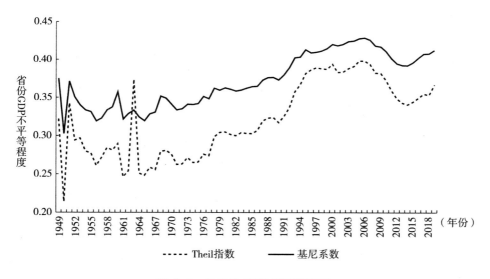

图 4-5　各省份 GDP 不平等程度

资料来源：国家统计局网站。

考虑到地区人均 GDP 更能反映地区经济发展水平，因此，我们进一步使用各省份人均 GDP 的空间不平等程度来考察区域经济的空间演变。地区人均 GDP

的变异程度（Theil 指数）可以用于检验各省份之间是否存在 σ 收敛①。从 1949~2018 年地区人均 GDP 的不平等程度来看，总体上处于一种水平波动的状态（见图 4-6），如 Theil 指数在大部分年份维持在 0.1~0.2，值得注意的是，近年来呈现出较为明显的下降趋势，Theil 指数降到 0.1 以下，表明中国地区经济存在微弱的 σ 收敛趋势。

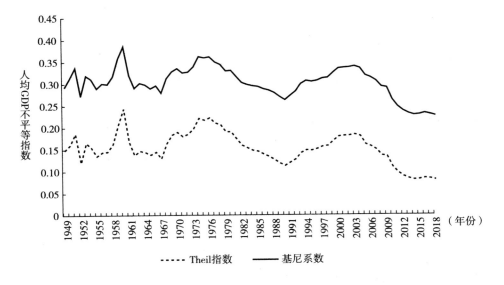

图 4-6 各省份人均 GDP 不平等程度

资料来源：国家统计局网站。

4.2.2 "一纵一横"：从"南北差距"到四大板块的格局变动

虽然中国区域经济发展差异性明显，但是随着西部大开发、东北振兴、中部崛起等重大区域性战略的深入推进，中国区域发展的协调性逐渐增强（盛来运等，2018），然而各大区域之间仍存在明显的差距。研究发现，中国地区人均 GDP 增长不仅持续上升，而且差距也在不断缩小，存在条件收敛现象，并且东部和沿海地区经济增长的"俱乐部收敛"现象显著（徐文舸和刘洋，

---

① 在经济增长理论中，有两个最基本的收敛概念：σ 收敛和 β 收敛（巴罗和萨拉伊马丁，2000）。σ 收敛是指不同经济系统间人均收入的离差随时间的推移而趋于下降。β 收敛用来描述人均收入的增长率与其初始人均收入水平之间的负相关关系。一些文献将经济增长的收敛性区分为 α 收敛和 β 收敛。α 收敛是指不同经济系统间人均收入的离差随时间的推移而趋于下降。β 收敛是针对产出增量而言的，而 α 收敛（σ 收敛）则是对产出存量水平的描述（沈坤荣和马俊，2002）。

2019）。因此，分析中国区域经济局部特征，可以考察各大板块内部的空间格局变动。

（1）"南北差距"在扩大

现有研究发现，在东部、中部、西部经济增长趋同的同时，中国区域发展格局又出现了新的特点，近年来北方部分地区 GDP 增速、工业增加值增速等指标出现了一定回落，经济发展面临较大困难，而南方地区则保持着平稳较好的发展态势，"南北差距"① 扩大逐渐成为中国区域发展面临的新情况、新问题（盛来运等，2018）。

通过分析 2004～2019 年南北地区经济发展状况（见图 4-7）发现，南北地区不仅经济总量差距在逐步扩大（2019 年北方 GDP 为南方的 61.8%），经济增速在近几年也出现了较大的差距，其中 2013 年为转折点。2013 年之前，南方与北方 GDP 增速差别不大，2013 年后二者差距不断扩大，虽然 2019 年差距有所缩小，但是南方 GDP 增速仍高于北方 1 个百分点。

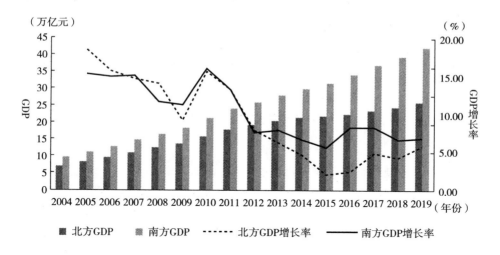

图 4-7　南方、北方 GDP 及其增长率

资料来源：历年《中国统计年鉴》。

进一步考察南方地区和北方地区内部差异和组间差异（见图 4-8）发现，北方地区内部 GDP 差异明显小于南方地区的内部 GDP 差异，但是近些年来北方地

---

①　本章依据传统地理视角进行南北划分，北部地区有 15 个省份，分别是黑龙江、吉林、辽宁、内蒙古、河北、河南、山东、北京、天津、山西、陕西、宁夏、甘肃、新疆、青海，其余 16 个省份（不包含香港、澳门和台湾）为南部地区。

区和南方地区内部 GDP 的差异都呈现出较小的下降趋势，有"俱乐部收敛"的迹象。从 Thiel 指数的分解来看，全国 GDP 总体差异主要还是南方地区和北方地区的组内差异所导致的，南方地区和北方地区组间的差异占比较小。然而，值得注意的是，南方地区和北方地区的组间差异在近几年有上升的趋势，表明"南北差距"在扩大。

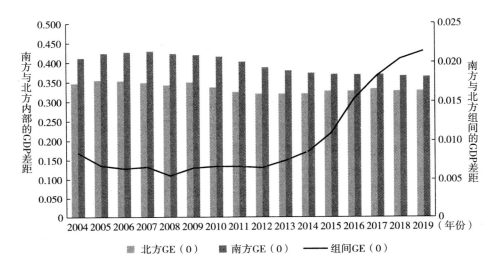

图 4-8　南方、北方 GDP 的差距（Thiel 指数）及其变化

资料来源：历年《中国统计年鉴》。

（2）四大板块之间的差距变化较小

中国经济四大板块是区域经济分析中尤为重要的空间划分思路，如果南北差距体现的是区域经济地理空间的纵向差异，那么四大板块的差距可以充分体现地理空间的横向差异。中国区域经济横向差异同样较为明显（见图 4-9），2019 年东部地区经济总量超过中部、西部和东北地区的总和，尤其是东部地区经济总量处于高位，同时 GDP 增速也与中部和西部板块保持着较为一致的趋势。相反，东北地区经济总量较小，一直处于四大板块中的最低水平，这充分反映了东北地区经济发展存在的问题。与之相比，中部和西部地区的 GDP 增速虽然也步入经济新常态，但是近些年来 GDP 增长率一直略高于东部地区。

同样，进一步考察中国四大经济板块的内部差异和组间差异（见图 4-10）发现，西部和东部地区的内部 GDP 差异明显大于中部地区和东北地区的内部 GDP 差异，而且近些年来东部、中部和西部地区的内部 GDP 差异都没有出现明显的变动，但是东北地区内部 GDP 差异呈现出明显的下降趋势，即存在低水平

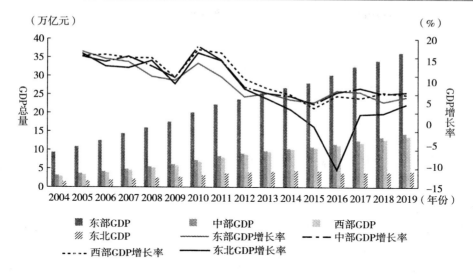

图 4-9 四大板块 GDP 及其增长率

资料来源：历年《中国统计年鉴》。

的"俱乐部收敛"的迹象。从 Thiel 指数的分解来看，全国 GDP 总体差异同样主要是四大板块的组内差异所导致的，但是四大板块之间的差异也不容小觑。而且，四大板块之间的差距并没有出现明显的变化，表明中部、西部和东北地区未能较好地追赶东部经济发展的步伐。

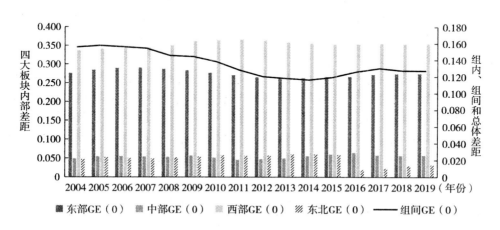

图 4-10 四大板块 GDP 的差距及其变化

资料来源：历年《中国统计年鉴》。

4.2.3 省级经济空间格局及其变动

从南方、北方分区和东部、中部、西部和东北地区四大板块的分区可以看出，中国区域经济发展呈现出较为明显的"一纵一横"的空间分化特征，但是进一步挖掘板块内部区域经济的差异，需要从省份层面进行更为细致的分析。

（1）经济发展阶段的空间特征及其变动

区域经济发展处于不同阶段，其发展特征（面临的问题、任务与目标）也会存在鲜明差异。首先，要素禀赋存在差异。工业化阶段的主导要素是资本与劳动。工业化初期以劳动力密集型的轻工业为主，而工业化中后期主要以资本密集型的重化工业为主。工业化阶段经济增长主要由投资来拉动，而后工业化阶段创新将成为经济增长的主要源泉。其次，经济结构存在差异。工业化阶段的主导产业部门是制造业部门，产业结构是第二产业占据主导地位。但是后工业化阶段，制造业内部的生产服务部门逐渐独立出来，研发设计与其他技术服务、信息服务、金融服务等生产性服务业部门的规模不断扩大，在收入水平提升后生活性服务业部门也不断扩张。因此，在后工业化阶段，生产与生活性服务的扩张使第三产业占据主导地位。最后，经济增长动力不同。工业化阶段区域自身的市场规模较小，需要通过扩大出口来消费过剩产品，使净出口在经济发展中也有重要地位。但在后工业化阶段，技术与人力资本成为主导生产要素，较高的人均收入水平使区域自身的市场变大，此时拥有较大市场消费需求的区域，其经济增长要更快，导致净出口对经济增长的贡献度也下降，消费对经济增长的主导贡献作用则被强化（郝寿义和曹清峰，2019）。因此，在分析各省份经济空间布局的特征时，有必要区分各省份的经济发展阶段。

第一，经济发展阶段的划分标准。关于经济发展的阶段，不同学者的划分思路不尽相同，其中具有代表性的是钱纳里和赛尔奎的方法，他们的判断依据主要有人均收入水平、三次产业结构、就业结构、城市化水平等标准。他们将经济发展阶段划分为前工业化、工业化实现和后工业化三个阶段，其中工业化实现阶段又分为初期、中期和后期三个时期（见表4-1）（冯飞等，2012）。

表4-1 经济发展阶段的划分标准

基本指标	前工业化阶段	工业化实现阶段			后工业化阶段
		工业化初期	工业化中期	工业化后期	
人均GDP	[745~1490)	[1490~2980)	[2980~5960)	[5960~11170)	11170及以上
产业结构	A>I	20%≤A<I	10%≤A<20%；A<I	A<10%；I>S	A<10%；I<S

续表

基本指标	前工业化阶段	工业化实现阶段			后工业化阶段
		工业化初期	工业化中期	工业化后期	
工业结构	20%以下	[20%~40%)	[40%~50%)	[50%~60%)	60%及以上
空间结构	30%以下	[30%~50%)	[50%~60%)	[60%~75%)	75%及以上
就业结构	60%及以上	(45%~60%]	(30%~45%]	(10%~30%]	10%以下

注：1. 人均GDP按照购买力平价折算为2005年的美元。PPP（购买力平价）折算因子数据来自世界银行[1]。2. 产业结构用三次产业产值结构测量，A代表第一产业，I代表第二产业，S代表第三产业。本章将产业结构工业化中期条件"A<20%；I>S"调整为"10%<A<20%；I>A"，因为原设定条件无法涵盖所有省份，因为很多西部省份虽然第三产业占比超过第二产业占比（I<S），但第一产业占比偏高，即A>10%。3. 工业结构用制造业增加值占总商品增加值的比重测量，制造业包括工业的主体部分，总商品生产增加值额（农业、工业和建筑业）大体上相当于物质生产部门（第一产业、第二产业）的增加值。4. 空间结构用人口城市化率衡量。5. 就业结构用第一产业就业人员占比衡量。

资料来源：陈佳贵等（2006）、陈佳贵等（2007）、黄群慧（2013）。

本章参考陈佳贵等（2006）的划分思路，使用人均收入水平、产业结构（三次产业结构）、工业结构（制造业增加值占总商品增加值的比重）、空间结构（人口城市化率）和就业结构（第一产业就业人员占比）五个指标，对2017年（2018年部分省份数据缺失）中国各省份（港澳台相关数据缺失，未包含在内）经济发展的阶段进行划分。

第二，各省份经济发展阶段测度。依据工业化阶段划分的标准分析发现，2017年海南与西藏处于工业化中期；安徽、甘肃、广西、贵州、河北、河南、黑龙江、湖北、湖南、吉林、辽宁、内蒙古、宁夏、青海、山西、陕西、四川、新疆和云南处于工业化后期，北京、福建、广东、江苏、江西、山东、上海、天津、浙江和重庆处于后工业化时期。当然，这一划分标准也难以完全准确地判断各省份经济发展所处的阶段，但是大体上能在空间上反映出各省份经济发展阶段的总体分布情况，即东南沿海地区率先进入后工业化时期，而大部分中部、西部省份尚未完成工业化进程。

第三，各省份经济发展阶段的变动。以下通过比较2004年与2017年各省份所处工业化的阶段，以考察十几年来各省份经济发展阶段的变化情况（见表4-2）。

---

① 《PPP转换因子，GDP（每一国际元的本币单位）》，https：//data. worldbank. org. cn/indicator/PA. NUS. PPP？view=chart。

表 4-2 2004 年和 2017 年各省份经济发展阶段的变动

省份	2004 年经济发展阶段				2017 年经济发展阶段			变化
	工业化初期	工业化中期	工业化后期	后工业化时期	工业化中期	工业化后期	后工业化时期	
安徽		是				是		1
北京			是				是	1
福建			是				是	1
甘肃		是				是		1
广东			是				是	1
广西		是				是		1
贵州		是				是		1
海南	是				是			1
河北			是			是		0
河南		是				是		1
黑龙江			是			是		0
湖北		是				是		1
湖南		是				是		1
吉林		是				是		1
江苏			是				是	1
江西		是					是	2
辽宁			是			是		0
内蒙古		是				是		1
宁夏		是				是		1
青海		是				是		1
山东			是				是	1
山西			是			是		0
陕西		是				是		1
上海				是			是	0
四川		是				是		1
天津				是			是	0
西藏	是				是			1
新疆		是				是		1
云南		是				是		1
浙江			是				是	1
重庆		是					是	2
合计	2	17	10	2	2	19	10	

对比 2004 年和 2017 年各省份经济发展阶段，发现以下变化：①海南和西藏，从工业化初期过渡到工业化中期阶段；②安徽、甘肃、广西、贵州、河南、湖北、湖南、吉林、内蒙古、宁夏、青海、陕西、四川、新疆和云南，从工业化中期发展到工业化后期阶段；③江西和重庆，从工业化中期过渡到工业化后期阶段，实现了一个小的跳跃；④北京、福建、广东、黑龙江、江苏、山东和浙江，从工业化后期过渡到后工业化时期；⑤河北、辽宁和山西一直处于工业化后期阶段，而上海和天津一直都处于后工业化时期。

（2）经济总量及其增长率的空间格局

第一，各省份经济总量占全国的比重：东南沿海偏向持续存在。2019 年，中国经济总量在空间分布上呈现出明显的偏向东南沿海的特征（见图 4-11），尤其是广东省和江苏省在经济总量占比上有明显优势，而且东南沿海省份也基本上步入后工业化阶段，第三产业将成为其经济增长的主要推动力。

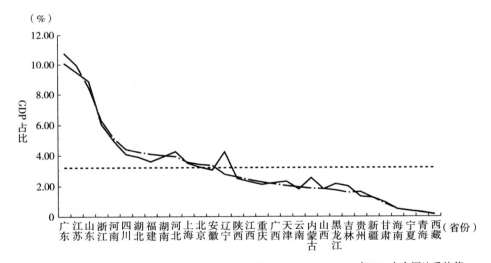

图 4-11　各省份 GDP 总量占全国的比重

资料来源：相关年份《中国统计年鉴》。

可见，这些省份对中国经济总量的增长做出了较大的贡献，其中广东省、江苏省和山东省在 2014 年和 2019 年占全国实际 GDP 的比重达到 10% 左右。相比于 2014 年（经济发展步入新常态），除辽宁省和内蒙古自治区外，2019 年各省份实际 GDP 占全国的比重并没有出现较大的变动。

第二，各省份经济增长贡献度：西部与东北地区贡献偏少。从各年份 GDP

较上一年的绝对增加额占全国增加额的比重来看，2019 年中国经济总量增加额占比与 GDP 总量占比在空间分布上呈现类似特征（见图 4-12）。

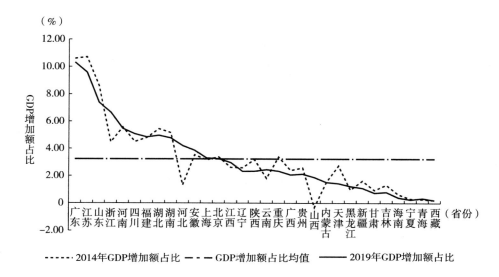

图 4-12　各省份 GDP 增加额占全国的比重

资料来源：相关年份《中国统计年鉴》。

具体而言，广东省、江苏省和山东省的 GDP 绝对增加额占比较高。相比于 2014 年，除山东省外，2019 年江苏省、山东省、重庆市和天津市的 GDP 绝对增加额占比出现了较为明显的下降趋势。广东省、江苏省、浙江省、福建省、湖北省、四川省、安徽省、河南省、山东省、陕西省、湖南省和北京市的 GDP 绝对增加额占比高于全国平均水平，其他省份则低于全国平均水平。因此，总体上来看，西部和东北地区对 GDP 增长的相对贡献较少。

第三，各省份经济增长率：局部地区塌陷。2018 年，各省份经济增长率与经济发展阶段有明显关联，处于工业化后期的省份经济增长率大体上都低于后工业化阶段的省份（见图 4-13），但是东北地区经济增长率相对较低，尤其是黑龙江省较为明显。黑龙江省处于工业化后期，但是其经济增长率低于很多后工业化的发达省份。

从具体增长率来看，2019 年吉林、宁夏、黑龙江、天津、内蒙古、海南和辽宁的实际 GDP 增长率较低，其中天津市和吉林省的实际 GDP 出现负增长。具体而言，山西、重庆、浙江、河南、河北、四川、安徽、湖北、福建、湖南、江西、云南、青海、贵州和西藏的 GDP 增速高于全国平均水平，其他省份的 GDP

增速低于全国平均水平。

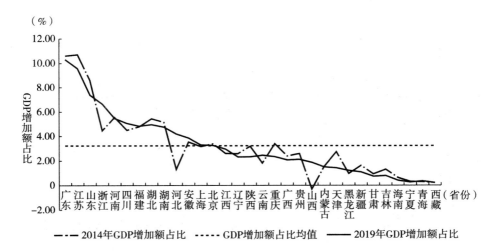

图4-13 各省份GDP增长率

资料来源：相关年份《中国统计年鉴》。

进一步考察各省份人均实际 GDP 增长情况发现，人均实际 GDP 增长率的空间差异与 GDP 增长率的空间差异较为相似（见图4-14），同样是处于工业化后期的省份人均实际 GDP 增长率大部分高于后工业化时期的省份。总体而言，从经济发展的阶段划分来看，东北地区实际 GDP 和人均实际 GDP 增速偏低。这也在一定程度上反映了中国区域经济没有出现 β 收敛，与现有相关研究的发现（戴觅和茅锐，2015）保持一致。具体而言，福建、湖北、西藏、陕西、新疆、甘肃、安徽、四川、江西、云南、贵州、广西、北京、山西、辽宁和青海的人均GDP 增速高于全国平均水平，其他省份则低于全国平均水平。

直接分析地区人均 GDP 及其增长率的关系（见图4-15）发现，在剔除天津和吉林这两个人均 GDP 负增长的省份之后，人均 GDP 增长率与人均 GDP 水平并没有呈现出明显的负相关关系；相反，一些人均 GDP 较低的省份（黑龙江、河北、重庆和山东）的人均 GDP 增长率处于全国的下游水平，而一些人均 GDP 较高的省份（北京、上海、江苏、浙江和广东）的人均 GDP 增长率处于全国的中等水平。因此，总体上中国各省份确实并未出现 β 收敛的情形。

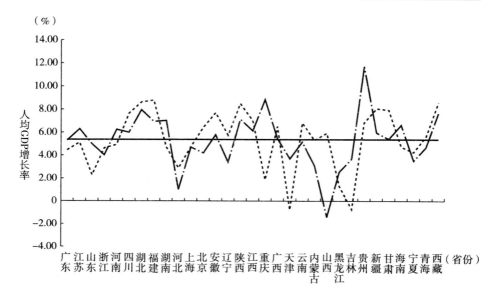

图 4-14　各省份人均 GDP 增长率

资料来源：相关年份《中国统计年鉴》。

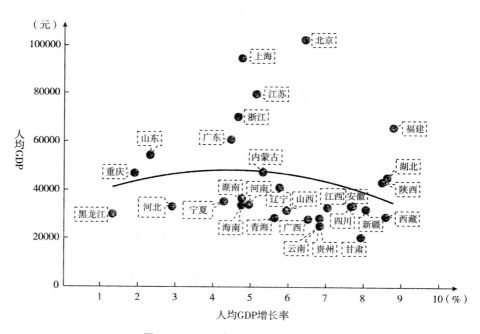

图 4-15　2018 年人均 GDP 及其增速

资料来源：相关年份《中国统计年鉴》。

4.3 中国经济增长的空间动能问题

国内外经济形势导致中国经济增长出现下行趋势，在总体经济增长形势不佳的情形下，内部各区域、各省份及城市之间经济增长也呈现出不同特点。从投资、劳动和技术创新的增长动力分解，以及三次产业和行业的分解来看，中国经济增长在空间动能上存在诸多有待优化和解决的问题，这一点在比较近10年的经济增长态势时得到进一步呈现。从各区域和省份的经济增长及人均GDP增长水平来看，大部分落后地区的省份经济增长乏力，因而中国经济增长在空间上存在诸多问题。

4.3.1 持续极化：沿海地区优势进一步扩大

在全球经济下行的趋势下，2018年各省份GDP增长率普遍不高，而且相比于2008年，各省份2018年GDP增速普遍出现明显下滑（除新疆、甘肃和西藏）（见图4-16）。尤其是中西部和东北地区相关省份（内蒙古、宁夏、重庆、湖南、辽宁、吉林和黑龙江等），2018年GDP增速相较于2008年出现了大幅度下滑，进而2018年GDP增速明显低于全国各省份的平均增速。相反一些发达省份，如上海、北京和广东虽然经济增速出现下滑，但是仍然保持在全国平均水平附近，这必然导致沿海发达省份的优势进一步扩大。当然，一些欠发达地区相较于2008年，2018年GDP增速出现下滑，但还是保持着相对较高的GDP增速，如四川、贵州和广西等。

值得注意的是，新冠病毒感染疫情对经济增长的影响也存在明显的空间特征。湖北2018年GDP总量在内陆地区排名第7位，而广东、江苏、山东、浙江、河南和四川位列前6位，以上7个省份2018年GDP占到全国GDP总量的49.3%，而GDP排名前7位的省份的新型冠状病毒肺炎确诊病例总量也较多，占到全国内陆地区确诊总量的绝大多数。其中，经济增速高于全国平均水平或在全国平均水平附近的省份中，湖北、广东和浙江受到疫情的影响较大。

进一步看人均GDP增速及其变化情况（见图4-17），同样发现很多欠发达省份的人均GDP增速低于沿海发达省份，如重庆市、黑龙江、宁夏等，而出现这种现象的原因同样在于这些地区在2008~2018年人均GDP增速下滑幅度较大。与之相反的是，北京和上海的人均GDP增速处于相对较高的水平，同时2018年的人均GDP增速快于2008年的人均GDP增速，可以看出这两个城市实现了较

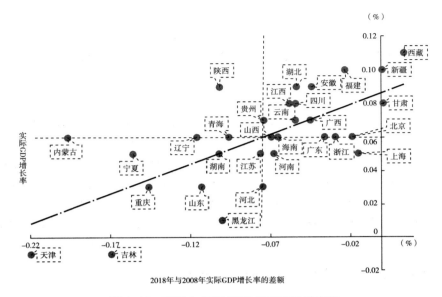

图 4-16　2018 年实际 GDP 增长率及其变化

注：图中虚线位于各指标的均值处。

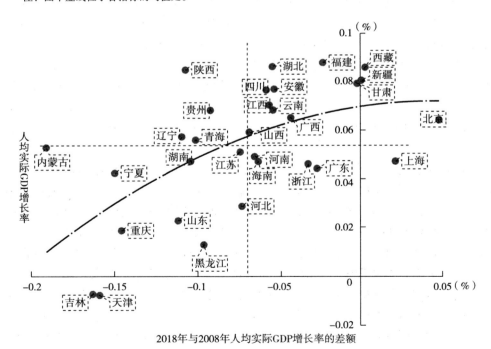

图 4-17　2018 年人均 GDP 增长率及其变化

注：图中虚线位于各指标的均值处。

高质量的经济发展，GDP 总量与人均 GDP 都呈现出较好的增长态势。除北京和上海外，2008~2018 年全国各省份仅新疆和西藏人均 GDP 增速出现了正向增长，其他省份 2018 年人均 GDP 增速均低于 2008 年。

总体而言，与北京、上海、广东相比，欠发达地区在技术创新（如专利）上存在较大的差距，这些地区在步入工业化后期时，尚缺乏支撑经济增长动能转换的引擎，经济增速下滑在所难免，如新旧动能转换试验区——山东省。广东省虽然也在不断推进新旧动能转换，但也始终保持在技术创新的前列，因而作为发达省份，广东省的经济增速也没有出现明显的下滑。由此可见，中国经济要在空间上挖掘增长动能，落后地区的技术创新与进步是推动经济增长不可或缺的要素。

4.3.2　落后地区增长动力不足

中国经济增长的空间动能问题，集中体现在落后地区经济增长缺乏驱动力。相较于发达地区，落后地区无论是在技术创新和投资活力上还是在劳动力供给上都缺乏推动经济快速发展所需的、足够的动力引擎。

（1）落后地区创新能力较弱

近些年来，虽然总体上中国创新能力不断提高，全球创新指数不断提升，但是地区间创新能力差异明显（见图 4-18）。以专利授予量反映的创新主要集中在发达省份，如广东省、北京市、江苏省、浙江省和上海市，广东省和浙江省不仅专利授予总量位居全国前列，同时增长率也高于全国平均水平。与此类似，在企业创新层面，由中国人民大学企业创新课题组发布的《中国企业创新能力百千万排行榜》中，在 2019 中国企业创新能力 1000 强中，广东省独占 200 家，北京市 150 家，江苏省 114 家，上海市 106 家，浙江省 68 家，而宁夏和新疆分别只有 1 家。因此，落后地区缺乏技术创新活力是制约其经济快速发展，尤其是制约其参与新经济发展潮流的因素。

（2）高负债未必高增长：高债务风险与低经济增长并存

各地政府通过大力举债以积极推动经济发展和应对危机，从而对经济增长发挥了积极的作用，然而目前看来地方政府债务风险较高，通过继续发行债务来推动经济增长的空间不大。在地方政府负债规模方面，中西部省份大部分还处在工业化后期，债务压力较大。2018 年末，地方政府债务余额规模前 5 的地区为江苏省、山东省、浙江省、广东省和四川省，分别为 13286 亿元、11437 亿元、10794 亿元、10008 亿元和 9299 亿元。在地方政府负债率（以债务余额/GDP 衡量）方面（见图 4-19），青海（61.5%）、贵州（59.7%）、海南（40.2%）、云南（39.9%）、内蒙古（37.9%）和宁夏（37.5%）的负债率较高，而广东（10.3%）、上海（14.3%）、江苏（15%）的负债率相对较低。

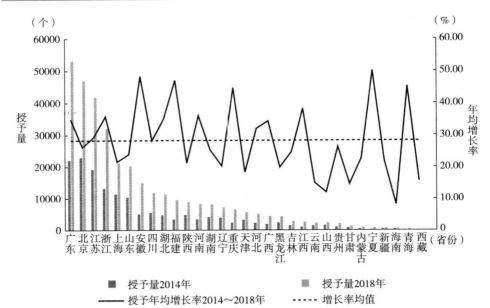

图 4-18 2004 年和 2018 年各省份专利授予量及其增长率

资料来源：中国研究数据服务平台（CNRDS）。

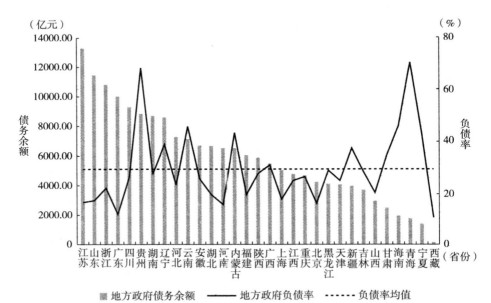

图 4-19 2018 年地方债务余额及债务率

资料来源：和讯网，https：//news. hexun. com/2019-11-13/199250927. html。

在地方政府债务率（以债务余额/综合财力衡量）方面，有6个省份突破国际警戒线（100%），即贵州（149.7%）、辽宁（144.6%）、内蒙古（130.3%）、云南（109.9%）、天津（106.8%）和湖南（101.7%），青海、海南债务率则接近100%，分别为99.9%和99.6%。经济增速降缓叠加减税降费、土地财政下行等因素削弱了地方政府的偿债能力，加大了债务风险[①]。

政府债务与经济增长存在一定关系，现有研究发现当政府不受债务约束时，政府债务与经济增长之间存在"U"形关系；当政府受制于债务约束时，经济增长率会随着政府债务的增加而逐渐降低（陈诗一和汪莉，2016）。然而，从当前中国地方政府债务率与经济增长率之间的关系来看，二者呈现较弱的"U"形关系（见图4-20），更多的省份出现在离"U"形曲线较远处，实际上表明地方政府债务率与GDP增长率并无明显的相关性。贵州省与青海省具有很高的地方政府债务率，但是GDP增长率相比于其他省份（如甘肃、云南等）而言，并无明显优势。这在一定程度上验证了已有文献的结论，即年新增债务占GDP的比重小于6%时，地方债务能够成为有效的财政政策工具，服务地方经济增长；而依靠大规模的举债投资拉动经济增长的做法在长期内只会取得完全相反的结果（吕健，2015）。因此，落后地区在未来促进经济增长的过程中，如何权衡政府支出与经济增长的关系，有效控制地方政府债务风险，是寻找经济增长空间动能和保持经济稳定健康增长的重要方面。

（3）未富先"老"：落后地区劳动力供给反而不足

虽然人工智能正在不断对经济增长产生影响，然而目前劳动供给仍是经济增长的重要因素。人口抚养比过高，在一定程度上制约了地区经济发展所需的劳动供给。从工业化阶段来看，中西部大部分省份尚未完成工业化进程，但是人口抚养比却高于东部沿海地区（见图4-21）。人口抚养比明显高于全国均值的省份有河北、安徽、山东、湖南、广西、重庆、四川、贵州和新疆，而且这些省份的抚养比基本上都是在近几年有较大的提升。

从人口抚养比的变化来看，相比于2014年，基本上所有省份（天津、西藏、陕西和云南除外）2018年的人口抚养比都出现了进一步上升的趋势，其中，山东、浙江、上海、甘肃的上升幅度尤为明显。进一步对比2004年和2018年的抚养比发现，广东、海南的抚养比下降幅度较大，天津、山西、内蒙古、福建、云南、西藏、陕西、青海和宁夏都出现了一定幅度的下降，而其他省份人口抚养比均出现了不同程度的上升，其中河北省、山东省的人口抚养比增幅较为明显。

---

① 《任泽平中国财政报告2019：政府债务风险与化解》，https：//baijiahao. baidu. com/s？id = 1656290122367181708&wfr = spider&for = pc。

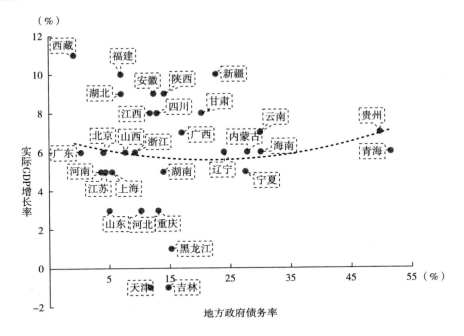

图4-20 地方政府负债率与经济增长率

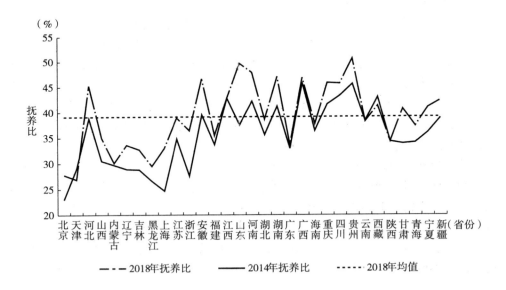

图4-21 人口抚养比（抽样调查数据）

资料来源：国家统计局。

劳动力供给是中国经济长期保持快速增长的重要源泉，然而，近年来，在中国劳动年龄人口总量快速减少的同时，加之劳动参与率的下降，进一步推动了劳动供给形势的变化，并对中国经济增长形成了制约（都阳和贾朋，2018）。当前，欠发达省份（贵州、广西、四川、重庆等）的人口抚养比反而比较高（见图4-22），这些省份大部分尚未完成工业化进程，在人口抚养比较高和劳动力外流长期存在的情况下，难以支撑其经济快速发展的劳动力需求。相反，北京、上海、天津、广东等发达省份的劳动抚养比相对较低，这种劳动年龄人口在空间上的差异化分布，有利于发达地区的经济增长，却抑制了落后地区的追赶步伐。因此，劳动力供给在空间上如何优化配置，也是挖掘中国经济增长空间动能的重要方面。

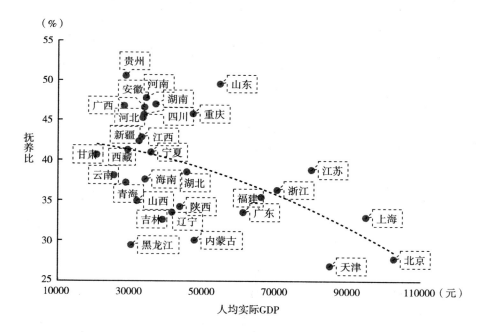

图4-22　2018年经济发展水平与抚养比

资料来源：国家统计局。

4.3.3　沿海地区增长极辐射范围有限

对城市层面 GDP 和人均 GDP 的分析发现，在经济总量上，2007～2017 年仅西部地区的重庆市经济总量达到了全国领先水平，但是其人均 GDP 仍然不高；2007～2017 年人均 GDP 出现快速增长的城市主要集中在沿海发达地区，中西部地区仅长沙市和武汉市在人均 GDP 上有明显的提升。由此可见，作为传统增长极（上海、广州和深圳等）较为集中的东南沿海地区确实涌现出一些经济发展水平较高的城市，如常州市、镇江市等，但是其带动作用也主要集中在这些城市的周边，而中西部地区则更多地需要依靠自身的发展来挖掘出新的增长极。

通过城市层面空间统计分析发现，城市 GDP 的空间集聚形态在 2007 年出现高高集聚的区域主要是以北京市和天津市为代表的环渤海经济圈、以上海市、苏州市和杭州市为代表的长三角经济圈和以广州市和深圳市为代表的珠三角经济圈（见表4-3），即这些城市自身 GDP 水平较高，且周边城市 GDP 水平也较高。重庆市和成都市则属于高低集聚的类型，即自身集聚总量较高，但是周边城市经济总量较低；此外，舟山市为低高集聚，即自身 GDP 水平较低，周边城市较高；定西市属于低低集聚区域，即自身与周边城市 GDP 都处于较低水平。

表4-3 2007 年和 2017 年城市 GDP 空间集聚类型及其变化

地区	城市名称	2007 年集聚类型	2017 年集聚类型
环渤海	北京市	高高集聚	高高集聚
	大连市	高高集聚	
	济南市	高高集聚	
	青岛市	高高集聚	高高集聚
	唐山市	高高集聚	高高集聚
	天津市	高高集聚	高高集聚
	威海市	高高集聚	
	潍坊市	高高集聚	高高集聚
	烟台市	高高集聚	高高集聚
长三角	常州市	高高集聚	高高集聚
	杭州市	高高集聚	高高集聚
	嘉兴市	高高集聚	高高集聚
	南京市	高高集聚	高高集聚
	南通市	高高集聚	高高集聚
	宁波市	高高集聚	高高集聚
	上海市	高高集聚	高高集聚
	绍兴市	高高集聚	高高集聚
	苏州市	高高集聚	高高集聚
	台州市	高高集聚	
	温州市	高高集聚	

地区	城市名称	2007 年集聚类型	2017 年集聚类型
长三角	无锡市	高高集聚	高高集聚
	盐城市		高高集聚
	舟山市	低高集聚	低高集聚
珠三角	东莞市	高高集聚	
	佛山市	高高集聚	高高集聚
	广州市	高高集聚	高高集聚
	深圳市	高高集聚	高高集聚
成渝	成都市	高低集聚	高低集聚
	重庆市	高低集聚	高低集聚
其他	武汉市		高低集聚
	长沙市		高低集聚
	定西市	低低集聚	

相较于 2007 年，2017 年城市 GDP 在空间上的集聚形态总体上并没有发生根本性的变化，只是长三角经济圈中的盐城市进入高高集聚的俱乐部，即长三角经济圈的辐射作用得到进一步体现，但辐射范围仍然集中在各自的经济圈内部，但同时台州市和温州市掉出高高集聚区。同样，2017 年环渤海经济圈和珠三角经济圈呈现高高集聚特征的城市相较于 2007 年有所缩小，大连市、威海市、济南市和东莞市掉出高高集聚区，表明这些仍然处于高高集聚形态的城市与周边掉出高高集聚集团的城市之间的 GDP 差距在扩大。此外，中部地区城市出现一些新的变化，武汉市和长沙市呈现出高低集聚的特征，表明它们分别在武汉城市群、长株潭城市群中的带动作用得到进一步凸显。定西市则不再呈现低低集聚的形态。总体而言，十年来，环渤海、长三角和珠三角经济圈的辐射带动作用范围仍较为有限，相反有进一步极化的迹象。

4.4 主要结论

2020 年是中国全面建成小康社会和"十三五"规划的收官之年，而严峻的内部条件与外部环境为中国经济增长带来了负面效应。通过分析中国经济增长态势及其在空间上的演变趋势，我们得出如下主要结论：

首先，近年来中国经济进入新常态，虽然创新活力不断提升并推动经济增长，总体上第三产业成为拉动经济增长的主力军，其中一些新经济增长态势较好，但是投资和劳动力供给对经济增长的拉动作用较为有限。

其次，中国经济增长在空间上呈现明显的进一步分化现象，虽然人均 GDP 存在微弱的收敛趋势，但是各省份 GDP 不平等程度，近年来呈现出上升趋势。具体而言，南北差距自 2013 年以来不断扩大，南方经济的增速高于北方；东部、中部、西部和东北地区四大板块的总体差距变化不大，但东北地区经济增速从 2011 年开始急速下降，且一直位于四大板块中的最低水平。

再次，在省级层面，中国经济总量在空间分布上继续呈现出明显的偏向东南沿海地区的特征，西部地区和东北地区对 GDP 增长的相对贡献较少，总体上中国各省份并未出现 β 收敛的情形，即一些人均 GDP 较低的省份反而人均 GDP 增长率更低。

最后，中国经济增长空间动能的主要问题体现在沿海地区的优势得以进一步扩大，而落后地区创新能力较弱、政府债务率偏高和劳动人口占比偏低是其增长动能匮乏的重要原因。同时，东南沿海地区的传统增长极辐射带动范围有限，更多的只是带动了东南沿海地区城市的发展，而中西部和东北地区需要依靠自身的发展来挖掘出新的增长极。

由此可见，虽然改革开放以来中国积累了雄厚的物质技术基础，拥有超大规模的市场优势和内需潜力，庞大的人力资本和人才资源，但是为实现经济高质量发展、完成"两个一百年"奋斗目标的阶段性任务、保证社会就业基本稳定，当前迫切地需要从区域层面来寻找未来经济增长的新引擎和新动能，挖掘经济增长潜能，保证经济平稳运行。

5 中国经济增长的新空间动能识别

受外部冲击和内部扰动的影响，中国经济原有的产业结构、增长路径已很难适应错综复杂的经济环境，经济下行压力增加。因此，加快新旧动能接续转换是促进中国经济平稳增长的必由之路。本章运用偏离—份额分析方法，从产业结构和区域竞争视角切入，以省域和城市作为研究的空间单元。针对城市空间尺度的研究，本章提出了新的分类方法，用于划分优势增长极、新兴增长极与老化增长极，从而分门别类研究不同城市经济增长动能的特征和转化趋势。

中国经济正处于新旧动能转换的关键时期。省域层面的研究结果表明，在产业结构方面，来自工业产业结构优势的旧动能，先后被来自批发和零售业、金融业及其他第三产业的新动能替代。工业的产业结构优势逐渐演变为劣势，弱化甚至抵消了新动能的经济拉动作用。在区域竞争方面，大部分省份最具竞争优势的产业仍是工业，且工业的区域竞争优势是经济增长的主要驱动力。只有少数东部城市实现了金融业和其他第三产业的结构优势赶超工业的区域竞争优势，从而将金融业和其他第三产业的结构优势转化为经济增长的主要动能。

鉴于城市正成为承载发展要素的主要空间形式，我们进一步分析四大板块内各类增长极的动能特征和动能转化趋势。与省域层面的研究结果类似，四大板块内优势增长极或新兴增长极第二产业的产业结构优势均被第三产业的产业结构优势所替代，但第三产业的产业结构优势对经济增量的贡献有限，不能支撑经济稳定增长。绝大部分优势增长极或新兴增长极的重要经济增长动能仍来自第二产业的区域竞争优势。只有东部地区的少数优势增长极，成功将第三产业的产业结构优势转化为支撑经济增长新动能的重要来源。

未来中国经济的发展不仅要保留第二产业的区域竞争优势，还要重塑第二产业的产业结构优势，尤其是扭转传统工业的产业结构劣势，同时，继续着力开发、培育第三产业的产业结构优势。通过协同推进第二产业的转型升级与第三产业的发展，以释放中国经济增长的新空间动能。

5.1 中国区域经济增长的背景与分析方法

2008 年全球金融危机爆发后，中国宏观经济面临更加深刻且多变的复杂环境。在外部冲击和内部扰动的双重夹击下，中国经济下行压力逐步显现，凸显出原有经济增长方式不可持续。在 2012 年召开的中共第十八次全国代表大会上，党中央明确提出，加快转变经济发展方式，推进经济结构战略性调整，大力支持战略性新兴产业和服务业的发展。这意味着经济发展方式开始转变，传统的粗放型经济增长模式已走到尽头，中国经济需要告别传统发展模式，改变原有产业结构，用新引擎替代旧动能。因此，在内外冲击频繁、经济不稳定性风险加大的现实下，找到区域经济增长的新动能，才能增加经济韧性，维持经济长期稳定增长。

5.1.1 区域经济增长动能转化背景：外部冲击与内部扰动

经济系统所受冲击可分为两类：一类是外生性冲击，即来自经济系统外部的冲击；另一类是经济系统内部产生的冲击，即内部扰动。

2008 年爆发的全球金融危机属于外部冲击。金融危机发生前，中国经济处于工业化进程加速阶段，依靠大量廉价资本和人口红利，采用粗放型经济增长模式，实现了经济长期高速增长。2008 年全球金融危机后，在国民经济"三驾马车"中占绝对优势的出口和投资大幅下降，对中国经济的稳定增长带来了挑战。加快转变经济发展方式，培育经济增长新动能刻不容缓。因此，中国经济开始重视"三驾马车"中的消费，中央明确提出以扩大内需作为战略基点。产业结构优化升级是拉动内需增长的基本要求。从需求侧来看，产业结构调整能够促进经济增长、提高经济收入、扩大消费需求；从供给侧来看，产业结构调整不仅能够改造传统产业，还能发展新兴产业，以此提供新产品、创造新供给、开发和满足潜在新需求。

2012 年后中国经济受到的内部扰动增加。党的十八大以来，中国经济发展步入新阶段，需对经济结构进行相应调整。为适应国内外形势新变化，中国经济应摒弃原有粗放型增长路径，加快形成新的经济发展方式，从高速增长转向高质量发展。中国放弃原有经济增长路径，无疑是"壮士断腕"之举，这一举措可被视为中国经济系统内部自发产生的冲击。之后，从 2014 年中国经济发展步入新常态，到 2015 年大力促进"供给侧结构性改革"，中国的宏观经济调控不断深化，这意味着中国经济内部扰动的发生更加频繁。

在外部冲击和内部扰动并存的情况下，中国经济亟须开发潜在新动能。2015年以后，"动能"这一物理学概念被频繁应用于经济社会领域。在物理学中，"动能"指物体做机械运动所具有的能量。"新动能"在经济领域泛指能够或有潜力支撑经济发展的新生动力和能量。新动能的产生是先进生产力替代落后生产力的过程。新旧生产力的交替更迭会经历时间上的继起、空间上的并存。先进生产力可能彻底淘汰落后生产力，正如熊彼特（1912）描述的创新带来的"创造性毁灭"，表现为新产业的出现，旧产业的消逝，伴随着新动能的出现，旧动能的消逝；先进生产力也可能逐步渗透到落后生产力中，表象上仍然是原来的产业和经济形态，实质上已经演化为新经济的组成部分。传统产业的转型和升级，能使旧动能焕发生机，变成新动能。

在上述外部冲击和内部扰动的叠加影响下，中国经济进入了增速换挡和结构调整时期，新旧动能转换势在必行。因此，有必要识别中国经济增长的新空间动能，包括中国经济增长的新动能是否已出现？有何产业特征？出现在哪些区域？变动趋势如何？这些问题都有待探讨。

5.1.2 偏离—份额法的基本原理

偏离—份额（Shift-Share）是在区域经济学领域中被广泛运用的一种分析方法，通过将区域在一定时期内产值的变化分解为三个部分，以此识别区域经济增长的决定因素。具体而言，三个部分包括全国分量（NS）、产业结构分量（IM）和区域竞争力分量（RS）。通常用 $L_{ij}(t)$ 代表 t（$t=1, \cdots, T$）时期 j（$j=1, \cdots, N$）区域的 i（$i=1, \cdots, S$）产业的产值，j 区域在 t 到 $t+m$ 时期内产值的变化可以分解为：

$$\Delta L_{ij}(t+m) = L_{ij}(t+m) - L_{ij}(t)$$
$$= NS_{ij}(t+m) + IM_{ij}(t+m) + RS_{ij}(t+m) \tag{5-1}$$

$$NS_{ij}(t+m) = r^{\bullet}_{\bullet} L_{ij}(t) \tag{5-2}$$

$$IM_{ij}(t+m) = (r^{\bullet}_{i} - r^{\bullet}_{\bullet}) L_{ij}(t) \tag{5-3}$$

$$RS_{ij}(t+m) = (r^{\bullet}_{ij} - r^{\bullet}_{i}) L_{ij}(t) \tag{5-4}$$

式中，$r^{\bullet}_{\bullet}$ 是 t 到 $t+m$ 时期内，全国总产值的增长率；$r^{\bullet}_{i}$ 是 t 到 $t+m$ 时期内，全国 i 产业产值的增长率；$r^{\bullet}_{ij}$ 是 t 到 $t+m$ 时期，j 区域 i 产业产值的增长率。$NS_{ij}(t+m)$ 是 j 区域 i 产业的全国分量，代表从 t 到 $t+m$ 时期，假定 j 区域 i 产业以全国总产值增长率增长得到的增长量；$IM_{ij}(t+m)$ 是 j 区域 i 产业的产业结构分量，是通过全国 i 产业增长率与全国总产值增长率之差计算得到的 j 区域的产值变动量；$RS_{ij}(t+m)$ 是 j 区域 i 产业的区域竞争力分量，反映 j 区域与全国相比，在发展 i 产业方面具有区域优势或是区域劣势。区域竞争力代表包含所有区域异质性因素造成的产值变化。其中，区域异质性因素包括集聚效应产生的外部性、劳动力特征和区位优势等。

将 j 区域内所有产业的上述分量相加，即对所有 i（i=1，…，S）产业的式（5-1）求和，得到 j（j=1，…，N）区域的全国分量、产业结构分量和区域竞争力分量：

$$\Delta L_j(t+m) = L_j(t+m) - L_j(t)$$
$$= NS_j(t+m) + IM_j(t+m) + RS_j(t+m) \qquad (5-5)$$

$$NS_j(t+m) = \sum_{i=1}^{s} r_i^{\bullet\bullet} L_{ij}(t) \qquad (5-6)$$

$$IM_j(t+m) = \sum_{i=1}^{s} (r_i^{\bullet} - r_i^{\bullet\bullet}) L_{ij}(t) \qquad (5-7)$$

$$RS_j(t+m) = \sum_{i=1}^{s} (r_{ij}^{\bullet} - r_i^{\bullet}) L_{ij}(t) \qquad (5-8)$$

$\Delta L_j(t+m)$ 为 j 区域的产值变化量。$NS_j(t+m)$ 代表 j 区域的全国分量。$IM_j(t+m)$ 代表 j 区域产业结构分量，如果 j 区域主导产业的增长率大于全国总产值增长率，且增长率低于全国总产值增长率的产业在区域产业构成中占比较小，则表明 j 区域产业结构较优，反之亦然。$RS_j(t+m)$ 代表 j 区域的区域竞争力分量，反映区域总的竞争力强弱。

令 $G_{ij}(t+m)$ 代表从 t 到 t+m 时期，j 区域 i 产业按全国 i 产业增长率计算得到的增长量，$G_j^{\bullet}$ 代表用 $G_{ij}(t+m)$ 和 t 期 j 区域产值加权得到的假定增长率：

$$G_{ij}(t+m) = L_{ij}(t)(r_i^{\bullet}+1) \qquad (5-9)$$

$$G_j^{\bullet} = \frac{\sum_i G_{ij}(t+m) - L_j(t)}{L_j(t)} \qquad (5-10)$$

将式（5-10）代入式（5-5），式子两边同时除以基期的总产值 $L_j(t)$ 得：

$$L_j^{\bullet} = r_i^{\bullet\bullet} + (G_j^{\bullet} - r_i^{\bullet\bullet}) + (L_j^{\bullet} - G_j^{\bullet}) \qquad (5-11)$$

式中，$L_j^{\bullet}$ 代表 t 到 t+m 时期，j 区域产值的增长率。式（5-11）是用增长率形式表示的式（5-5）的偏离—份额方程，其含义为 j 区域增长率等于全国增长率加上以增长率形式表示的产业结构分量与竞争力分量。进行偏离—份额分析时，常用到式（5-5）和式（5-11），它们分别是绝对增量层面和增长率层面的结果。在之后的分析中使用绝对增量结果。为方便展示，本章图形部分使用增长率结果。

为考察新旧动能交替的变化趋势，本章以 2008 年金融危机和 2012 年中共第十八次全国代表大会为时间节点，将 2004～2017 年划分为三个时间段：2004～

2008 年经济扩张期、2009～2012 年经济收缩期和 2013～2017 年经济转型期。徐圆、张林玲（2019）通过测度实际 GDP 标准差的变化，做出了相同的时间段划分。在此基础上，本章运用偏离—份额分析方法计算全国省域和四大战略区域内地级市的产业结构分量和竞争力分量，以识别中国经济增长的新空间动能特征和转化趋势。

5.2 省域层面经济动能转换

在利用偏离—份额分析方法对各省份产业的产值变化进行分解时，为避免忽视三次产业经济外部表现平稳，而内部支柱产业变动的情况，特细化三次产业分类，以准确识别经济增长动能变化。根据《中国城市统计年鉴》的产业分类，全部国民经济产业被分为 19 类：农林牧渔业、采矿业、制造业、电气燃气及水的生产和供应业、建筑业、交通运输仓储及邮政业、信息传输计算机服务和软件业、批发和零售业、住宿餐饮业、金融业、房地产业、租赁和商务服务业、科学研究技术服务和资质勘探业、水利环境和公共设施管理业、居民服务和其他服务业、教育、卫生社会保障和社会福利业、文化教育和娱乐业、公共管理和社会组织。鉴于数据的可得性，本章将上述省级层面的 19 类产业分为 8 类，分别是农林牧渔业、工业（包括采矿业、制造业、电气燃气及水的生产和供应业）、建筑业、批发和零售业、交通运输仓储及邮政业、住宿餐饮业、金融业和其他，其他包括了第三产业中的 10 类产业，即信息传输计算机服务和软件业、房地产业、租赁和商务服务业、科学研究技术服务和资质勘探业、水利环境和公共设施管理业、居民服务和其他服务业、教育、卫生社会保障和社会福利业、文化教育和娱乐业、公共管理和社会组织。

根据各区域产业结构分量和区域竞争力分量的组合，将各区域归入以（0，0）为原点，区域竞争力分量为 x 轴、产业结构分量为 y 轴的四象限图中。四个象限中包括 6 类区域：第 1 类是第 1 象限中的省份，同时具备产业结构分量优势（产业结构分量大于 0）和区域竞争力分量优势（区域竞争力分量大于 0）；第 2 类是第 2 象限中总偏离（经济增长量与全国分量之差，即产业结构分量与区域竞争力分量之和）大于 0 的省份。表示区域产业结构和区域竞争力的综合作用促进了当地经济增长；第 3 类是第 2 象限中产业总偏离小于 0 的省份，产业结构和区域竞争力的综合作用对当地经济产生了消极影响；第 4 类是第 3 象限中的省份，这些省份的产业结构和区位特征均不利于经济增长（产业结构分量和区域竞争力分量都小于 0）；第 5 类是位于第 4 象限中总偏离大于 0 的省份；第 6 类是位于第 4 象限中总偏离小于 0 的省份。为识别经济增长的新动能，主要研究对象应该设定为总偏离大于 0 的区域。因此，后文仅对不同时期内总偏离大于 0 的区域（第 1 类、第 2 类和第 5 类）展开分析。

5.2.1 经济扩张期各省份经济动能来源

在 2004~2008 年经济扩张期，工业比其他产业更具产业结构优势和区域竞争优势，是经济增长的主要动力（见图 5-1）。

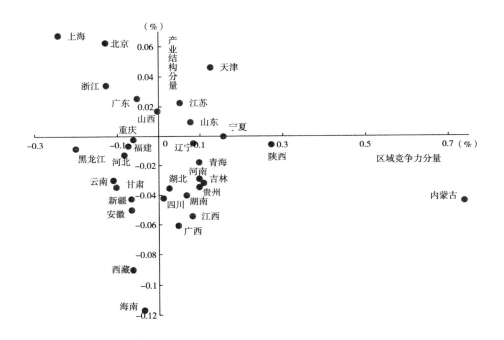

图 5-1 2004~2008 年全国各省产业结构分量和区域竞争力分量

资料来源：国家统计局。

从产业层面来看，相比其他产业，工业的经济贡献占绝对优势。全国有 14 个总偏离大于 0 的省份（见表 5-1）。这些省份的共同特征是工业对经济增长的贡献突出，具体体现在两方面：就产业结构分量而言，与其他产业相比，工业的产业结构分量最大；就区域竞争力分量而言，在 9 个正偏离省份中，相比其他产业，工业的区域竞争力分量最大。

表 5-1　2004~2008 年经济扩张期全国 6 类区域划分

第 1 类	天津　山东　江苏
第 2 类	山西
第 3 类	上海　北京　广东　浙江
第 4 类	云南　安徽　新疆　河北　海南　甘肃　福建　西藏　重庆　黑龙江
第 5 类	内蒙古　吉林　宁夏　江西　河南　湖南　贵州　辽宁　陕西　青海
第 6 类	四川　广西　湖北

从省域层面来看，相比产业结构分量，区域竞争力分量对经济增长的贡献占据绝对主导地位。在 14 个正偏离省份中，13 个省份的区域竞争力分量大于产业结构分量。其中，10 个省份（内蒙古、吉林、宁夏、江西、河南、湖南、贵州、辽宁、陕西和青海）利用各自的区域竞争力分量抵消了产业结构分量的消极影响。剩下的 4 个省份中，3 个省份（天津、山东和江苏）的产业结构分量和区域竞争力分量均大于 0，分别是 143.36 亿元和 391.56 亿元、144.07 亿元和 1158.55 亿元、337.11 亿元和 771.68 亿元。显然，相比产业结构分量，区域竞争力分量的经济贡献更大。山西的产业结构分量和区域竞争力分量分别是 60.46 亿元、-11.30 亿元，是唯一一个通过产业结构优势弥补区域竞争劣势的省份。总之，在经济扩张期，多数省份的经济增长驱动力来自区域竞争优势。

5.2.2　经济收缩期各省份经济动能来源

在 2009~2012 年经济收缩期（见图 5-2），工业的产业结构优势开始减弱。批发和零售业取代工业，成为最具产业结构优势的产业，但贡献的经济增长新动能有限。工业的区域竞争优势仍是经济增长动能的主要来源。从产业层面来看，与其他 7 类产业相比较，工业在经济增长中的绝对优势开始动摇。在总偏离大于 0 的 22 个省份中（见表 5-2），就产业结构分量而言，工业结构优势贡献的经济增长量显著下滑。偏离—份额分析结果显示，经济扩张期和经济收缩期内总偏离都大于 0 的省份有 11 个，分别是内蒙古、吉林、天津、宁夏、山西、江西、湖南、贵州、辽宁、陕西和青海。在经济收缩期，这 11 个省份的批发和零售业取代了工业，成为贡献最大产业结构分量的产业。就区域竞争力分量而言，11 个省份中，除宁夏外，工业仍然是对区域竞争力分量贡献最大的产业。宁夏最具竞争优势的产业是和工业密切相关的建筑业。

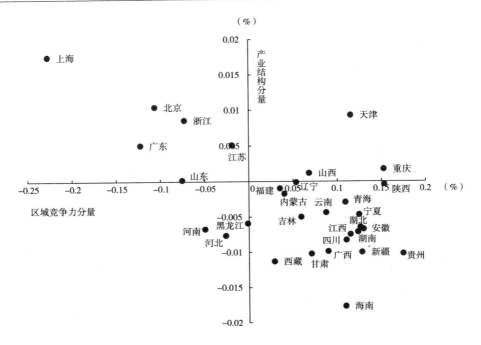

图 5-2　2009~2012 年全国各省产业结构分量和区域竞争力分量

资料来源：国家统计局。

表 5-2　2009~2012 年经济收缩期全国 6 类区域划分

第 1 类	天津　山西　重庆
第 2 类	无
第 3 类	上海　北京　山东　广东　江苏　浙江
第 4 类	河北　河南　黑龙江
第 5 类	云南　内蒙古　吉林　四川　宁夏　安徽　广西　新疆　江西　海南　湖北　湖南　甘肃　福建　西藏　贵州　辽宁　陕西　青海
第 6 类	无

从区域层面来看，区域竞争力分量对经济增长的贡献仍占据主导地位。在
22 个正偏离省份中，除天津、山西和重庆外，其余所有省份都通过区域竞争优
势弥补了产业结构劣势造成的经济损失。天津、山西和重庆的产业结构分量与区
域竞争力分量都大于 0，但产业结构分量对经济增长的贡献远低于区域竞争力分
量，它们的产业结构分量和区域竞争力分量分别是 69.85 亿元和 867.79 亿元、
8.86 亿元和 502.17 亿元、11.47 亿元和 996.90 亿元。

5.2.3 经济转型期各省份经济动能来源

在 2013~2017 年经济转型期（见图 5-3），金融业和其他第三产业取代了批发和零售业，成为最具产业结构优势的产业，贡献的经济增长新动能是少数省份经济增长的重要支撑。但是，大部分省份经济增长动能的主要来源仍是工业的区域竞争优势。

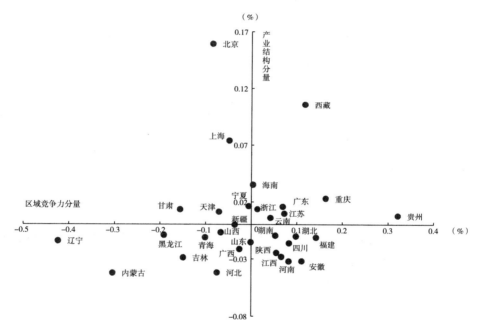

图 5-3 2013~2017 年全国各省产业结构分量和区域竞争力分量

资料来源：国家统计局。

从产业层面来看，共有 19 个总偏离大于 0 的省份（见表 5-3），这些省份的工业、批发和零售业的产业结构分量均为负值，表示这两类产业已无产业结构优势，并对经济增长产生负面影响。在所有正偏离省份中，相比其他产业，金融业或其他第三产业贡献的产业结构分量最大，意味着金融业或其他第三产业开始释放经济增长新动能，并且成为少数东部省份最重要的经济增长动能（如北京和上海）。但是，大多数省份最重要的经济增长动能仍源自工业。工业是区域竞争优势最强的产业，为超过一半的正偏离省份贡献了最大产值。从省域层面来看，尤其值得注意的是，少数正偏离省份的产业结构分量开始取代区域竞争力分量，释放新经济增长动能。如上海和北京，二者的产业结构分量与区域竞争力分量分别为 1610.94 亿元和−1062.53 亿元、3168.32 亿元和−1693.73 亿元,产业结构分量不仅弥补了区域竞争力分量对经济的负面影响,还起到了带动经济增长的重要作用。北京和上海作为经济转型升级的"领头羊",在产业基础、技术创新、人力资本和金融资源方面具有无可比拟的优势。因此,金融业、新兴产业和高技术产业等高端产业更可能落地于此,助力产业结构转型升级,实现金融业和其他第三产业(包括高技术产业、租赁和商业服务业等)引领经济增长的目标。

表 5-3　2013~2017 年经济转型期全国 6 类区域划分

第 1 类	云南　广东　江苏　浙江　海南　西藏　贵州　重庆
第 2 类	上海　北京　宁夏
第 3 类	天津　甘肃
第 4 类	内蒙古　吉林　山东　山西　广西　新疆　河北　辽宁　青海　黑龙江
第 5 类	四川　安徽　江西　河南　湖北　湖南　福建　陕西
第 6 类	无

　　另外,对比经济扩张期、经济收缩期和经济转型期内北京和上海的经济表现发现,虽然在经济扩张期和经济收缩期,北京和上海均不属于正偏离区域,但得益于坚实的经济基础,在经济转型期,仍顺利培育出支撑经济增长的新动能。

　　综上所述,第一,传统工业主导的产业结构不再适合中国经济的发展道路,表现为工业的产业结构优势先后被批发和零售业、金融业及其他第三产业替代,工业贡献的产业结构分量持续下降,甚至开始对经济产生较强的消极影响。第二,金融业及其他第三产业的产业结构优势显现,表现为相比其他产业,金融业或其他第三产业贡献的产业结构分量最大,甚至已成长为支撑少数地区(北京和上海等)经济增长的新动能。可以预见,未来中国经济增长会更多地依靠第三产业释放的新动能。第三,大部分正偏离省份的经济增长动能仍主要来自工业的区域竞争优势,而不是金融业及其他第三产业的产业结构优势。对于多数正偏离省份而言,既要继续保持工业的区域竞争优势,还要改善工业的产业结构劣势,激发传统工业的新动能。

5.3　四大战略区域内增长极特征与动能转化趋势

　　本节将研究视角由省域转向城市，运用偏离—份额方法，分解东部、中部、西部和东北地区地级市在不同时期的经济增量。根据得到的产业结构分量和区域竞争力分量，提出新方法，据此将所有城市分为三类增长极，从而分析四大战略区域内增长极的经济增长动能的空间特征及转化趋势。增长极包括以下三类：

　　第一，优势增长极。指在经济收缩期（2009～2012 年）和经济转型期（2013～2017 年）均为正偏离（产业结构分量和区域竞争力分量之和大于 0）的城市，以及 2018 年地区生产总值超过万亿元的城市。正偏离代表城市增长率超过同期区域平均水平。2008 年全球金融危机爆发后，在经济收缩期和经济转型期，都实现增长率超过区域平均水平的城市，可被视为具有长期稳定的增长优势。另外，对于国内生产总值超过万亿元的城市而言，即使总偏离小于 0，较大的全国分量仍为城市经济增长动能转换奠定了坚实的经济基础。

　　同时，归入优势增长极的城市不再归入其他增长极。

　　第二，新兴增长极。指在经济收缩期（2009～2012 年）既无产业结构优势，又无区域竞争优势，但在经济转型期（2013～2017 年）至少获得产业结构优势或区域竞争优势之一的城市，以及在经济收缩期只具有产业结构优势或区域竞争优势，但在经济转型期兼具两种优势的城市。划分新兴增长极的依据是，经济遭受冲击后，城市应该至少在产业结构或区域竞争方面重新取得优势，才代表有能力开发经济增长新动能。

　　第三，老化增长极。指缺乏抵御外部冲击和适应性调整的能力，并且经济增长潜能有限的城市。划分标准是，在经济收缩期（2009～2012 年）和经济转型期（2013～2017 年），始终不具有产业结构优势和区域竞争优势的老工业基地城市，以及在经济收缩期具有产业结构优势和区域竞争优势，但在经济转型期丧失这两种优势的城市。国家发展改革委于 2013 年印发了《全国老工业基地调整改造规划（2013－2022 年）》的通知，用于推进调整改造老工业基地城市的产业结构，致力于改造旧动能，开发新动能。相比其他在经济收缩期和经济转型期都不具有产业结构优势和区域竞争优势的城市，在经济转型期间，老工业基地城市获得了国家的政策扶持。在此背景下，部分老工业基地城市仍未培育出产业结构优势或区域竞争优势，这表明经济增长潜力有限，这些城市有理由被视为老化增长极。另外，2008 年全球金融危机后，部分城市由于过度依赖外贸市场，缺乏抵御外部冲击的能力，一旦外部环境剧烈变动，城市容易同时丧失产业结构优势和区域竞争优势，出现经济发展滞缓或主导产业衰退现象，因此，这样的城市也被定义为老化增长极。

5.3.1 东部地区增长极特征及动能转化趋势

东部地区第三产业的产业结构优势已赶超第二产业的区域竞争优势，成为少数优势增长极经济增长动能的主要来源，但是，多数优势增长极的经济增长动能主要来自第二产业的区域竞争优势。未来，来自第三产业结构优势的新动能将与来自第二产业区域竞争优势的传统动能"并驾齐驱"，共同驱动东部经济持续向好。

就东部地区优势增长极（见表5-4）而言，第一，省会城市通常是优势增长极。第二，在产业结构方面，经济增长动能的来源从第二产业变为第三产业，但是第三产业通过产业结构优势释放的新动能有限，仅是少数城市经济增长的重要来源。具体表现为：在2009~2012年经济收缩期（见图5-4）和2013~2017年经济转型期（见图5-5），第二产业的产业结构分量均为负值，第三产业的产业结构分量均为正值，但只有北京和上海等少数城市的第三产业结构分量的贡献超过了2000亿元的经济增量。第三，第三产业结构优势贡献的经济增量有限，第二产业的区域竞争优势才是城市经济增长动能的重要来源。

表5-4　东部地区三类增长极划分

优势增长极（39个）	北京　天津　上海　广州　深圳　苏州　杭州　南京　青岛　宁波　无锡　廊坊　衡水　徐州　常州　南通　连云港　淮安　盐城　扬州　镇江　泰州　宿迁　福州　厦门　莆田　三明　泉州　漳州　南平　龙岩　宁德　菏泽　湛江　茂名　肇庆　惠州　云浮　三亚
新兴增长极（14个）	石家庄　秦皇岛　邢台　嘉兴　台州　莱芜　汕头　佛山　江门　梅州　清远　潮州　济南　东莞
老化增长极（3个）	邯郸　淄博　枣庄

就东部地区新兴增长极而言，与优势增长极相比，第二产业的产业结构分量均为负值，第三产业的产业结构分量均为正值，但第三产业的产业结构分量对经济增量的贡献更加有限。新兴增长极的经济增长动能仍主要源自第二产业的区域竞争优势。就东部地区老化增长极而言，3个城市的第二产业都陷入了发展困境。第二产业转型升级滞后，造成了相应的产业结构劣势和区域竞争劣势，表现为第二产业的产业结构分量和区域竞争力分量为负值，对经济增长产生了较大的负面影响。

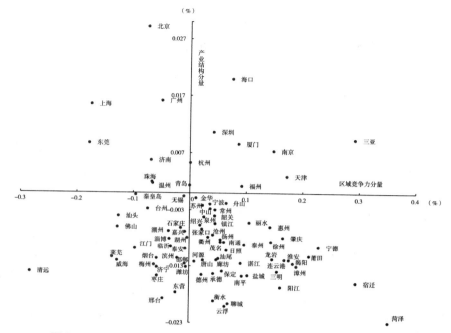

图 5-4 2009~2012 年东部地级市产业结构分量和区域竞争力分量

资料来源：历年《中国城市统计年鉴》以及各城市《国民经济和社会发展统计公报》。

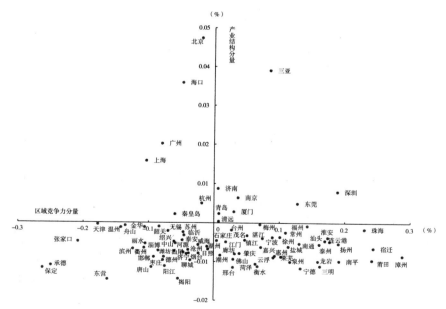

图 5-5 2013~2017 年东部地级市产业结构分量和区域竞争力分量

资料来源：历年《中国城市统计年鉴》以及各城市《国民经济和社会发展统计公报》。

5.3.2 中部地区增长极特征及动能转化趋势

第三产业的结构优势在中部地区初步彰显，但对经济整体增长的贡献有限。未来，来自第三产业结构优势的新动能有待持续成长壮大，与源于第二产业区域竞争优势的动能形成"双引擎"，共同助推中部地区经济增长。就中部地区优势增长极（见表5-5）而言，第一，中部地区2/3的省会城市都属于优势增长极。第二，产业结构优势释放的经济增长动能发生变化，来源于第二产业的产业结构优势变为第三产业的产业结构优势。具体表现为：在2009～2012年经济收缩期（见图5-6），第二产业结构分量均为正值，第三产业结构分量均为负值。但在2013～2017年经济转型期（见图5-7）。由于张家界的产业结构分量异常，故图5-7中未显示，其竞争力分量与产业结构分量分别为-0.026与0.064，第二产业结构分量均为负值，第三产业结构分量均为正值。另外，虽然长沙、武汉和郑州通过第三产业结构优势贡献了超过1000亿元的经济增量，但受第二产业结构劣势影响，导致产业结构分量对经济的拉动作用不明显，表明还需进一步开发来自第三产业结构的新动能。第三，大部分城市主要凭借第二产业的区域竞争优势，实现了经济增长率超过中部平均经济增长水平。换句话说，相比第三产业的产业结构优势，第二产业的区域竞争优势才是城市经济增长动能的重要来源。

表5-5 中部地区三类增长极划分

优势增长极（27个）	郑州 武汉 长沙 忻州 合肥 芜湖 蚌埠 铜陵 滁州 宿州 池州 宣城 九江 鹰潭 吉安 上饶 十堰 襄阳 鄂州 荆门 荆州 咸宁 随州 邵阳 张家界 益阳 娄底										
新兴增长极（14个）	太原 运城 黄山 阜阳 赣州 开封 商丘 信阳 周口 孝感 亳州 南昌 黄冈 永州										
老化增长极（11个）	南阳 长治 吕梁 马鞍山 景德镇 萍乡 新余 黄石 宜昌 株洲 湘潭										

就中部地区新兴增长极而言，与中部地区优势增长极相比，第三产业通过产业结构优势释放的经济动能更为有限。而且，新兴增长极的经济增长动能主要源自第二产业的区域竞争优势。

就中部地区老化增长极而言，与东部老化增长极类似，11个城市的第二产业同样缺乏产业结构优势和区域竞争优势，导致经济增长受阻。鉴于老化增长极数量较多，未来中部地区经济发展应重点关注此类区域，避免其成为制约区域经济增长的瓶颈。

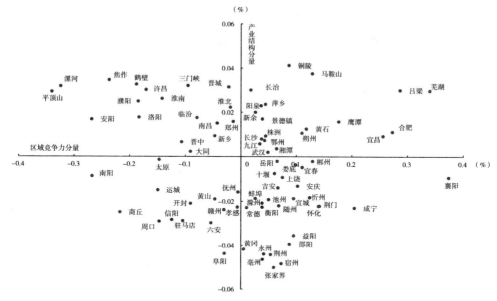

图 5-6 2009~2012 年中部地级市产业结构分量和区域竞争力分量

资料来源：历年《中国城市统计年鉴》以及各城市《国民经济和社会发展统计公报》。

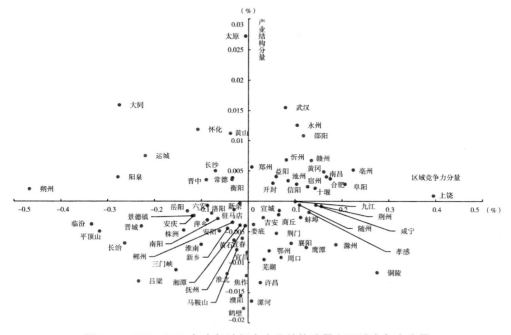

图 5-7 2013~2017 年中部地级市产业结构分量和区域竞争力分量

资料来源：历年《中国城市统计年鉴》以及各城市《国民经济和社会发展统计公报》。

5.3.3 西部地区增长极特征及动能转化趋势

西部地区经济增长的强劲动能主要来自第二产业的区域竞争优势，第三产业的产业结构优势仍处于培育阶段，释放的新动能有限，不足以支撑经济稳定增长。

就西部地区优势增长极（见表5-6）而言，第一，不同于东部和中部地区，西部地区只有少数省会城市属于优势增长极。第二，产业结构优势释放的经济增长动能发生转变，动能来源由第二产业的产业结构优势变为第三产业的产业结构优势，但第三产业结构优势释放的新动能低于东部和中部地区的对应量。具体表现在：在2009~2012年经济收缩期（见图5-8），第二产业的结构分量为正值，第三产业结构分量为负值。在2013~2017年经济转型期（见图5-9），第二产业的结构分量为负值，第三产业的结构分量为正值。但第三产业结构分量对经济增长的贡献有限，甚至不足以弥补第二产业结构分量对经济的负面影响。第三，西部优势增长极的经济增长动能主要来自第二产业的区域竞争优势。就新兴增长极而言，与东部地区和中部地区新兴增长极的情况相似，多数城市经济增长动能主要来自第二产业的区域竞争优势。同时，第三产业的产业结构优势和区域竞争优势都不突出。

表5-6 西部地区三类增长极划分

优势增长极（26个）	重庆 成都 柳州 梧州 北海 防城港 钦州 崇左 攀枝花 泸州 广元 贵阳 六盘水 遵义 安顺 保山 丽江 普洱 临沧 咸阳 汉中 安康 商洛 银川 固原 中卫
新兴增长极（18个）	呼和浩特 南宁 贵港 玉林 百色 河池 绵阳 遂宁 昆明 广安 拉萨 西安 天水 张掖 平凉 陇南 巴中 定西
老化增长极（7个）	桂林 乌海 通辽 内江 铜川 榆林 庆阳

就老化增长极而言，与东部地区和中部地区老化增长极的情况相似，第二产业对产业结构分量和区域竞争力分量的负面影响较强。而且，从经济收缩期到经济转型期，西部老化增长极的区域竞争劣势进一步放大。因此，西部未来发展需重视老化增长极这一难题，防止其成为西部经济高速增长的阻碍。

5.3.4 东北地区增长极特征及动能转化趋势

东北地区来自第三产业结构优势的新动能，普遍不足以抵消第二产业劣势对经济增长的负面影响，对经济增长的拉动作用更是有限。东北地区的经济增长动能主要来自第二产业的区域竞争优势。

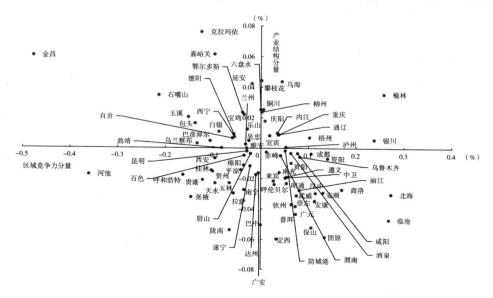

图 5-8 2009~2012 年西部地级市产业结构分量和区域竞争力分量

资料来源：历年《中国城市统计年鉴》以及各城市《国民经济和社会发展统计公报》。

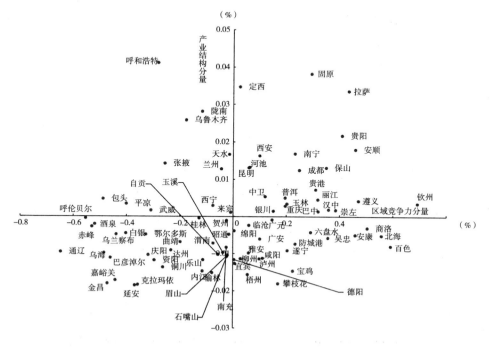

图 5-9 2013~2017 年西部地级市产业结构分量和区域竞争力分量

资料来源：历年《中国城市统计年鉴》以及各城市《国民经济和社会发展统计公报》。

就东北地区优势增长极（见表5-7）而言，第一，与其他地区截然不同的是，优势增长极不包含省会城市，表明东北地区省会城市的产业结构优势或区域竞争优势不足。第二，从经济收缩期（见图5-10）到经济转型期（见图5-11），具有产业结构优势的产业发生变化，第三产业的产业结构优势开始释放新动能，但新动能的经济拉动作用非常有限。具体表现为：在经济收缩期，第二产业的产业结构分量普遍为正值，第三产业的区域竞争力分量普遍为负值。在经济转型期，第二产业的产业结构分量普遍为负值，第三产业的产业结构分量普遍为正值。但是，第三产业结构优势释放的新动能十分有限，普遍不能弥补第二产业结构劣势造成的经济损失。第三，与第三产业的产业结构优势相比，第二产业的区域竞争优势才是支撑经济增长的重要动能。第四，优势增长极中占比高达5/7的城市属于《全国老工业基地调整改造规划（2013—2022年）》的范围内，这说明在国家的不断扶持下，全国老工业基地的调整改造取得了显著成效。

表5-7 东北地区三类增长极划分

优势增长极（7个）	四平	辽源	白山	松原	白城	齐齐哈尔	绥化
新兴增长极（6个）	大连	吉林	哈尔滨	伊春	七台河	黑河	
老化增长极（7个）	抚顺	营口	辽阳	盘锦	朝阳	通化	大庆

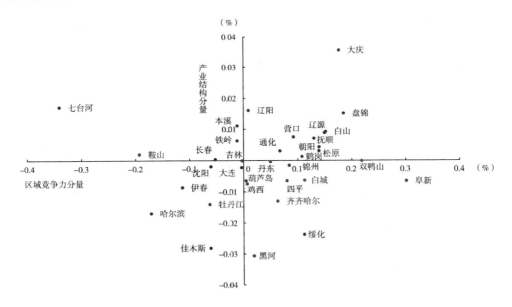

图5-10 2009~2012年东北地级市产业结构分量和区域竞争力分量

资料来源：历年《中国城市统计年鉴》以及各城市《国民经济和社会发展统计公报》。

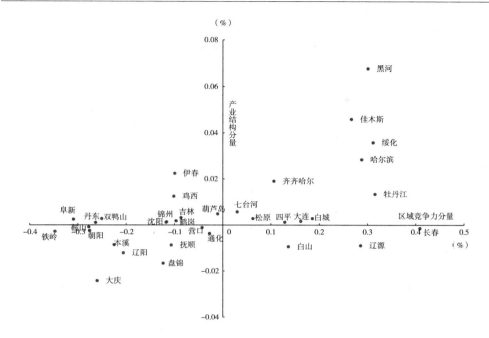

图 5-11   2013~2017 年东北地级市产业结构分量和区域竞争力分量

资料来源：历年《中国城市统计年鉴》以及各城市《国民经济和社会发展统计公报》。

就东北地区新兴增长极而言，与东部、中部和西部地区新兴增长极情况类似，经济增长动能主要来自第二产业的区域竞争优势。大连和哈尔滨第二产业的区域竞争力分量带动了整个东北地区的经济增长。

就东北地区老化增长极而言，这 7 个城市都是老工业基地城市。第二产业的产业结构劣势和区域竞争劣势，对经济增长产生了严重的负向影响。东北地区工业历史悠久，老工业基地城市的工业发展已进入"路径依赖"的负锁定阶段，原有传统工业体系排斥新产业的进入和成长。因此，直接引入新产业替换原有产业，存在一定困难。可先对原有产业进行重构或升级，重塑区域竞争优势，改善区域经济基础，再加大对产业结构的调整，从而逐步拓宽经济增长动能的来源。

5.4   主要结论

2008 年全球金融危机爆发后，中国经济发展面临越发复杂多变的内外部环境。在外部冲击和内部扰动的叠加影响下，中国经济为对抗经济下行压力，需要培育壮大经济增长新动能。本章运用偏离—份额分析法，分解了省域和城市的经济增量，从产业结构角度和区域竞争力角度，识别中国经济增长的新空间动能。得出以下结论：

在省域层面，第一，原有来自工业产业结构的经济动能，依次被批发和零售业、金融业和其他第三产业所替代，但是，金融业和其他第三产业释放的新动能有限，仅是个别省份（北京和上海等）支撑经济增长的新动能。第二，虽然工业的产业结构优势逐渐演变为劣势，但依旧保持了竞争优势，大部分省份的经济增长动能仍然来源于工业的区域竞争优势。

在城市层面，第一，东部地区第三产业的产业结构优势赶超第二产业的区域竞争优势，成为少数优势增长极经济增长动能的主要来源，但是，多数优势增长极的经济增长动能主要来自第二产业的区域竞争优势。未来，来自第三产业结构优势的新动能将与来自第二产业区域竞争优势的传统动能"并驾齐驱"，共同驱动东部经济持续向好。第二，第三产业的结构优势在中部地区初步彰显，但对经济整体增长的贡献有限。未来，来自第三产业结构优势的新动能有待持续成长壮大，与来自第二产业区域竞争优势的动能形成"双引擎"，共同助推中部地区经济增长。第三，西部地区经济增长的强劲动能主要来自第二产业的区域竞争优势。第三产业的产业结构优势仍在培育中，释放的新动能有限，不足以支撑经济稳定增长。第四，东北地区来自第三产业结构优势的新动能，普遍不足以抵消第二产业劣势对经济增长的负面影响，对经济增长的拉动作用更是有限。东北地区的经济增长动能主要来自第二产业的区域竞争优势。总之，中国经济正处于新旧动能转换接续期。首先，对于多数省份和城市而言，支撑经济增长的动能主要来自工业的区域竞争优势，而工业的产业结构劣势已对经济产生较大的负面影响。其次，源自第三产业的新动能已出现，但对于多数省份和城市而言，尚未成长为支撑经济增长的新动能。最后，为激发中国经济增长的新空间动能，应将培育发展第三产业和改造升级传统工业相结合，让新动能逐步挑起大梁，旧动能不断焕发生机，从而共同推动中国经济平稳增长。

6 区域产业布局与优化

产业布局关系到国家经济、社会、环境与安全大局，是解决中国不平衡不充分发展矛盾、实现高质量发展的关键所在，总结演变规律、摸清中国产业布局的空间分布情况，有助于新时期推动党中央制定区域协调发展战略和合理布局全国产业，实现要素合理配置。中国产业布局经历了从地区均衡到向东倾斜的变化，在总体快速增长的同时区域差距尤其是城乡差距逐渐拉大，当前中国产业布局的突出特征是多支点、促转移、提韧性、调政策。本章根据中国产业布局特征以及当前面临的主要问题为出发点，以探讨未来中国优化区域产业布局的方向。

6.1 中国产业空间布局的演变与现状

国家发展战略是产业空间演变的重要指南，对产业布局发挥着至关重要的作用。理解产业空间布局的演变逻辑与动力机制，要从国家发展战略演变的视角切入。中华人民共和国成立之初，面对工业基础薄弱，经济发展水平较低，国际形势严峻的情况，中国提出优先发展重工业的战略，产业布局相对应呈现出均衡布局的特点；随着国际环境的进一步恶化，中国的国家发展战略逐渐向国防战备倾斜，通过三线建设进一步加强了产业在内地的布局，促进了产业布局的空间均衡化；改革开放之后，面对濒临崩溃的中国经济与改善的国际环境，中国实施对外开放战略，东部地区凭借地理区位、要素禀赋、市场规模、率先改革等方面的优势，吸引了各类产业的大规模空间集聚，中国产业空间布局相对均衡的局面被打破，呈现出东部地区聚集的新特点；向沿海地区倾斜的发展战略在促进东部地区经济快速增长的同时，客观上也拉大了区域差距。

从 21 世纪开始，旨在解决区域差距的协调发展战略开始实施，随着西部大开发、东北振兴、中部崛起战略的出台，以及东部地区生产成本的高企，在政府与市场的共同作用下，东部地区产业加快跨区域转移，产业空间布局呈现出梯度转移的趋势；近年来，随着中国的产业升级、制造业比较优势变化及综合成本上升，在"一带一路"倡议下，中国企业"走出去"的步伐不断加快，中国的产业布局呈现出对外投资布局的趋势。

6.1.1 改革开放之前的产业布局：地区均衡

中华人民共和国成立之初，中国工业设施的70%集中在沿海一带。有限的内地工业也主要集中在武汉、太原、重庆等少数大城市。占全国土地面积1/3的大西北，1949年工业产值不足全国的2%（董志凯，2015）。在优先发展重工业的战略及三线建设的驱动下，产业加快向内地更多区域（城市）布局，推动了产业的空间均衡化。从四大板块的整体变动来看，1952年东部、中部、西部和东北地区的GDP份额分别为37.80%、25.46%、22.14%和14.60%，到1977年分别变为39.60%、23.26%、21.97%和15.18%[1]，区域整体表现平稳。1952年东部、中部、西部和东北地区的第二产业增加值占全国的比重分别为45.56%、16.41%、14.90%和23.13%，到1977年分别变为47.39%、17.32%、17.29%和18.00%，工业的发展比较均衡。产业布局在空间上的相对均衡与国家发展战略密切相关，为了实现工业化，中国政府提出集中人力、物力和财力优先发展重工业的战略[2]。在重工业发展战略的指引下，通过"156项项目"与三线建设为重点的内地产业布局，在形成国家战备后方的同时，促进了产业空间的均衡化。具体来看，"156项项目"的区域分布呈现出东少西多的特点，在17个省份中，东部、中部、西部和东北地区分别有2个、6个、6个和3个，投资份额分别占到整体的2.73%、24.84%、28.10%和44.33%。[3] 以"156项项目"为中心，加上与之配套的限额以上的694项项目，使内地投资占全国投资的比重从1952年的39.30%上升到1957年的49.70%，沿海地区则从43.40%下降到41.60%。三线[4]建设则历经了三个"五年计划"，投入了大量人力、物力、财力，建立了2000多个大中型企业、科研和基础设施项目。三线建设时期，三线地区总共新增固定资产1145亿

---

① 资料来源：国家统计局。

② 我国优先发展重工业不仅具有极端重要性，而且具有众多有利条件：一是历史经验的科学总结和现实情况的迫切需要；二是工业化过程中推进技术进步的客观需要；三是以俄为师基本国策的题中应有之义；四是计划经济体制提供了体制保证；五是人口大国是推行优先发展重工业的重要条件；六是旧中国轻重工业发展的极端不平衡（汪海波和刘立峰，2009）。

③ 根据董志凯（2015）中的数据计算而得。

④ 所谓三线，是由我国沿海地区和边疆向内地划分为三条线：一线指沿海和边疆地区，二线指一线地区与京广铁路之间的安徽、江西及河北、河南、湖北、湖南四省的东半部，三线是甘肃乌鞘岭以东、京广铁路以西、山西雁门关以南、广东韶关以北的广大地区，包括四川、贵州、云南、陕西、甘肃、宁夏、青海等中西部省份以及湖南、湖北、河南、山西等省份的后方腹地。

元,占到全国的 33.58%,新增固定资产年均增长率比 1953~1965 年高 92.66%。从客观上来说,"156 项项目"与三线建设改善了内地工业落后的局面,改变了中华人民共和国成立之初产业分布不均衡的格局,促进了产业的空间均衡化。

6.1.2 改革开放之后的产业布局:"两个红利"

1978 年之后,改革开放战略的实施带来了改革红利,消除了生产要素流动的体制障碍,释放了中国长期积累的"人口红利",提升了人力资本水平,促进了人口在产业、行业和地区之间的流动(蔡昉等,2018)。与此同时,产业布局向沿海地区倾斜,获得了加快发展的"区域红利"。在中国国内需求相对不足、国内原材料规模有限、开采品位下降与开采成本上升的情形下,中国制造只能更多地依赖国外市场。由于美国、欧盟、日本等发达国家和除西亚之外的亚洲国家是中国主要的出口国和进口国,东部地区具有接近国外产品与原材料市场的区位优势。再加上东部地区较好的产业发展基础和较早的改革开放优势,产业加速向东部沿海集聚。产业在东部沿海集聚后,形成了共享、匹配、学习的聚集效应(Duranton and Puga,2004),完善了区域的产业配套能力。同时,本地市场效应与价格指数效应循环累积(孙久文和胡安俊,2012),进一步推动了产业布局的沿海化。产业向东部聚集的趋势在 2006 年左右达到顶点,2006 年,东部地区的GDP 占全国的比重达到最高值 55.74%,比 1978 年提高了 12.18 个百分点,2005年,东部地区的工业增加值占全国的比重达到最高值 58.47%,比 1978 年提高了10.7 个百分点。

6.1.3 当前产业布局面临的核心问题:区域与城乡差距

产业不断向东部集聚的同时,也在不断拉大区域差距,从全国层面来看,1995~2018 年,人均 GDP 最高的省份由上海市变为北京市,人均 GDP 最低的省份则从贵州省变为甘肃省。人均 GDP 最高省份与最低省份的绝对差距逐年扩大,2018 年扩大到 108664 元。人均 GDP 最高省份与最低省份的相对差距在 1995~2005 年的各年都在 10 倍之上,尽管近年来相对差距有所收敛,但 2018 年也达到了 4.47 倍,区域差距依然很大。

为缩小区域发展差距,中央政府自 20 世纪末开始推动区域协调发展战略,先后实施了西部大开发、东北振兴及中部崛起战略,陆续批复了多批加工贸易梯度转移重点承接地和多个承接产业转移示范区,并通过加快基础设施建设、加强生态环境保护、发展特色产业、发展科技教育和文化卫生事业、改善投资环境、促进对内和对外开放等措施,优化内地地区的营商环境,引导产业向中部、西部和东北地区转移。除政府力量的推动外,市场机制也在产业梯度转移上发挥了重要作用：一方面，东部沿海地区的一些产业如劳动密集型产业的比较优势随着人工成本的高企而不断弱化，推动了产业向区位条件不断改善的中西部地区转移；另一方面，由于发展阶段的差异，东部地区的产业转型升级也引起产业升级过程受阻，一些不愿意进行产业升级的企业存在明显的产业转出激励。特别是2008年全球金融危机之后，大规模借债投资导致东部地区的生产成本大幅快速上涨，在政府与市场的共同作用下，产业空间布局呈现出加速跨区域梯度转移的趋势。我们采用产业份额相对变化的测度方法，计算中国产业的跨区域梯度转移，结果表明，劳动、资本以及技术这三种要素密集型制造业均在省际出现大规模转移。具体来说，一是劳动密集型制造业呈现"以东南沿海和西北地区为核心，向东北、中部和西南地区转移"的特征；二是资本密集型产业的转移则表现为"以河南、安徽、江西和湖南的中部地区为主转出区，大部分西部地区为次转出区，转入广东、福建与江苏等沿海地区，以及部分东北地区"；三是技术密集型产业逐步向东中部转移，总体上呈现出"由相对南部的地区向相对中部及北部的地区转移"的趋势。

（1）区域差距

选择人均GDP最高省份与人均GDP最低省份计算相对差距与绝对差距。

从相对差距（人均GDP最高省份/人均GDP最低省份）来看，相对差距呈现波浪状下降态势。1978年人均GDP最高省份是人均GDP最低省份的14.3倍，2018年该指标下降为4.5倍。但是，需要注意的是，2014年以来相对差距呈现扩大态势。

从绝对差距（人均GDP最高省份-人均GDP最低省份）来看，绝对差距呈现持续扩大态势。1978年人均GDP最高省份与人均GDP最低省份之差为2323元，2018年该指标扩大为108664元（见图6-1）。

（2）城乡差距

选择城乡居民收入计算相对差距与绝对差距。

从相对差距（城镇居民收入/农村居民收入）来看，相对差距呈现先上升后下降的态势。1978年城镇居民收入与农村居民收入之比为2.6倍，2007~2009年达到高峰值3.3倍，之后不断下降，2018年该指标下降为2.7倍。

从绝对差距（城镇居民收入-农村居民收入）来看，绝对差距呈现持续扩大态势。1978年城镇居民收入与农村居民收入之差为209.4元，2018年该指标扩大为24634.0元（见图6-2）。

伴随巨大的区域和城乡经济差距的是巨大的教育、医疗、卫生等的差距，这不仅不利于经济增长，而且不利于人力资本等经济发展动力的持续提高，还不利于全体人民的整体福利改善，是"中等收入陷阱说"的重要影响因素。

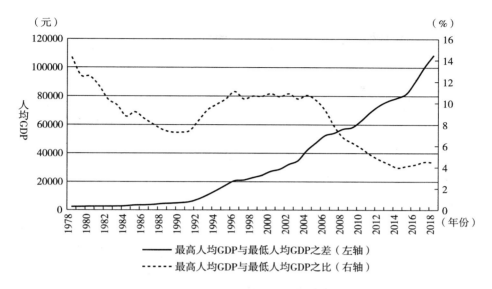

图 6-1 改革开放以来中国的区域差距演变

资料来源：中国经济与社会发展统计数据库，Wind 数据库。由胡安俊计算并绘图。

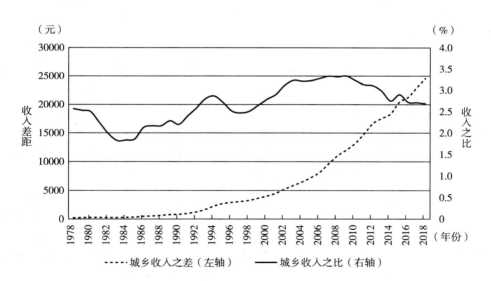

图 6-2 1978~2018 年改革开放以来中国的城乡差距演变

资料来源：中国经济与社会发展统计数据库，Wind 数据库。由胡安俊计算并绘图。

6.2　当前中国产业空间布局的突出特征

进入 21 世纪，中国产业布局呈现出新的变化。由于区域发展不平衡一直是中国的基本国情，当前，中国经济进入新的历史时期，在经济保持中高速增长的同时，地区分化态势也日趋明显。

6.2.1　多支点的空间骨架逐渐形成

中国区域经济从聚集到扩散，在区域空间上逐步向均衡发展。相对均衡的区域空间结构需要多个战略支点的支撑。改革开放以来，中国空间格局上形成的战略支点主要有长三角地区、珠三角地区和环渤海地区；中部崛起促成了长江中游地区和中原经济区等新的战略支点的形成；西部大开发促成了成渝经济区和关中——天水经济区等若干新的战略支点的形成。随着中国区域经济的进一步均衡，加之城镇化进程加快而形成的大面积城市地区，可能会出现更多的战略支点，如目前形成的包括北部湾经济区、东北中部地区、天山北坡地区、海峡西岸地区等的次一级的新战略支点。

一系列支点地区能够涌现的原因有这样几点：首先，改革开放以来，通过西部大开发、东北振兴、中部崛起和东部率先发展等一系列战略举措，全国统一大市场得以形成。经济的"全国化"，各地区的普遍发展，使经济发展不仅仅需要北京和上海等少数的增长极，而且需要更多更能支撑本地发展的增长极。多支点的出现，使新发展的区域有机会进入国家发展的核心范围，获得更好的发展环境和条件，吸纳更多的发展资源，同时也能在国家的经济发展中发挥更重要的作用。其次，城市群实力的增强，使城市群所在区域发展成为地区经济的支点。这些区域延伸产业链条，创新产业形式，促进产业转移，并通过融入更大区域，以在更大区域内整合自身实力而加快发展。最后，在资源优势突出却又没有得到充分发展的远西部地区，通过积极发展优势产业，承接东部地区的产业转移，促进现有发展模式的升级以更好地适应经济发展，有些地区也已形成具有较强经济实力的增长中心，成为具有发展潜力的支点区域，如兰州、西宁、乌鲁木齐、银川、库尔勒、喀什、酒泉、张掖、石嘴山等。

当前，在经济较发达的长三角、珠三角、京津冀地区，已经完成从单中心支点区域向多中心支点区域的转变，并开始向网络布局模式转变。例如，长三角地区的一级中心是上海，二级中心是苏州、杭州、南京、宁波，三级中心北翼为无锡、扬州、常州、南通、镇江，南翼是嘉兴、台州、绍兴。多中心模式是未来区域空间的主要发展方向。

6.2.2 产业转移是区域空间变化的主导力量

当前中国区域发展格局战略是区域发展总体战略与"三大经济带"组成的"4+3"战略，这在"十三五"规划中得到了明确和体现。国家实施"4+3"战略的目的是通过各区域的发展来缩小地区差距，进一步促进区域协调发展。结合主体功能区规划，我们发现，根据各地区的发展密度、资源环境承载力以及发展潜力，统筹考虑经济、人口、资源等的分布，"4+3"战略对中国生产力布局优化提出了新的要求：一是各区域的工业布局要与资源环境相协调，对资源环境承载力弱的生态脆弱区应减少工业的分布；二是各区域根据本身的区位、资源等条件布局优势产业的同时，要按照经济带的要求来发展区域合作，最终实现区域的均衡协调发展；三是进一步明确加快产业转移的方向，通过产业转移进行空间布局的调整已经得到广泛的认同，中西部地区通过承接东部地区的产业转移加快发展，缩小与东部地区的差距是客观的要求，但目前产业转移的方向不够明确。沿经济带从发达地区向不发达地区进行转移，是对产业转移更新更高的要求。

目前中国的产业转移主要集中在制造业领域。制造业由东部地区向东北和中西部地区的转移，受到了国家相关政策的支持，比如，国家工业和信息化部专门出台了《产业转移指导目录》。需要注意的是，中国的工业化进程还远未结束，中国经济的空间分布呈现出与工业特别是制造业走向相一致的方向性变化。也就是说，中国的整体经济布局正在从之前各种经济要素和工业活动高度集聚东部地区的态势，逐步转变为由东部沿海地区向中西部和东北地区扩散转移的趋势。承接产业转移的地区多种多样，但主要集中在中西部主要城市群和非城市群的广域城市。

发展现代产业，是打造新的战略支点的核心和关键。产业转移的加速使区域加快形成新的战略支点和新的产业支撑体系。未来中国的新战略支点将主要出现在中西部地区。而在东部地区，随着国家层面各类规划的作用的逐步显现，东部地区经济增长方式将由过去较多依赖外部环境的支撑形式，向内生性、集约型的增长方式转变。虽然近几年东部地区全社会固定资产投资增速低于中西部等地区，同时该指标占全国比重也呈现下降的趋势，但是东部地区依然获得了大量的政策资源，同时具有大量的劳动力资源和强劲的消费支撑。在东部地区逐步转为现代服务业为主体的经济区域的情况下，可以预测中国制造业的中心将转到中部地区。

以上的新趋势对中国区域空间结构优化提出了新要求：一是要求东部地区尽

快转出传统产业，为承接国际产业链的高端环节腾出空间，而这些传统产业的转移目标地就是中西部地区；二是向中西部地区转移时，将不再局限于单个或几个企业的转移，而将逐渐形成产业集群式的整体转移；三是要求把一些资源和劳动力参与度高的生产环节转移到中西部地区，减少劳动力的跨区域流动，避免人口分布空间格局的改变。

6.2.3 宏观经济因素对空间分化的影响逐步加大

中国已经成为世界第二大经济体、第一大货物贸易国、最大出口国和最大外汇储备国。随着外向型经济的不断发展，中国对外贸易将继续增加。与此同时，产业结构调整将加快，因此，需要优化沿海地区的工业布局以适应这种发展样式。随着社会主义市场经济体制的建立与完善，中国市场化程度逐渐提高，市场在配置资源上起决定性作用，资源价格改革逐渐深入，资源的远距离运输将加大对企业成本的影响，从而影响企业布局。资源环境约束越来越突出，要求由以往的高投入、高排放、高污染的粗放型发展方式向低消耗、污染少的集约型经济发展方式转变。需要将资源环境承载力弱的地区的工业关闭或迁移，进行产业的空间再布局调整，从而实现经济发展与资源环境相协调。

在区域层面，经济新常态的特点表现为经济地理的扩散和区域分化的加重。据统计，2010～2014年，东部地区和东北地区的二次产业增加值比重分别从44.1%、10.4%下降到40.2%、9.9%，中部和西部地区则分别从23.9%、21.6%上升到25.4%、24.3%，可见，区域经济之间的发展差距呈缩小态势。当然，目前西部地区的对外开放程度仍弱于东部地区，其进出口总额占全国的比例仅为6.1%，而东部地区进出口额占全国的比例为84.6%，中国的对外开放形态为"东强西弱，海强边弱"。

当然，在全国经济增速整体回落的过程中，部分省份依然保持了较好的增长态势，呈现出改革红利带来的繁荣。例如，天津、重庆、江苏、贵州和西藏2015年度GDP增速仍达到两位数，尤其是重庆和贵州名义GDP增速分别高达18.4%和16.6%。天津、江西、江苏和重庆的财政增速也保持了两位数增长，分别为11.6%、13.6%、10.4%和12.0%，为这些区域经济的平稳运行打下了基础。

东北地区和部分省份则出现了塌方式的质变，呈现出转型停滞经济低迷的状态。例如，2015年前三季度，辽宁、黑龙江、河北和山西的GDP增速分别为2.7%、5.5%、6.5%和2.8%。这些地区的财政增速大幅下降。吉林和山西2019年前三季度财政收入同比增速为-3.7%和-11.4%。黑龙江和辽宁财政收入下滑更为剧烈，同比增速分别为-15.8%和-27.4%。区域正在分化，中国区域空间格局正面临重大变化，重塑中国经济地理时不我待。

6.2.4 区域发展战略和地方产业政策决定产业布局的模式

国家区域发展战略会对产业布局产生直接性影响，产业布局受区域发展战略的指引，服从于整体区域发展战略。新中国成立之后到改革开放之前，中国一直采取的是区域均衡发展战略，尤其是 20 世纪 60 年代，从经济建设和国防建设的战略布局考虑，开展三线建设生产力布局，以铁路建设为先导、以国防科技工业为核心，在三线地区大力发展钢铁、煤炭、电力、有色金属、机械、石油、化工、轻工业和交通运输业（周明长，2014），为中西部地区的产业发展奠定了良好的基础。此后，出于经济效率的考虑，中国采取了非均衡的区域发展战略，率先发展沿海地区，通过税收、土地、外汇等措施吸引外商投资，打破了原有的产业分工格局，东部沿海地区制造业迅猛发展。20 世纪 90 年代，中国区域经济发展战略进入新的阶段，面对区域发展差距不断扩大的现状，中国制定了西部大开发、东北老工业基地振兴、东部崛起等一系列区域发展战略，东部沿海地区的一些劳动密集型产业、资源型产业逐步转移至中西部地区，促进了区域经济均衡发展，改变了以往过于集中的产业布局。

地方政府为达到特定的社会经济目标，出于地方利益最大化的考虑，会制定相关地方产业政策文件，以产业为调整对象，对相关产业进行扶持、培育、保护和调整，从而对区域产业布局产生影响。一方面，地方政府为了促进当地企业发展，保护本土企业，会制定一系列地方政策，从而限制其他地区到本地进行投资，限制其他地区产品进入，为本地企业发展创造良好的环境。尤其是烟草加工、饮料制造和医药制造业，受地方保护主义影响较大，因而这些行业的地理集中度较低（李君华和彭玉兰，2010）。另一方面，地方政府出于财政税收目的，会限制本地大型企业到外地投资，防止本地产业向外地转移扩散。

地方政府出于局部利益所制定的地方保护政策，往往不能产生整体最优的结果，不利于中国整体产业的合理布局和资源的充分利用，限制了企业的发展和产业的升级转型。但地方政府可以从地区比较优势出发，制定符合本地区的产业发展规划，往往会取得较好的效果。例如，湖南省汽车制造业的发展，得益于湖南省政府积极进行规划引导，通过实施财税帮扶措施，在较短时间内形成了以整车制造企业为龙头、多零部件制造企业相配套的完整产业链，打造了以长株潭为中心的汽车制造业产业集群。

6.3 当前中国区域产业布局优化的关键问题

新中国成立以来，中国的产业布局经历了相对均衡、东部集聚、区域协调、对外布局等发展阶段，产业布局的多次调整均有着不同的时代背景。进入新时代，中国面临着新的机遇和挑战。首先，国际形势仍然严峻，大国战略竞争加剧，国际格局与政治力量对比加速演变，以印度为代表的环印度洋——太平洋国家逐渐成长为世界的重要一极，世界经济发展的不确定性增大。其次，贸易保护主义抬头，国际贸易摩擦不断，尤其是中美贸易战对中国经济发展造成了一定影响，比如，影响对外出口，干扰经济增长，破坏对外技术合作等。最后，目前中国经济发展也处于关键阶段以及面临诸多关键问题，比如，新旧动能转换，从高速增长向高质量发展转变，经济发展不平衡不充分，城乡间、区域间经济发展差距仍然很大，经济发展面临环保、创新、可持续性等多重制约等。以上均是中国调整优化产业布局的必要性所在。本小节基于之前的分析和以上背景探讨了中国区域产业布局的优化方向以及关键问题。

6.3.1 产业空间布局影响因素的变化

当前中国经济发展的空间结构正在发生深刻变化，影响产业布局的因素也在发生变化。由于产业布局受多种因素的综合影响，不同产业的关键影响因素并不相同，不同时期不同因素的重要程度也会发生变化。其中，自然因素和社会经济因素是影响产业布局的基础性因素，这些因素对产业布局的影响随着科技的进步而发生变化，体制和政策因素是影响产业布局的外在因素，会打破产业布局的内在机制，推动不同地区产业结构的调整。

产业布局受多种因素的影响，任意单一因素无法完全决定特定产业的布局，多种因素共同决定了产业布局的初始状态及动态变化。随着生产力水平的不断提升，不同因素的影响程度将不断发生变化，并产生新的机制以推动产业布局的调整，只有结合当前发展阶段，分析影响产业布局的关键因素的变动趋势，才能寻找出产业布局优化的方向，促进经济的高质量发展。

自然环境包括地区经纬度、温度、湿度、日照、降水等因素，自然环境因素对于农业和第三产业中旅游服务业的布局起着决定性作用。中国幅员辽阔，自然资源丰富，不同地区资源分布存在显著差异，围绕各地自然资源禀赋，形成了各具特色的专业化生产部门。

社会经济因素首先是劳动力因素。较低的劳动力成本是不同行业企业进行区位选择的重要考虑因素。较大规模的人口可以为产业提供大量的劳动力，促进当地资源的充分开发和利用。改革开放后，由于中国劳动力成本较低，加之人口可以自由流动，中西部地区大量劳动力流向东南沿海地区，促进了东南沿海地区工业的发展。其次是市场因素。较大的市场规模会产生本地市场效应和价格指数效应，形成累积因果循环过程，促进产业的不断聚集。相较而言，工业相对农业更加依赖市场规模，轻工业相对重工业更加依赖市场规模（刘钜强和赵永亮，2010）。再次是产业基础因素，包括产业集聚水平、基础设施、产业关联等。产业集聚水平越高，越有利于产生外部性，通过"共享—匹配—学习"三大机制，促进同行业生产力水平的提高，实现规模经济效益。良好的产业环境会降低产业的成本，促进知识外溢，提高生产效率，促进产业的发展，对产业的吸引力越强。现代化交通运输体系是产业布局的重要支撑，为生产要素的空间流动和产业布局奠定基础。随着交通运输技术的不断发展，运输成本及交易成本会逐渐降低，距离对产业布局的制约性也会逐渐降低。最后是科学技术因素，包括人力资源和技术发展水平。高科技产业的发展需要智力资源的支撑。新知识、新思想的产生需要有一定的知识基础，而且多样化专业人才的密切交流更易于刺激新想法的产生，因此高科技产业一般诞生于大学、研发机构等科研场所较为密集、科研人员储备较为丰富的地区。科学技术进步增强了人们改造自然的能力，提高了劳动生产力，当科技进步成果广泛应用于社会生产时，便催生了产业革命，影响产业的发展趋势。因此，科技因素会对产业布局产生长远而深刻的影响，且这种影响往往是革命性的。

近年来，宏观体制机制因素对整体资源配置效率起到重要作用，对产业布局的其他因素作用的发挥也产生了影响。第一，改革开放促进了轻工业、消费导向型和外向型产业的快速发展（贺灿飞等，2008）。一方面，市场成为配置资源的根本手段，比较优势在产业布局中逐渐发挥愈加重要的作用；另一方面，对外开放使中国参与到全球化进程，深度参与全球贸易及全球分工体系，使沿海地区区位优势更加凸显，促进了沿海地区制造业的发展，造成了中国区域产业发展不平衡的状况。第二，财政分权改革使地方政府拥有更多的地方经济发展决策权，使地方政府地方保护主义倾向加强，造成了市场分割，不利于规模经济的形成。第三，各地方政府难以形成有效的专业化分工合作，产业发展与区域比较优势存在错配，各地产业结构趋同。

6.3.2 区域协调发展的战略导向

缩小区域间经济发展差距，实现区域经济协调发展，是构建社会主义和谐社会的必然要求。在市场经济体制下，缩小区域间经济发展格差，既要依靠政府的宏观调控，又要依靠市场的力量。国内产业区域转移的实施，是通过同时发挥政府宏观调控与市场的作用，从而实现区域经济协调发展的战略措施。推动国内产业区域转移，将促进生产要素流向的区域间发生变化、工业化布局的区域间产生变迁以及产业结构的区域间进行调整，为缩小东部、中部、西部的区域经济发展格差，实现区域经济协调发展奠定坚实的产业基础。产业的协调发展则是实现区域经济协调发展的基础；反之，区域经济的协调发展问题在一定程度上也代表着产业的区域协调发展情况。在实施"4+3"等区域发展战略之后，中国区域协调发展面临区域差距拉大、相对贫困地区发展缓慢及南北差距增大等多重复杂的问题。未来产业布局中应当着重考量区域协调发展因素，以区域产业布局的优化促进区域经济协调发展。

伴随区域协调发展战略的实施，产业布局的空间模式也在发生变化，面对全球化时代的激烈竞争，将中心城市和城市群作为承载发展要素的主要空间形式，优化产业布局中要着重考虑这一现实情况，合理布局相关产业。在当前的国内外形势下，关键是提升中国若干中心城市或城市群的全球竞争力，发挥这些中心城市或城市群的引领示范和辐射带动作用，推动中国经济高质量发展。而这些中心城市或城市群的长远发展，与产业合理布局有密切关系，在作为改革上层建筑部分的治理体系和治理能力的同时，结合各地区的要素禀赋和发展路径，合理谋划各城市群及中心城市内部以及城市群和中心城市之间的产业布局，形成高效的组织体系，释放经济发展活力。

6.3.3 产业集聚与制造业集中问题

新中国成立以来，政府在产业布局中一直占据重要地位，有效促进了产业集聚与区域协调发展。然而，在中国特色的"行政分包制"下，层层"纵向行政发包"和"横向官场竞争"是导致"产业潮涌"、产能过剩、分散布局和产业结构趋同等问题的关键原因（林毅夫等，2010）。党的十八届三中全会强调，要发挥市场在资源配置中的决定性作用。而且，市场主导下的效率是可以与人均意义上的区域平衡实现双赢的（陆铭和向宽虎，2014）。中国的基本国情使生产力布局的长期供求关系远离均衡点，中国人多地少和缺水的基本国情，决定了中国的产业布局必须走规模经济道路。未来的产业布局，要按照主体功能区和建设特大城市圈的思路，发挥好政府在公共服务、市场监管、生态底线管控、空间公平正义等方面的积极作用，整合城镇体系，建设城市圈，充分发挥好市场的主导和决定性作用，促进产业集中布局，提升产业布局的空间效率。并针对大城市病的突出问题，需要研究高端活动与低端活动的共生关系，为疏解城市功能提供思路。

中国制造业进入新时代以来面临日益严重的挑战：一方面，国内人口红利逐渐消失，劳动力成本迅速上升，劳动成本的比较优势日益消退，国内服务业的快速发展对制造业形成了挤压；另一方面，国际贸易条件的不确定性增加，制造业转型升级面临着国际社会潜在打压。已有的大量研究表明，制造业在空间上的集聚能够提高生产率，制造业需要发挥规模经济才能获得竞争优势。首先，制造业的空间分布变化，由于改革开放以来沿海地区的优先发展战略，沿海地区开放较早，更接近国际市场，使中国制造业主要集中在沿海地区。这种制造业的空间分布趋势正随着中西部地区的快速发展而出现制造业向中西部地区转移的现象，随着各类城市的快速成长，中国制造业有明显向中西部地区大城市集聚的空间特征。其次，制造业与服务业的融合。倡导竞争中性的产业政策，对服务业和制造业平等对待，不宜过度强调服务业的优先发展，为制造业的发展留下足够的空间。现代产业是制造业与服务业融合发展，制造业倾向于集聚在生产性服务业周围，制造业与服务业共同分布于同一城市群内部，城市群成为制造业与服务业融合发展的空间载体。最后，生产要素流动性增强影响制造业分布。中国的交通基础设施建设成就举世瞩目，交通基础设施的改善，降低了劳动力流动的成本和商品贸易的成本，增强了劳动力和商品的流动性。与此同时，中国逐渐放开大中小城市的落户限制，降低了城镇化的障碍，使制造业可以选择发挥集聚经济和规模经济的城市增多，未来制造业在全国的分布可能呈现"大分散，小集聚"的趋势。

在现有的研究中，普遍接受的"去工业化"的定义为"工业化进程中工业产值占比下降的过程"。这是工业化发展的一个必然阶段，但是由于中国部分区域产业布局不平衡、工业化进程不完善，导致过度"去工业化"问题出现。过度"去工业化"已经成为新时代中国区域产业布局中的一个亟待解决的问题。

6.3.4 产业布局的生态安全问题

近十几年来，随着工业化与城市化的快速推进，各类建设乱占耕地现象愈演愈烈，导致建设用地盲目扩张和无序蔓延，空间开发秩序十分混乱（孙久文和胡安俊，2012）。突出表现为工矿建设占用空间偏多，开发区占地面积较多且过于分散，城市和建制镇建成区空间利用效率不高，耕地减少过多过快，保障粮食安全压力很大。与此同时，工业发展和城市盲目扩张导致生态环境不断恶化，国家生态屏障区人口超载，生态安全受到威胁。

党的十八大首次提出了"生态文明建设"的概念，生态文明建设和经济建设、政治建设、文化建设、社会建设共同构成中国特色社会主义的总体布局，生态安全逐渐受到广泛重视。尤其是在新时期，中国的经济增长进入高质量发展阶段，经济发展的资源环境压力加大成为中国发展中的突出矛盾之一，由环境恶化引起的污染问题成为制约中国经济社会持续发展、影响社会和谐安定的重要因素，生态安全对经济社会的影响日益显著。生态安全是从人类对自然资源的利用与人类生存环境辨析的角度来分析和评价自然和半自然的生态系统。近年来，国家陆续出台了若干侧重生态文明建设的区域发展规划，如《淮河生态经济带发展规划》《汉江生态经济带发展规划》。另外，打造黄河生态经济带也在 2019 年上升为国家战略，致力于黄河流域的生态保护和高质量发展。

产业的发展离不开生态系统的支持，对于人口众多、资源稀缺、生态环境恶化的中国而言，随着经济的发展，生态环境必将面临更大的挑战。提高生态功能与发展潜力是实现可持续发展的持久动力，也同样是产业布局需要考虑的重要方面。区域产业布局中可以考虑以主体功能区划为底色，将地区生态要素状况和产业布局结合起来，对于限制开发区与禁止开发区，可以通过限定开发活动，保障区域关键自然资本不会随时间而减少，提高区域的生态功能、保障国家生态安全；对于优化开发区与重点开发区，可以通过提高人力资本、信息技术等生产要素，提升人造资本与自然资本之间的替代能力，构造区域可持续发展的持久动力。

6.3.5 中国产业海外布局问题

伴随中国经济的快速发展，中国企业"走出去"的步伐不断加快。2013 年中国对外直接投资净额与中国实际利用外商直接投资金额相当，进入邓宁投资发展周期理论的第四阶段。同年，习近平总书记提出"一带一路"倡议，得到了沿线国家的积极响应，为企业海外投资布局提供了难得的外部环境。在此背景下，研究产业在海外布局的影响因素、布局模式、风险控制、长效机制及对策措施成为当前政府和企业的迫切需求（胡安俊和孙久文，2018）。主要原因有三：一是中国制造业比较优势发生了变化，综合成本呈现出上升的趋势。[①] 中国制造业竞争力相对优势下滑，劳动力成本上升是主因。虽然中国单位劳动力成本竞争优势在世界的排名从 2000 年的第 8 位上升到了 2016 年的第 4 位，但其绝对竞争力优势却出现了下滑，反映为单位劳动力成本与全球平均水平差距的缩小，其中名义劳动力成本的大幅上升是主要原因。二是中国企业的溢出效应不断增强。随着中国"引进来"的外资规模增多、质量升级，外资企业给中国企业带来了国际投资经验、先进技术、国际市场信息和具有国际视野的员工等，溢出效应不断增强（李磊等，2018）。三是中国对外开放的深度与广度不断拓展。中国持续深

---

① 资料来源：http://business. sohu. com/20180409/n534367579. shtml。

化对外开放，形成了全面开放新格局。特别是 2013 年"一带一路"倡议提出之后，对外投资不断增长，从 2014 年开始，中国成为净对外直接投资国家。[①] 从对外投资的国别流向看，2018 年，中国香港地区、美国、英属维尔京群岛、新加坡、开曼群岛、卢森堡位列前 6 位，占到对外投资流量的 80.9%，从对外投资的产业流向看，涉及国民经济的 18 个行业大类，其中，租赁和商务服务、金融、制造、批发零售 4 个行业的投资占比超七成，流向信息传输、科学研究和技术服务、电力生产、文化教育等领域的投资快速增长[②]。

6.4 主要结论

产业布局实质上是生产活动和地区生产要素相互作用的过程，产业的合理布局能够使产业合理利用地区的生产要素，进而充分配置资源，最大程度地提高经济的运行效率。伴随不同的国际国内形势，中国的产业布局经历了从地区均衡到"两个红利"的演变。区域与城乡差距成为当前产业布局面临的核心问题，并且逐步形成以多支点为骨架的空间布局模式、以产业转移为主导力量、易受宏观环境战略决策影响的综合特征。在国际竞争加剧，世界经济发展的不确定性逐渐增大，国外有效需求缩减，国内经济下行依然存在等多重因素的制约下，未来中国产业布局也要随着国内外形势的变化而进行优化重组。总体上，应当重视以下原则和措施：

第一，以国家重大战略为导向不断优化区域产业布局。历史进程表明，不同时期的国家战略是中国产业基本格局的塑造者。21 世纪初，中国提出西部大开发、东北老工业基地振兴、中部崛起等国家战略。近年来又提出长江经济带、京津冀协同发展、粤港澳大湾区等新的国家战略。重大战略的背后是大规模资金投入和配套政策的支持，是国家发展的大势所趋，我们应积极响应国家战略，顺势而为，不断调整和优化区域产业布局。

第二，加强以市场调控为主，政府干预为辅的区域政策设计。在中国的几次产业布局调整中，政府一直扮演着主导角色。政府在完成产业布局的同时，也导致了"产业潮涌"、产能过剩、重复布局和产业结构趋同等问题。在中国市场经济不断完善的情况下，市场在资源配置中发挥着越来越重要的作用。未来的产业

---

① 2014 年我国对外投资规模达到 1231.20 亿美元，超过实际利用外资金额 1197.05 亿美元。资料来自历年《中国对外直接投资统计公报》。

② 资料来源：《2018 年度中国对外直接投资统计公报》。

布局，要充分发挥市场的主导和决定性作用，进一步推动供给侧结构性改革，在社会发展规划和空间规划等战略性规划中重视市场规律，依据市场规律进行产业布局。同时还要发挥好政府在公共服务、市场监管、生态底线管控、空间公平正义等方面的积极作用，提升产业布局质量。

第三，加强以投资环境优化为导向的政策工具设计。国家通过制定产业政策，引导国家产业发展方向、推动产业结构升级、协调国家产业结构、使国民经济健康可持续发展。国家在宏观层面考虑产业的整体布局，产业的具体布局应该在市场的主导下，去往能够带来利润最大化的地方。政府不能决定产业去往什么地方，但政府可以通过改善地区公共服务水平来吸引产业来此布局，公共服务已成为产业布局中的重点考虑因素。

第四，合理引导产业转移，促进区域产业分工。中西部地区承接产业转移应认真研究产业转移的相关理论和成功经验，应根据中西部各地区经济发展水平、资源与要素条件，并结合各省份的产业发展规划、用地规划和城市化规划，因地制宜，对不同区域实行承接分工，明确不同区域的发展重点，以发挥区位优势、实现区域间的优化布局，保障产业转移在区域间的有序发展，防止无序竞争和资源浪费，从而既形成合理的区域分工，又达到双赢的区域合作目标。实施以产业链为纽带的集群发展模式，培育地方特色产业集群，以产业集群为空间载体承接产业转移，优化中国区域产业布局。

第五，快速识别完善产业布局中的新问题，并形成反应机制。

中国经济发展进入新常态，面临的国际国内挑战不同寻常，产业布局也面临着新的问题。在促进区域经济协调发展时要考虑重大科技产业的安全布局。在优化中国制造业的空间格局时要考虑产业转移、区域创新、环境规制等的机制创新。"十四五"时期，伴随新发展格局的构建，我国经济发展中的产业布局的新问题也将逐步显现，主要有比较优势难以发挥、产业分布与资源环境存在较大矛盾、资源错配造成的产业过渡集聚和过渡分散共存、产业转移停滞、区域创新步伐不快等。我们要从宏观管理上形成应对产业布局问题的识别与反应机制，构建专门的产业布局问题的检测机构，正确识别问题，并将发生的问题纳入区域发展的战略与规划的反馈机制之中，及时通过区域政策的实施解决这些问题。

7 城市群发展及格局演进

优势互补的高质量发展区域格局是实现中国第二个百年奋斗目标的重要战略部署，也是中国经济新的增长点和经济转型的重要任务。新时期，中国区域发展新格局的形成，需要以城市群为空间载体，提高核心城市和城市群承载力，以带动区域协调发展，重塑区域空间新格局。

7.1 中国城市群的发展历程、模式与现状

7.1.1 发展历程

随着城市化快速推进，城市群对地区经济发展的作用日益显现。自 20 世纪 90 年代以来，中国城市群的发展历程主要分为三个阶段，即跨省经济区为主的起步期、新型城镇化背景下的成长期和经济转型背景下空间规划的稳步提质期。

（1）起步期（1996~2004 年）

随着中国经济高速发展和城市化快速推进，城市数量日益增加、城市之间关系愈益紧密。从空间角度看，随着 20 世纪 90 年代中国市场经济进一步深化、开放水平不断提高，沿海发达地区成为资金和劳动力等要素资源聚集的重要地区，形成了与国际上相似的"都市连绵区"。在政策层面上，中共十四届五中全会通过的"九五"规划中将中国划分为七个跨省经济区，以促进区域经济协调发展。这些经济区包括长三角、东南沿海、环渤海、东北、中部五省、西南和广西以及西北地区；"十五"规划首次提出的城镇化战略，在该区域框架下得到进一步落实，为后续的城市群发展奠定了基础。1996 年"首都经济圈"的提出，更是成为京津冀城市群发展的雏形。

伴随这一时期中国改革开放红利的进一步释放，城市人口从 37304 万人增至

56212 万人，年均增长 4.66%，城镇化率从 30.48% 增至 42.99%；年均增长 3.9%。城市群建设总规模从 67105.77 亿元增至 247510.31 亿元，年均增长 15.61%；城市基础设施建设不断完善，交通越发便利；铁路运营里程从 64900 千米增至 75437.6 千米，年均增长 1.69%；公路里程从 1185800 千米增至 3345200 千米，年均增长 12.21%。基础设施的大量铺设为城市群发展奠定了基础。

（2）成长期（2005～2014 年）

交通和通信等基础设施为城市要素流动提供了极大便利。全国高速铁路营业里程从 2005 年的 11028 千米增至 2014 年的 16456 千米，占铁路营业比重从 10.69% 增至 16.40%；客运量占比从 25.10% 增至 37.90%，强化了城市之间的联系，进一步深化了不同城市的合作分工，加速了城市群形成。东部沿海地区之间的合作日益密切，珠三角地区的"广佛同城化""深莞一体化"；长三角地区的"苏锡常""沪宁杭"等城市群体的特征日益显现；与此同时，"十一五"规划正式将城市群作为推动城乡区域协调发展的主导力量；进一步地，"十二五"规划将城市群建设与发展作为保障城市化质量的重要战略与政策；2014 年出台的《国家新型城镇化规划（2014—2020 年）》指出，城市群是新型城镇化的主要形态，并强调了长三角、珠三角、京津冀等城市群的增长极地位及其对区域协调发展的重要性。

在这一时期，中国的城市人口从 2005 年的 58288 万人增至 2014 年的 77116 万人，年均增长 3.16%；城镇化率从 2006 年的 44.34%，到 2011 年首次超越 50%，再到 2014 年增至约 56%，年均增长 2.6%；人口超百万以上的城市数量从 117 个增至年 147 个；自 2010 年以来，出现了"京津冀""长三角""珠三角"三个超大体量的城市群以及哈长、辽中南、山东半岛、海峡西岸、中原、长江中游、成渝、关中等初具规模的区域级城市群，"5+9+6"[①] 的城市群空间格局逐渐形成。2006 年，京津冀、长三角、珠三角、长江中游、成渝、海峡西岸等 12 个城市群经济体量占中国国民生产总值的 80%，至 2014 年该比例接近 90%。

（3）稳步提质期（2015 年至今）

2015 年后，国家面临主要矛盾转变、经济转型驱动等问题，城市群战略成为国家现代治理体系的关键任务。"十一五"规划正式提出城市群战略之后，城市群的建设与发展日益成为推动国民经济发展和区域协调的重点。自 2015 年国务院批复《长江中游城市群发展规划》开始，截至 2019 年，编制完成了 19 个城

---

① "5" 个国家级城市群：长三角、珠三角、京津冀、中三角、成渝；"9" 个区域级城市群：哈长、辽中南、山东半岛、海峡西岸、中原、关中、北部湾、江淮、天山北坡；"6" 个地区性城市群：晋中、兰西、宁夏沿黄、呼包鄂榆、滇中、黔中。

市群规划，其中9个已获国务院批复。① 由此可以看出，国家对城市群的战略地位和规划发展越发重视。

人口城市化持续推进，到2018年底，人口超百万的城市数量增至161个，城市建设用地面积增至56075.9平方千米；城镇人口从79298万人增至83137万人，年均增长2.39%；城市化率从57.35%增至59.58%。三大城市群带动效应不断增强，长三角城市群成为6大世界级城市群之一。

7.1.2 发展模式

由上可见，中国城市群的成长主要基于三个方面：一是人口和土地城市化的快速推进，二是交通运输和通信等基础设施的飞速发展，三是国家区域发展和城市化政策的推动，从而形成了以土地开发为路径、空间规划支持的政策导向型城市群发展模式。

（1）规划引领

早期的城市群发展以地方性政策为主，自2006年"十一五"规划正式提出"城市群"战略，2012年"十二五"规划将其作为推动城市化进程的重要保障，2014年国家新型城镇化战略出台，更是将其作为优化城镇化布局和形态的主体，城市群战略愈渐明晰。尤其是进入新型城镇化时期，城市群发展战略、规划和各项配套政策密集出台，并越来越融入国家各项发展规划中，促使城市群在政府主导下步入快速成长阶段（见表7-1）。

表7-1 2000~2019年关于"城市群"规划政策的概览

年份	规划/文件名称	相关内容
2000	长株潭经济一体化"十五"规划	世界银行将"长株潭"作为首批在华试点，开展长株潭城市发展战略研究
2000	苏锡常都市圈规划（2001—2020）	江苏省级层面提出了构建苏锡常等三大都市，以推进城市化进程和区域协调发展，提高苏锡常的整体竞争力
2004	珠江三角洲城镇群协调发展规划（2004—2020）	协调发展城镇群，整合珠三角发展资源
2005	长株潭城市群区域规划	国内第一个城市群区域规划
2006	国家"十一五"规划纲要	把城市群作为推进城镇化的主体形态与城乡区域发展中的主导力量

---

① 在19个城市群中，山东半岛城市群与辽中南城市群由于属于省域内城市群建设，因此无须国务院批复。

年份	规划/文件名称	相关内容
2006	中原城市群总体发展规划纲要（2006—2020）	以郑州为核心，构建中原城市群核心区经济一体化的发展空间
2007	山东半岛城市群总体规划（2006—2020）	把山东半岛城市群发展成为山东省以及黄河中下游地区对外开放的门户，区域综合竞争力强大的国际化都市连绵区和城市空间联系密集区
2008	浙中城市群规划（2008—2020）	以金华、义乌为主，东阳、永康为辅发展城市群，加快接轨上海、融入长三角区域
2010	京津冀都市圈区域规划	区域发展规划按照"8+2"模式进行，涉及北京、天津两个直辖市以及石家庄、唐山、秦皇岛、廊坊、保定、沧州、张家口、承德八市
2011	国家"十二五"规划纲要	将发展城市群作为城市化保障的重要政策，以大城市为依托，以中小城市为重点，逐步形成辐射作用大的城市群
2011	成渝经济区区域规划	以成都、重庆为核心带动西南地区发展
2014	国家新型城镇化规划（2014—2020年）	将城市群作为优化城镇化布局和形态的主体，优化提升东部城市群、培育发展中西部城市群，建立城市群发展协调机制
2015	长江中游城市群发展规划	
2016	长江三角洲城市群发展规划	
2016	哈长城市群发展规划	
2016	成渝城市群发展规划	
2016	中原城市群发展规划	*2015～2019年多个城市群发展规划得到国务院批复*
2017	北部湾城市群发展规划	
2018	关中平原城市群发展规划	
2018	呼包鄂榆城市群发展规划	
2018	兰州—西宁城市群发展规划	
2020	滇中城市群发展规划	

资料来源：据政府公开资料整理得到。

（2）土地开发

中国城市群快速成长，除了人口向城市聚集引起城市数量和规模增加外，比人口城市化更快的土地城市化也为城市之间的联系提供了动力。1994年分税制改革以来，土地开发成为地方政府发展经济的重要手段和增加财政税收的主要来源。土地城镇化的速度长期快于人口城镇化速度，在导致城市建成区面积迅速增加的同时，为了获得空间溢出效应，在毗邻大城市的空间上，更是加快了土地开发力度，形成了以房地产为主的边界开发效应，导致城市之间空间扩张更快。例如，在京津冀城市群中，廊坊在靠近北京和天津地区的开发速度远大于其内部的发展速度，这使三个城市很快在空间上形成聚集效应；苏州在靠近上海昆山的区域大力开发建设和杭州在靠近上海嘉兴的地区进行开发等，都在空间上强化了长三角核心区城市之间的联系；珠三角中东莞分别向广州和深圳的空间延伸，佛山向广州的空间延伸，更是将珠三角"九城市"的空间连接在一起。程晨等（2019）对长江中游城市群的研究发现，城市群集聚水平与土地扩张规模在2003～2016年都呈现上升态势，城市的集聚与土地规模扩张之间存在正相关关系，说明土地开发导致的空间扩张是促进城市空间连接的主要途径。

7.1.3 发展现状

城市群不但是城市发展和成长的主要推动力，也是中国经济的主要增长空间。研究表明，城市群内部的城市数量、人口和经济发展水平远超过了城市群以外的地区。

（1）城市数量

中国已形成了极具中国特色的城市化道路和城市群发展路径。到 2020 年 2 月，国家规划中涉及的 19 个国家和区域性城市群中，有 12 个城市群的经济总量、城市关系以及产业分工协作正在或已经表现出了诸多城市群特征，本章以这 12 个城市群为例进行说明（见表 7-2）。

表 7-2　中国 12 个城市群及其所包括的地级及以上城市①

城市群（城市数量）	成员城市名单（以规划为准）
京津冀（14）	北京、天津、石家庄、秦皇岛、唐山、保定、廊坊、邯郸、邢台、沧州、张家口、承德、衡水、安阳
长三角（28）	上海、南京、无锡、常州、苏州、南通、盐城、扬州、镇江、泰州、杭州、宁波、嘉兴、湖州、绍兴、金华、舟山、合肥、芜湖、淮南、马鞍山、淮北、铜陵、安庆、滁州、六安、池州、宣城
珠三角（9）	广州、深圳、东莞、佛山、珠海、中山、惠州、江门、肇庆
长江中游（26）	南昌、景德镇、萍乡、九江、新余、吉安、宜春、武汉、黄石、宜昌、襄阳、鄂州、荆门、孝感、荆州、黄冈、咸宁、长沙、株洲、湘潭、衡阳、岳阳、常德、张家界、益阳、娄底

---

① 在规划层面的 19 个城市群中，因另外 7 个城市群规模小、尚不具备城市群的特征，故本章没有涉及。

城市群（城市数量）	成员城市名单（以规划为准）
成渝（16）	重庆、成都、自贡、泸州、德阳、绵阳、遂宁、内江、乐山、南充、眉山、宜宾、广安、达州、雅安、资阳
中原（16）	郑州、开封、洛阳、平顶山、鹤壁、新乡、焦作、濮阳、许昌、漯河、三门峡、南阳、商丘、信阳、周口、驻马店
山东半岛（17）	济南、青岛、淄博、枣庄、东营、烟台、潍坊、济宁、泰安、威海、日照、莱芜、临沂、德州、聊城、滨州、菏泽
辽中南（14）	沈阳、大连、鞍山、抚顺、本溪、丹东、锦州、营口、阜新、辽阳、盘锦、铁岭、朝阳、葫芦岛
海峡西岸（20）	温州、衢州、丽水、福州、厦门、莆田、三明、泉州、漳州、南平、龙岩、宁德、鹰潭、赣州、抚州、上饶、汕头、梅州、潮州、揭阳
哈长（9）	长春、吉林、四平、辽源、松原、哈尔滨、齐齐哈尔、大庆、牡丹江
关中（10）	运城、临汾、西安、铜川、宝鸡、咸阳、渭南、商洛、天水、平凉
北部湾（11）	湛江、茂名、阳江、南宁、北海、防城港、钦州、玉林、崇左、海口、儋州

资料来源：笔者根据国家发布的规划整理得到。长江中游城市群也称为长中游城市群。

如表7-2所示，2018年中国12个城市群中，包括190个地级及以上城市，城市数量占全国地级以上城市数量的约65%，包括全部经济发达地区和主要的经济增长区。

（2）人口特征

在人口向城市聚集的过程中，城市群成为这些聚集人口的首要选择。2004～2017年，中国城市人口的增加主要表现在城市群。将2004年与2017年中国12个主要城市群人口以及在全国占比进行统计（见表7-3）。

表7-3　中国人口向城市聚集情况　　　　　　　单位：%

指标	2004年	2017年
主要城市群市辖区人口占中国城镇人口的比重	51.23	58.86
主要城市群市辖区人口占全国人口的比重	21.40	34.44
中国城镇人口比重（城镇化率）	41.77	58.52

资料来源：《中国城市统计年鉴》（2005，2018）。

表7-3显示，中国12个城市群市辖区的人口占全中国城镇人口的比重从2004年的51.23%增至2017年的58.86%，占全国总人口比重从21.4%增至34.44%，成为中国城市人口的主要增长地。

（3）经济特征

尽管中国城市群的发展起步较晚，但呈现极为快速的扩张趋势，12 个城市群市辖区经济体量从 2004 年的 8.01 万亿元增至 2017 年的 30.8 万亿元，年均增长率达 10.92%；从 2004 年占据全国经济总量的 49.53% 增至 2017 年占据全国经济总量的 53.41%。以中国 12 个城市群 2004~2017 年实际 GDP 为基础数据测算各城市群年均增速，与全国年均增速进行比较（见图 7-1）。除了位于东北板块的哈长城市群和辽中南城市群外，其他城市群的经济年均增速皆高于中国总体年均经济增速。

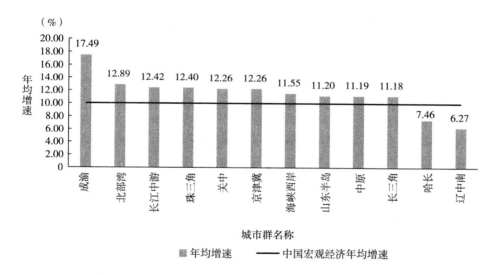

图 7-1　中国 12 个主要城市群年均经济增速与中国总体经济年均增速

资料来源：《中国城市统计年鉴》和《中国统计年鉴》（2005~2018）。

7.2　不同级别城市群的特征比较

由于中国地区发展不平衡，城市群之间也存在较大差异。在规划的 19 个国家级城市群中，有 7 个位于沿海地区，分别为辽中南、京津冀、山东半岛、长三角、海峡西岸、珠三角、北部湾；从经济体量来看，2017 年京津冀、长三角、珠三角三大城市群市辖区经济总量占据了中国经济总量的 31.16%。中国 12 个主要城市群市辖区 2017 年经济总量如图 7-2 所示，以长三角经济实力最强，经济规模最小的关中城市群 GDP 仅为长三角城市群 GDP 的 1/10，城市群之间显示出较大差异，因此有必要对城市群各类型进行比较。

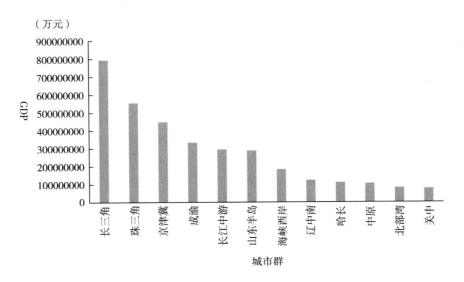

图 7-2　2017 年中国 12 个主要城市群 GDP（市辖区）比较

资料来源：《中国城市统计年鉴》（2018）。

以国务院部署的城市群空间格局为准，将城市群分为国家级、区域级以及地方级城市群。其中，5 个国家级城市群为京津冀城市群、长三角城市群、珠三角城市群、成渝城市群、长江中游城市群；9 个区域级城市群为中原城市群、山东半岛城市群、辽中南城市群、海峡西岸城市群、哈长城市群、关中城市群、北部湾城市群、江淮城市群和天山北坡城市群；6 个地方性城市群为呼包鄂榆城市群、晋中城市群、宁夏沿黄城市群、兰西城市群、滇中城市群和黔中城市群。由于江淮和天山北坡城市群力量过于弱小，故本章所讨论的城市群是除此以外的 12 个国家级城市群和区域级城市群。

城市群发挥集群优势的主要途径是通过空间聚集、空间联系与空间协作，形成相互作用的城市系统。本章根据城市之间的聚集性、关联性和一体化程度，对 12 个主要城市群进行比较。

7.2.1　经济聚集度

城市是集聚经济的产物，城市群的出现更是集聚效应进一步扩大的结果。用经济集聚度来衡量城市群经济聚集度，采用城市群区域占全国经济比重与区域经济密度的乘积表示。测算后经过标准化处理，取值范围在 0~1。以中国 12 个城市群成员城市市辖区为对象，数据来自《中国城市统计年鉴》，以 2004 年为基期进行平减得到 2017 年的实际国内生产总值，以此作为基础数据计算各个城市群的经济聚集度并进行标准化处理。聚集指数如图 7-3 所示。

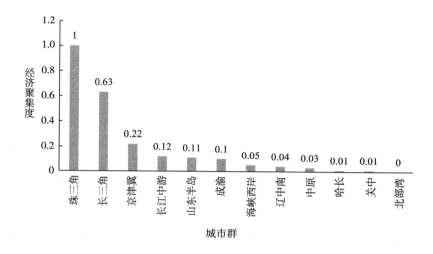

图 7-3 2017 年中国 12 个主要城市群的经济聚集度比较

资料来源：《中国城市统计年鉴》（2018）。

图 7-3 显示，珠三角、长三角的经济聚集度显著高于其他城市群；京津冀、长江中游、山东半岛城市群则处于第二梯队；海峡西岸、成渝、辽中南、成渝城市群的经济聚集度相对更低；经济聚集度最低的城市群为哈长、关中和北部湾城市群。总体来看，东部沿海发达地区的城市群的经济聚集度显著优于中西部内陆地区，这是东部区域经济发展条件较好、长期优于中西部地区所致；东北地区的哈长和辽中南城市群经济聚集度偏低与其近年来饱受区域萧条问题和城市收缩问题影响不无关系。进一步地，按照城市群所属级别将所得结果整理汇总成表 7-4。

表 7-4 不同级别城市群的经济聚集度比较

城市群级别	城市群	经济聚集度	平均值
国家级- I 类	珠三角	1.00	0.62
	京津冀	0.22	
	长三角	0.63	
	长三角（核心）	0.67	

城市群级别	城市群	经济聚集度	平均值
国家级-Ⅱ类	成渝	0.09	0.11
	长江中游	0.12	
区域级	北部湾	0.00	0.04
	关中	0.01	
	海峡西岸	0.04	
	山东半岛	0.11	
	中原	0.04	
	哈长	0.01	
	辽中南	0.03	

注：2016 年国务院正式批复《长江三角洲城市群发展规划》，由原来苏沪浙为主的 16 个城市（不包括金华），加入安徽的 17 个城市和浙江的金华后，成为 28 个城市。为突出长三角城市群发展状况，核心区仍指原来的 16 个城市。

资料来源：《中国城市统计年鉴》（2018）。

表 7-4 显示，国家级城市群的经济聚集水平远高于区域级城市群。越是经济聚集水平高的城市发展越好，被赋予的职能越高、辐射范围越广。在循环累积因果效应作用下，国家级城市群的经济聚集水平将持续提升。但在国家级城市群内部仍存在较大差异，珠三角、长三角城市群的正向集聚效应最强；京津冀则相对较弱。总体而言，作为中国城市群经济的三大支撑，京津冀、长三角、珠三角的经济聚集水平远高于长江中游和成渝城市群；长江中游与成渝城市群目前仍在城市群初期阶段，经济聚集度稍低，尤其是作为西南地区增长极的成渝城市群，经济聚集水平甚至低于区域级的海峡西岸城市群，其正向集聚效应相对不足。

区域级城市群中，除山东半岛城市群的经济聚集水平较高之外，其余城市群都处于较低水平，作为地区增长极的功能尚未显现。总体来看，经济聚集度的东部、中部、西部阶梯性差异明显。

7.2.2 空间联系

人口是最为活跃的经济要素，人口在城市之间的流动能够反映出城市之间联系的紧密程度。本章利用腾讯位置大数据，以 2018 年 10 月 15~19 日的城市间日均人口流量作为基础数据，以中国 12 个主要城市群内部一日的人流总量除以城市联系的个数，得到各城市群的平均人流量。在此基础上进行标准化，取值为 0~1，结果见表 7-5。

表 7-5 不同级别城市群的内部连接性

城市群级别	城市群名称	区域内平均人流量（人/日）	连接性	平均人流量（人/日）	平均连接性
国家级-Ⅰ类	珠三角	7855	1.00	4365.34	0.527
	京津冀	3419	0.40		
	长三角	1822	0.18		
	长三角（核心）	4218	0.50		
国家级-Ⅱ类	成渝	2336	0.25	1466.50	0.130
	长江中游	597	0.01		
区域级	关中	3221	0.37	1443.43	0.129
	中原	1947	0.20		
	山东半岛	1424	0.13		
	北部湾	1054	0.08		
	辽中南	965	0.06		
	哈长	952	0.06		
	海峡西岸	541	0.00		

资料来源：根据腾讯位置大数据计算整理所得。

表 7-5 显示，内部连接性与城市群的级别存在一定关系，且不同级别的城市群内部连接性方面有较大差异。作为中国增长引擎的京津冀、长三角和珠三角城市群，即国家级-Ⅰ类城市群，平均连接性远超过其他级别城市群。区域级的城市群内部连接较低，如山东半岛、辽中南、哈长、海峡西岸城市群等，标准化后所得连接性均不足 0.1。

在国家级-Ⅰ类城市群中，珠三角城市群城市之间的平均人流量远高于其他城市群，说明其成员城市之间联系密切，城市群的整体效应更高。其次是京津冀城市群，随着交通网络不断覆盖、河北经济不断崛起，以往被诟病差异巨大的京津冀城市群连接性也得到提升，位居第 2。长三角核心区内部联系较高，但由于城市群扩充了安徽一些成员城市，城市群成员数量为京津冀的 2 倍、珠三角的 3 倍，使其联系度在三大城市群中最低，平均连接性不足 0.2，在中国 12 个城市群中也处于中下水平。但若仅计算原长三角城市群的 16 个城市，其内部的平均连接度达到 0.5，仅次于珠三角城市群。

在国家级-Ⅱ类城市群中，成渝城市群的内部连接性远高于长江中游城市群。成渝城市群作为西南增长的核心带动力，内部人员往来频繁，尤其是对四川省内的绵阳、德阳、眉山等地级市而言，成都作为国家级中心城市和四川省会，其核心地位十分明显。而长江中游城市群一直以来结构松散，各自为政较为普遍，分别以武汉、长沙、南昌三个核心城市为中心的都市圈之间还存在较大竞争。

在区域级城市群中，涵盖了较多内部连接性较低的城市群，如北部湾、辽中南、哈长城市群、海峡西岸城市群等。其中，海峡西岸城市群的内部连接性最弱，推测这与其内部结构扁平松散、核心城市引领不足有关；关中城市群依托核心城市西安产生了较大的平均人流量，使这一城市群联系较为紧密，说明中心城市对城市群形成作用显著。

7.2.3　内部一体化

城市之间相互协调是发挥城市群优势的另一个重要途径。一体化发展需要各城市之间发展水平接近和互补，发展差距过大不利于城市之间的协调。如京津冀城市群中各城市发展差距较大、存在断层，是阻碍城市群发展的主要障碍。一般用基尼系数表示经济单元之间的发展差距，代替一体化程度。基尼系数越趋向 1 表明差距越大，越趋向 0 则代表越平均。本章以 2017 年各城市人均实际 GDP 作为基础数据，测算各成员城市的人均 GDP 基尼系数，并用 1 减去各城市人均 GDP 基尼系数，构建经济均等化指标，来表示城市群内部的一体化程度，结果见表 7-6。

表 7-6　2017 年中国 12 个主要城市群的一体化程度

城市群级别	城市群	Gini 系数	均等化水平	平均 Gini	均等化水平平均值
国家级-Ⅰ类	京津冀	0.174	0.826	0.191	0.809
	珠三角	0.176	0.824		
	长三角	0.222	0.778		
	长三角（核心）	0.108	0.892		
国家级-Ⅱ类	成渝	0.185	0.815	0.193	0.807
	长江中游	0.201	0.799		
区域级	中原	0.174	0.826	0.238	0.762
	海西	0.211	0.789		
	北部湾	0.195	0.805		
	山东半岛	0.244	0.756		
	辽中南	0.259	0.741		
	哈长	0.277	0.723		
	关中	0.309	0.691		

资料来源：《中国城市统计年鉴》（2018）。

表 7-6 显示，中国 12 个城市群内部一体化程度均较高。其中，京津冀、中原、珠三角、成渝以及北部湾城市群的经济一体化水平处于第一梯队；第二梯队为长江中游、海峡西岸和长三角城市群；第三梯队包括山东半岛、辽中南、哈长以及关中城市群。

国家级城市群的一体化水平较高，协同发展程度较好。尤其需要说明的是，自 2014 年开始，随着京津冀协同发展的大力推进，此后国家支持、鼓励政策持续不断，《京津冀协同发展规划纲要》的出台、雄安新区规划建设等都推动了京津冀区域一体化发展，近年来京津冀的均等化水平不断上升。珠三角城市群的城市化发展和城市群建设一直处于全国领先水平，随着"广佛同城化""深莞惠一体化"、广深线打通以及近两年粤港澳大湾区的概念不断深入人心，成就了珠三角城市群的高度一体化水平。长三角城市群明显形成两个圈层，即苏沪浙城市的核心层和安徽城市的外围层，其中核心层的一体化仍然在全国处于高水平地位，核心圈层的均等性水平为 0.892，居 12 个城市群之首；由于核心层与外围城市的较大差距，使一向联系紧密的长三角城市群的一体化有所降低。成渝城市群与长江中游城市群的一体化水平差距不大，前者略高于后者。

区域级城市群的一体化水平整体低于国家级城市群。其中，中原、北部湾以及海峡西岸城市群的一体化水平相对较高，内部差距较小；地处东北的辽中南与哈长城市群次之；西部的关中城市群一体化水平最低；结合其较低的经济聚集度，中原、北部湾和海峡西岸城市群缺乏突出的核心城市带动，因而扁平化结构问题较为突出，分散现象严重；而辽中南、哈长城市群面临萧条和收缩问题，尤以中小城镇更为严重；关中城市群仅依靠西安带动，其他县市与之差距过大，仍处于回流效应为主的阶段，扩散效应甚微。

总体而言，城市群的发展呈现出较好态势。经济活动和经济要素聚集特征显著；城市群内部差异较小，均等化水平较高；城市群内部成员之间联系较为密切。城市群之间差异较大，国家级城市群总体好于区域级城市群；京津冀、长三角、长江中游三大城市群优势明显，成渝、长江中游城市群作为国家级城市群优势尚显不足；区域级城市群的扩散效应并不明显，对区域带动力有限。

7.3 中国城市群的发展潜力与演进趋势

城市群既是城市化高级阶段的产物，又是经济和社会高质量发展的体现。基础设施、技术创新和对外开放是中国城市群成长的主要动力，进入新时期中国高质量发展环境将为城市群快速成长提供良好条件。

7.3.1 发展潜力

（1）基础设施网络迅猛发展为城市间的密切联系提供保障

基础设施质量是城市生产、人民生活的基本保障，基础设施之间的互联互通是影响城市群联系的关键因素。中国高速铁路营业里程从 2013 年的 1.1 万千米增至 2019 年的 3.5 万千米，占铁路营业比重从 10.69% 增至 25.90%。其中，大部分是地级及以上城市之间的连接；尤其是围绕核心城市 1 小时或 2 小时经济圈形成的高速铁路，正在成为城市群关联的主要交通工具。根据全国高铁时刻表，按照最小乘车时间，筛选出位于核心城市"2 小时交通圈"内的城市高铁线路，结果见表 7-7。

表 7-7　中国 12 个城市群核心城市"2 小时交通圈"比较

城市群等级	城市群名称	距中心城市 2 小时车程的交通线数量（条）	中心城市"2 小时交通圈"覆盖比例（%）
国家级-Ⅰ类	京津冀	23	63.89
	长三角	66	50.77
	长三角（核心）	29	69.05
	珠三角	15	100.00
国家级-Ⅱ类	长江中游	34	26.16
	成渝	14	50.00
区域级	中原	10	71.43
	山东半岛	9	30.00
	辽中南	17	70.84
	海峡西岸	12	33.34
	哈长	9	64.29
	关中	3	37.50
	北部湾	4	14.82

资料来源：据 2017 年全国列车时刻表数据计算整理得到。

表 7-7 显示，以广州、深圳为核心的珠三角城市群已基本形成"2 小时交通圈"，因而各项指标都居前列；尽管京津冀城市群内部差距曾经较大，但高速铁路的快速覆盖，内部连接和协调度明显提升；随着高速铁路"八纵八横"的逐步完善，尽管长三角城市群的核心层与外围层之间差异依然悬殊，但随着苏浙沪

与安徽省城市的连通性加强，长三角城市群将会有更大成长空间；对于国家级-Ⅱ类的两个城市群，高速铁路对核心城市连接性作用不明显，城市群联系潜力受阻。在区域级城市群中，中原城市群随着黄河生态经济带的进一步开发，核心城市郑州作为交通枢纽将发挥更大作用；辽中南城市群与哈长城市群，随着东北振兴战略的进一步落实，交通网络和核心城市地位将会更加突出；海峡西岸、关中以及北部湾城市群的交通网络最为稀疏，将影响城市群内部连接性。

根据国务院批准的《中长期铁路网规划》，未来要在"四纵四横"网络的基础上，继续增加高速铁路，充分利用时速 200 千米的铁路进一步形成以"八纵八横"主通道为骨架、以城际铁路为补充的高铁网络，实现城市之间更加快捷高效的通达，中国高铁网络越发密集的趋势也预示着未来城市群网络化的结构将不断完善。

（2）技术创新带来的经济增长潜力

技术创新越来越成为城市合作的主要方式。中国城市群的技术水平与创新实力参差不齐，差距较为悬殊，而知识、技术与创新共享的网络尚未实现，集聚经济的共享、匹配与学习机制的运转仍待完善。表 7-8 展示了 2017 年中国 12 个城市群的发明专利授权量及各城市群占比。

表 7-8　2017 年中国 12 个城市群的发明专利授权量及各城市群占比

城市群级别	城市群编号	发明专利授权量（项）	各城市群占比（%）	城市平均	分级占比（%）
国家级-Ⅰ类	京津冀	57043	18.65	4074	63.75
	珠三角	44359	14.51	4928	
	长三角	93558	30.59	3341	
	长三角（核心）	81255	26.57	5078	
国家级-Ⅱ类	长江中游	19693	6.43	757	12.07
	成渝	17237	5.64	1077	
区域级	中原	14817	4.84	926	24.18
	山东半岛	19090	6.24	1122	
	辽中南	7948	2.59	567	
	海峡西岸	13473	4.41	673	
	哈长	7659	2.51	851	
	关中	9208	3.02	920	
	北部湾	1731	0.57	157	
总计		305816	100.00		100.00

资料来源：中国经济与社会发展统计数据库。

表7-8显示，中国12个城市群中发明专利授权量最多的是三个国家级-Ⅰ类城市群，京津冀、长三角、珠三角三者之和占据12个城市群的63.75%；按城市群内的城市均量来看，三者也处于绝对领先地位，创新要素的聚集优势显著；另外，各城市群的发明专利授权量基本集中在核心城市，核心城市对城市群发展有着显著的引领作用；与此同时，创新力在城市群内部也呈现高度聚集特征。将各城市群核心城市的发明专利授权量进一步整理为表7-9。

表7-9　中国12个城市群内核心城市的专利授权量及城市群内占比

核心城市	所属城市群	发明专利授权量（项）	城市群总量	占城市群内比重（%）
北京市	京津冀	46091	57043	80.81
天津市	京津冀	5844	57043	10.25
石家庄市	京津冀	1351	57043	2.37
上海市	长三角	20681	93558	22.11
南京市	长三角	10723	93558	11.47
杭州市	长三角	9872	93558	10.56
合肥市	长三角	4917	93558	5.26
广州市	珠三角	9345	44359	21.07
深圳市	珠三角	18926	44360	42.67
南昌市	长江中游	1084	19693	5.51
武汉市	长江中游	8444	19693	42.88
长沙市	长江中游	4873	19693	24.75
重庆市	成渝	6138	17237	35.61
成都市	成渝	7990	17237	46.36
郑州市	中原	8954	14817	60.44
济南市	山东半岛	5043	19090	26.42
青岛市	山东半岛	5939	19090	31.12
沈阳市	辽中南	3373	7948	42.44
大连市	辽中南	2604	7948	32.77
福州市	海峡西岸	2725	13473	20.23
厦门市	海峡西岸	2333	13473	17.32
长春市	哈长	2607	7659	34.04
哈尔滨市	哈长	4275	7659	55.82
西安市	关中	7902	9208	85.82
湛江市	北部湾	195	1731	11.27

核心城市	所属城市群	发明专利授权量（项）	城市群总量	占城市群内比重（%）
南宁市	北部湾	818	1731	47.26
海口市	北部湾	257	1731	14.85

资料来源：据中国经济与社会发展统计数据库提供的数据计算所得。

比较 2004 年和 2017 年，中国 12 个城市群不同行业的从业人数，以信息传输、计算机服务和软件业，科学研究、技术服务和地质勘查业，作为与创新相关的行业。在 12 个城市群中，这些行业 13 年的变化趋势见图 7-4。

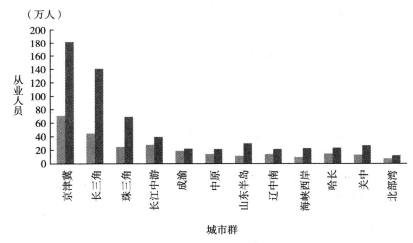

图 信息、科研行业从业人员（2004年）　图 信息、科研行业从业人员（2017年）

图 7-4　2004 年与 2017 年中国 12 个城市群信息、科研行业从业人员数变化
资料来源：笔者根据 2005 年和 2018 年《中国城市统计年鉴》整理得到。

图 7-4 显示，两类行业（包括信息传输、计算机服务、软件业、科学研究、技术服务和地质勘查业）从业人数在城市群中增加显著，尤其是京津冀、长三角、珠三角三大城市群，增长幅度处于绝对领先地位；本身发展水平较为落后的北部湾、关中城市群的创新产业就业人数大幅增长，与二者近年来经济高速增长率趋势类似。这表明城市群具有巨大的以创新为驱动的经济增长潜力。

7.3.2　发展趋势

（1）经济要素持续向城市群聚集
2004~2017 年，中国 12 个城市群的经济总量占比从 49.59% 增至 53.00%，

2017年已经超过总量的一半以上，反映出经济活动仍然在向城市群聚集。

分级别类型来看，国家级城市群增长速度均较高，尤其是长江中游城市群增加量占比仅次于京津冀和长三角城市群，而区域级城市群所占比重有所下降；其中，东北板块的辽中南与哈长城市群比重降低明显；后起的关中、北部湾以及海峡西岸城市群则增长速度较快。2004年与2017年不同城市群所占经济总量比重的比较见表7-10。

表7-10　2004年与2017年中国12个城市群经济总量占比情况

城市群编号	城市群名称	2004年区域经济占比（%）	2017年区域经济占比（%）	2004比重之和（%）	2017比重之和（%）
国家级-Ⅰ类	京津冀	6.17	7.77	26.06	29.24
	珠三角	7.50	7.70		
	长三角	12.39	13.78		
	长三角（核心）	11.23	11.97		
国家级-Ⅱ类	长江中游	3.98	5.11	6.52	7.51
	成渝	2.54	2.41		
区域级	中原	1.61	1.80	17.01	16.65
	山东半岛	4.48	5.00		
	辽中南	3.44	2.13		
	海峡西岸	2.73	3.17		
	哈长	2.67	1.91		
	关中	1.05	1.33		
	北部湾	1.03	1.35		
总计				49.59	53.00

资料来源：《中国城市统计年鉴》（2005，2018）。

由上可见，经济要素与活动将持续向发达区域和发育良好的城市群聚集，使发展较为成熟的长三角和珠三角的扩散效应逐渐显现；成渝、长江中游城市群以及关中等区域级的城市群，仍需不断聚集要素增强自身的极化效应，培育引领区域发展实力；区域级城市群需要改善经济发展环境，为要素转移提供条件。

（2）城市群之间差距呈缩小趋势

随着区域协调步伐的加快，以及新型城镇化战略的深入推进，未来不同城市群之间的差距将不断缩小。将2004~2017年中国12个城市群的经济总量年均增速做对比（见表7-11）。其中，10个城市群的经济年均增速高于全国年均水平，哈长城市群和辽中南城市群发展较缓慢，年均增速分别为7.47%与6.27%，与东北区域整体面临萧条问题、经济转型困难有关。

表7-11　中国12个城市群经济年均增速比较　　单位:%

城市群级别	城市群	年均增速	平均值
国家级-Ⅰ类	珠三角	12.40	11.95
	京津冀	12.26	
	长三角	11.19	
	长三角（核心）	10.96	
国家级-Ⅱ类	成渝	17.49	14.96
	长江中游	12.43	
区域级	北部湾	12.90	10.41
	关中	12.26	
	海西	11.56	
	山东半岛	11.20	
	中原	11.20	
	哈长	7.47	
	辽中南	6.27	
全国平均经济增长速度		10.01	

资料来源:《中国城市统计年鉴》（2005~2018）。

表7-11显示，国家级-Ⅰ类城市群的年均增速低于国家级-Ⅱ类城市群，尤其是成渝城市群，作为西部板块的增长核心，年均增速为12个城市群之首，长江中游城市群的年均增速也位居前列。北部湾和关中区域级城市群，近年来增长势头极为强劲，分别达12.90%和12.26%，说明中西部地区的城市群在快速成长，将为地区发展提供强大动力，有助于缩小全国地区差距。

（3）与世界城市网络融合

随着进一步对外开放，国家级城市群中的核心城市正逐步成长为世界城市乃至全球中心城市；其余城市群则尚不具备优势。从实际利用外资总量来看，三大城市群约是区域级城市群的2倍（见表7-12）。

表 7-12　2017 年中国 12 个城市群实际利用外资额

城市群分级	城市群	实际利用外资额（亿美元）	总计（亿美元）
国家级-Ⅰ类	京津冀	407.07	1299.84
	长三角	674.65	
	长三角（核心）	547（占长三角的 84.47%）	
	珠三角	218.12	
国家级-Ⅱ类	长江中游	320.83	531.84
	成渝	211.01	
区域级	中原	160.94	658.62
	山东半岛	180.54	
	辽中南	53.36	
	海峡西岸	129.72	
	哈长	68.05	
	关中	57.56	
	北部湾	8.45	
总计			2490.23

资料来源：据中国经济与社会发展统计数据库所提供的数据计算整理而得。

正是由于三大城市群的对外开放窗口效应，使这些城市群及其核心城市在世界城市网络中的地位迅速提升。根据拉夫堡大学全球城市工作组（GaWC）的全球城市网络排名，近年来中国城市在世界城市网络中的地位迅速提高（见表 7-13）。

表 7-13　中国进入世界城市榜单数量（2004 vs. 2018）

年份	2004	2018
α 城市数量	4	6
β 城市数量	0	13
γ 城市数量	1	6
总计	5	25

资料来源：据 GaWC 机构公开资料整理得到。

表 7-13 显示，在 2004 年与 2018 年 GaWC 发布的世界城市排名中，中国进入世界城市名册的城市数量增加非常迅速。尤其是 β（全球二线）城市的数量增加最多，包括成都、杭州、天津、南京、武汉、重庆、苏州、大连、厦门、长沙、沈阳、青岛和济南，基本为国家级城市或区域级城市的核心引领城市。其

中，北京、上海、广州、深圳在全球城市中排名迅速增加，北京和上海居于前列，广州和深圳也相继进入全球一线城市之列（见表7-14）。

表7-14 中国的α（全球一线）城市排名（2004 vs. 2018）

城市	2004 年	2018 年
北京	22	4
香港	3	3
上海	23	6
深圳	—	55
台北	25	27
广州	—	27

资料来源：据 GaWC 机构公开资料整理得到。

一般而言，"世界城市"在所属区域内的城市群中处于核心地位，有利于进一步增强这些城市在城市群中的引领和带动作用，并增强城市群的开放性，带领城市群面向更广泛的全球市场，在全球资源配置中占据优势，以获得更大的规模效应从而带动地区经济增长。基于此，可以预判未来中国的城市群发展也将在这些核心城市的引领带动下，逐步以建设世界级城市群为发展方向，不断与世界城市网络融合。

7.4 主要结论

随着城市化快速推进，城市群对地区经济发展的作用日益显现。自20世纪90年代以来，中国城市群的发展经历了起步期、成长期和稳步提质期三个阶段。目前形成了以5个国家城市群为主要带动力量的12个主要城市群。其中，国家级城市群的经济聚集水平、空间联系和内部一体化程度均远高于区域级城市群，东部、中部、西部阶梯性差异依然明显。

在发展潜力和创新能力等方面，珠三角、长三角和京津冀城市群表现较为突出，成渝、长江中游城市群以及关中等区域级的城市群，仍需不断聚集要素增强自身的极化效应，培育引领区域发展实力；区域级城市群需要改善经济发展环境，为要素转移提供条件。

随着中国不断融入全球化，中国城市进入全球二线城市的数量迅速增加，基于此，可以预判未来中国的城市群发展也将在世界城市的引领带动下，以建设世界级城市群为发展方向，不断与世界城市网络融合。

8 中国中心城市和都市圈的
辐射与带动

　　都市圈是由一个人口密集的中心城市及其高度一体化的外围地区组成的区域，由于其体量大、空间范围广，是带动全国经济增长、促进区域协调发展的重要空间载体。中心城市作为都市圈的中心，其核心竞争力和辐射带动能力的提高，对于都市圈高质量发展、经济转型升级和稳定运行具有非常重要的支撑和引领作用。本章将以中心城市和都市圈为对象，重点分析其经济发展的现状特征、内部联系与辐射带动，并对增长趋势进行类型划分。

8.1　中心城市和都市圈的范围界定

　　中心城市在区域经济发展中承担着引领和带动作用，并且随着中心城市规模的进一步扩大和对地区辐射带动作用的日益加强，其与周围地区一体化发展形成的都市圈在区域协调发展中将发挥更重要的作用。鉴于中心城市及其形成的都市圈均随研究对象和空间范围的变化有较大变化，本章借鉴政府相关文件和规划，对中心城市与都市圈的范围进行了界定。

8.1.1　中心城市

　　作为城市体系中承担高等级城市功能的城市，中心城市必须具有足够大的城市规模。根据 2014 年国务院印发的《国务院关于调整城市规模划分标准的通知》，本章以"城区常住人口在 500 万以上"为依据，确定超大城市和特大城市为北京、上海、深圳、重庆、天津、成都、广州、南京和武汉，其中城区常住人口数据的年份为 2017 年，来源于《中国城市建设统计年鉴（2018）》。另外，根据《国家发展改革委关于培育发展现代化都市圈的指导意见》中对都市圈的定义，都市圈的中心城市还应包括辐射带动功能强的大城市。从相关政府文件和文献研究来看，国家中心城市和万亿俱乐部城市都应该具有较强的辐射带动能力，故本章结合两者的城市名单以及超大和特大城市，最终确定了北京、上海、天津、广州、深圳、重庆、成都、武汉、南京、杭州、西安、郑州、苏州、青岛、长沙、宁波、大连和长春作为研究对象。

8.1.2 都市圈

科学界定都市圈的空间范围是正确评估都市圈发展潜力和划分都市圈增长类型的重要前提。综观国内外现有相关研究，都市圈范围的界定标准主要从其核心区与周边地区的各种经济社会联系中选取人口密度、交通流、资源流、商业流、通达性、重力模型等可以量化的指标，并根据不同的数量等级明确都市圈的空间范围；然后划分出核心区、过渡地带和边缘区等不同等级的都市圈空间。

2019年2月国家发展改革委发布的《国家发展改革委关于培育发展现代化都市圈的指导意见》指出，"都市圈是城市群内部以超大特大城市或辐射带动功能强的大城市为中心、以1小时通勤圈为基本范围的城镇化空间形态"。本章将据此界定中国都市圈的空间范围。都市圈范围界定中所使用的基础统计单元主要有两种：一种是地理人口网格单元，如欧盟基于1平方千米的人口网格密度，区分城乡地域界限；另一种是行政管理单元。相对来说，虽然地理人口网格单元更加客观、可比性更强，但由于工作量大、技术要求高，而且所确定的统计单元往往没有相匹配的社会经济统计数据作支撑，所以以此为统计单元的都市圈研究应用价值有限。故本章选取区县层级行政单元作为基础统计单元，分别以上述18个城市为中心，以1小时通勤圈为联系距离，确定各个都市圈的空间范围。

考虑到中心城市行政管理的完整性，将中心城市所辖的区、县和县级市均列入都市圈的统计范畴。另外，在利用高德地图搜索城市中心与周边区县的通勤（驾车或轨道交通）时间后发现，处于中心城市1小时通勤圈范围内的区县数量较少。其中有两方面的原因：一方面是中国城市周边的轨道交通体系仍不够发达；另一方面则可能是中心城市内部交通拥堵导致1小时通勤圈覆盖的空间范围过小。考虑到未来城市周边轨道体系不断完善，本章将通勤时间延长到1.5小时以内（含），以此来确定18个中心城市的都市圈空间范围，包括了中心城市全市和中心城市周边的区、县和县级市。

8.2 中心城市和都市圈的经济发展现状特征

8.2.1 中心城市的经济发展现状特征

作为都市圈的核心，中心城市经济的高质量发展对于推动都市圈内各城市间专业化分工协作和辐射带动周边地区发展具有关键作用。本小节将基于城市层面的经济统计数据，对 18 个中心城市的经济发展特征进行分析，以准确判断各中心城市的发展现状与潜力。本节采用的数据主要来自《中国城市统计年鉴》。

党的十八大以来，中国经济发展进入新常态，2013～2017 年 GDP 年均增长7.1%，经济增长保持在合理区间。本章所界定的 18 个中心城市在 2013～2017 年GDP 的平均增速也为 7.1%，与全国平均增速持平，总体来看没有表现出经济增长极的引领作用。但从不同地区的中心城市来看，增速差距较大（见图 8-1），重庆、西安、深圳和成都的平均增速均超过了 9%，经济增长势头迅猛。从空间分布可以看出，除深圳和杭州外，高增长城市集中分布在中西部地区，尤其是重庆市，年均增速达到 9.8%，表明中西部地区的中心城市增长极作用正在逐步显

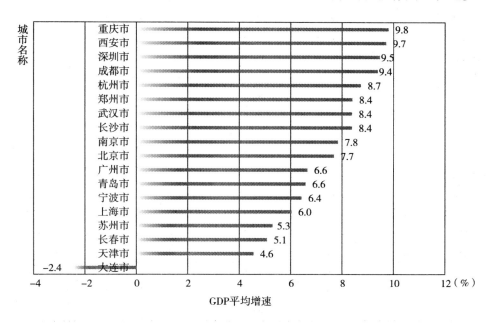

图 8-1　2013～2017 年各中心城市的 GDP 平均增速

现。与之相反，长春、天津和大连三个北方城市经济增长低迷，其中大连的经济发展呈现负增长，年均下降了2.4%，这表明东北经济增长动力严重不足。

从产业结构来看（见表8-1），除重庆、长春、大连和宁波外，其余中心城市的第三产业比重均超过50%，表明绝大多数中心城市经济发展已表现出了服务经济特征，产业结构已进入后工业化阶段。其中，北京市2017年第三产业增加值占GDP比重高达80.6%，远高于其他城市；重庆、长春、大连和宁波则处于第二产业和第三产业双轮驱动的发展阶段。从动态变化来看，18个中心城市的产业结构均呈现进一步向服务化方向转型的特征，2013~2017年第三产业占比都得到了提高，其中，长沙、郑州和天津第三产业占比上升幅度较大，分别提高了16.0个、10.1个和10.0个百分点。自党的十八大做出调整产业结构的决定以来，郑州和长沙的产业结构也从以第二产业为主导的工业化阶段过渡到了以第三产业为主导的服务经济阶段。因此，中心城市对地区的服务功能正在逐步显现。

表8-1　2013~2017年各中心城市的产业结构　　　　　单位:%

城市	2017年			2013~2017年		
	第一产业占比	第二产业占比	第三产业占比	第一产业占比变化	第二产业占比变化	第三产业占比变化
北京市	0.4	19.0	80.6	-0.4	-3.3	3.8
广州市	1.1	28.0	70.9	-0.4	-5.9	6.3
上海市	0.3	30.7	69.0	-0.3	-6.5	6.8
杭州市	2.5	34.9	62.6	-0.7	-9.0	9.7
西安市	3.8	34.7	61.5	-0.7	-8.7	9.3
南京市	2.3	38.0	59.7	-0.3	-5.1	5.3
深圳市	0.1	41.3	58.6	0.1	-2.1	2.1
天津市	1.2	40.8	58.0	-0.1	-9.8	10.0
长沙市	1.2	42.1	56.7	-2.9	-13.1	16.0
青岛市	3.4	41.2	55.4	-1.0	-4.3	5.3
武汉市	3.0	43.7	53.3	-0.7	-4.9	5.6
成都市	3.6	43.2	53.2	-0.3	-2.7	3.0
郑州市	1.7	46.5	51.8	-0.7	-9.5	10.1
苏州市	1.3	47.5	51.2	-0.4	-5.1	5.5
重庆市	6.9	44.1	49.0	-1.0	-6.5	7.5
长春市	4.8	48.6	46.6	-1.8	-4.5	6.4
大连市	4.2	49.7	46.1	-2.0	-1.2	3.2
宁波市	3.2	51.8	45.0	-0.7	-0.7	1.4

资料来源：2014~2018年《中国统计年鉴》和《中国城市统计年鉴》。

为进一步识别党的十八大以来各中心城市产业结构的优劣势与竞争力，本章采用偏离—份额法（SSM）对各中心城市2013~2017年的经济增长进行分解。根据图8-2所示的结构偏离与竞争力偏离散点图，可将各中心城市的经济增长划分为四种类型：一是产业结构优和竞争力高：深圳和南京。2013~2017年，深圳市GDP保持着9.5%的平均增速，竞争力优势明显，尤其是第二产业具有显著优势。二是产业结构优和竞争力低：北京、上海和广州。虽然这三个超大城市的产业结构优势显著，但竞争力处于劣势，属于受竞争力限制的城市。三是产业结构劣和竞争力低：大连、长春、天津、苏州和青岛。大连和长春作为东北的中心城市，在18个中心城市中竞争力偏离增率和结构偏离增率的表现均最差，对经济增长有显著负向作用，表明它们对东北地区经济发展贡献较小。四是产业结构劣势和竞争力高：杭州、西安、成都、武汉、宁波、郑州、长沙和重庆。其中，宁波产业结构劣势程度较为突出，其较强的竞争力优势未能抵消产业结构劣势对经济增长带来的负向作用，导致总偏率为负值，产业结构优化是其面临的主要任务。

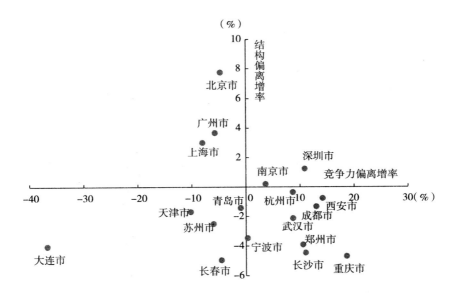

图8-2 2013~2017年中心城市的结构偏离与竞争力偏离散点图

8.2.2 都市圈的经济发展现状特征

纵观全球经济发展态势，以世界城市为核心的大都市圈已成为世界经济最为活跃的区域，并开始逐步主导全球经济。如纽约大都市圈、东京大都市圈、伦敦大都市圈、巴黎大都市圈等，不仅是各自所在国家的政治和经济中心，也是全球经济、金融、商贸中心和跨国公司的控制中心，在国家和世界经济发展中具有枢纽作用，是连接国内和国际的中心节点。自20世纪90年代以来，中国的都市圈建设已经历了快速的发展阶段，目前仍保持较快的发展态势，但都市圈形成的时间较短，城市间交通一体化水平不高、分工协作不够、低水平同质化竞争严重、协同发展体制机制不健全等问题依然突出。

为了进一步认识都市圈的经济发展特征，分别从经济增速、产业结构和竞争力角度进行分析。受区县数据可获得性限制，数据选取的年份为2017年，增长率均以2016年为基期，采用各省市CPI指数平减后的实际增长率。数据来源以《中国城市统计年鉴》和《中国县域统计年鉴》为主，其中的缺失数据来自各城市的统计年鉴和区县的统计公报。

以18个都市圈为标准区域，对各都市圈2016~2017年的经济增量进行SSM分析，进而识别各都市圈产业结构的优劣势与竞争力的高低（见表8-2）。

表8-2　2016~2017年各都市圈经济增长的SSM分析结果

都市圈	总增长		都市圈分量		结构偏离分量		竞争力偏离分量		总偏离	
	增量（亿元）	增率（%）	增量（亿元）	增率（%）	增量（亿元）	增率（%）	增量（亿元）	增率（%）	增量（亿元）	增率（%）
北京都市圈	2632.27	9.68	2647.26	9.74	262.46	0.97	-277.45	-1.02	-14.99	-0.06
上海都市圈	2746.57	8.28	3229.22	9.74	226.12	0.68	-708.78	-2.14	-482.66	-1.46
天津都市圈	772.31	3.67	2046.93	9.74	6.03	0.03	-1280.65	-6.09	-1274.62	-6.06
广州都市圈	4922.07	10.32	4643.51	9.74	83.93	0.18	194.63	0.41	278.56	0.58
深圳都市圈	4588.22	12.88	3469.07	9.74	95.34	0.27	1023.81	2.87	1119.15	3.14
重庆都市圈	1426.61	8.66	1603.15	9.74	-161.72	-0.98	-14.82	-0.09	-176.54	-1.07
成都都市圈	1633.89	13.45	1182.61	9.74	-38.46	-0.32	489.74	4.03	451.28	3.72
武汉都市圈	1568.39	11.01	1386.92	9.74	-63.51	-0.45	244.98	1.72	181.47	1.27
南京都市圈	1515.70	10.17	1451.02	9.74	-1.41	-0.01	66.08	0.44	64.67	0.43
杭州都市圈	2537.93	12.46	1983.06	9.74	-22.64	-0.11	577.51	2.84	554.86	2.72
西安都市圈	1015.75	11.65	849.13	9.74	-55.15	-0.63	221.77	2.54	166.62	1.91
郑州都市圈	1661.42	12.87	1257.21	9.74	-28.64	-0.22	432.86	3.35	404.22	3.13
苏州都市圈	3250.97	10.90	2904.71	9.74	-23.18	-0.08	369.44	1.24	346.26	1.16
青岛都市圈	935.17	8.88	1025.03	9.74	-18.50	-0.18	-71.36	-0.68	-89.86	-0.85
长沙都市圈	820.87	5.42	1473.75	9.74	-114.96	-0.76	-537.92	-3.55	-652.88	-4.31
宁波都市圈	1029.67	10.60	945.97	9.74	-49.83	-0.51	133.53	1.37	83.70	0.86

续表

都市圈	总增长		都市圈分量		结构偏离分量		竞争力偏离分量		总偏离	
	增量（亿元）	增率（%）	增量（亿元）	增率（%）	增量（亿元）	增率（%）	增量（亿元）	增率（%）	增量（亿元）	增率（%）
大连都市圈	454.40	6.67	663.08	9.74	-41.14	-0.60	-167.54	-2.46	-208.68	-3.06
长春都市圈	168.85	3.54	464.39	9.74	-53.24	-1.12	-242.30	-5.08	-295.54	-6.20

资料来源：相关年份《中国城市统计年鉴》《中国县域统计年鉴》，以及各城市《国民经济和社会发展统计公报》。

（1）经济增速对比

如图 8-3 所示，成都、深圳、郑州、杭州和南京等 10 个都市圈 2017 年的 GDP 增速均超过都市圈整体水平 9.7% 的平均增速，经济增长势头迅猛，尤其是成都都市圈，增速高达 13.5%，遥遥领先于其他都市圈，深圳、郑州和杭州都市圈的增速也都超过了 12%；与之相反，北京、青岛、重庆和长春等 8 个都市圈的经济增速则低于平均水平，其中长春和天津都市圈受中心城市经济低迷的影响，增速仅为 3.5% 和 3.7%，明显低于其他都市圈，总偏离均为负值（见表 8-2）。

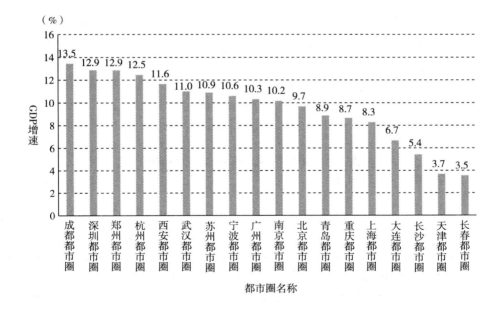

图 8-3　2017 年各都市圈的经济增速

资料来源：相关年份《中国城市统计年鉴》《中国县域统计年鉴》，以及各城市《国民经济和社会发展统计公报》。

（2）产业结构对比

从结构偏离分量来看，北京、上海、深圳、广州和天津都市圈的产业结构优势十分明显，尤其是北京和上海都市圈，结构偏离分量增率分别为 0.97% 和 0.68%（见表 8-2）。2017 年，第三产业增加值占 GDP 的比重分别达到了 77.13% 和 66.15%（见图 8-4），进入了后工业化发达阶段。而其他 13 个都市圈的产业结构劣势问题较为突出，尤其是宁波、重庆和大连都市圈的产业结构升级仍存在较大空间，2017 年第三产业增加值占 GDP 的比重分别为 43.69%、44.27% 和 46.10%，服务功能有待强化。

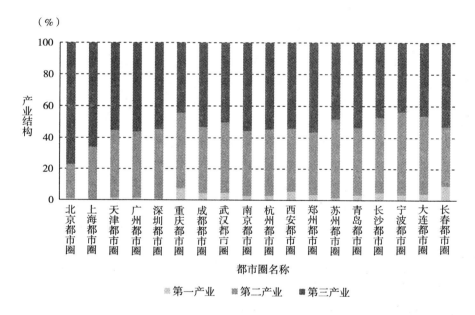

图 8-4 2017 年各都市圈的三次产业结构

资料来源：相关年份《中国城市统计年鉴》《中国县域统计年鉴》，以及各城市《国民经济和社会发展统计公报》。

（3）竞争力对比

从竞争力偏离分量上看，成都、郑州、深圳、杭州和西安都市圈的竞争力较高，而天津、长春和长沙都市圈的竞争力明显不足，造成经济增长乏力。为深入揭示都市圈三次产业部门的竞争力情况，本章对都市圈三次产业部门在 2016～2017 年的增量进行了 SSM 分解（见图 8-5）。

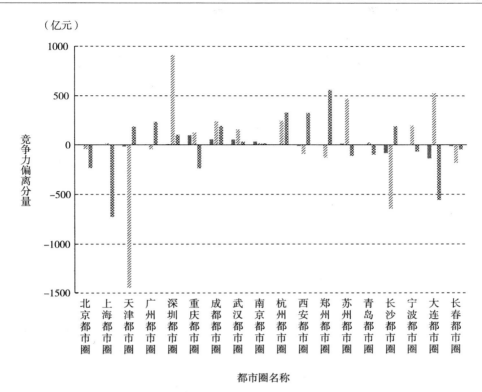

（亿元）

图 8-5 2016~2017 年各都市圈三次产业部门的竞争力偏离分量

图 8-5 显示，北京和长春都市圈的三次产业竞争力偏离分量均为负值，而深圳、成都、武汉、南京和杭州都市圈的三次产业竞争力偏离分量均为正值，成为推动经济增长的关键动力。另外，天津、广州、西安、郑州和长沙都市圈的竞争力优势主要体现在第三产业，上海、重庆、苏州、青岛、宁波和大连都市圈的竞争优势则主要来自第二产业。

8.3 中心城市的辐射与聚集能力

中心城市对周边地区发展的作用主要体现在其辐射和聚集能力上。具体而言，这种影响主要包括两个方面：一方面，由于中心城市人口和经济规模较大，在市场方面占有绝对优势，从而影响要素的聚集与分散；另一方面，中心城市通过密集的交通网络，促进了与周围地区之间的要素流动，有助于地区一体化发展。本章从中心城市的市场潜能和交通可达性两方面分析了上述18个中心城市的辐射与聚集能力。

8.3.1　中心城市的市场潜能

市场潜能的概念最早由Harris于1954年提出，他采用以空间距离为权重的所有其他地区国内生产总值的加总，以衡量一个地区所生产的产品和服务的潜在需求规模。20世纪90年代初，由Krugman等所开创的新经济地理学基于垄断竞争、收益递增和运输成本相结合的一般均衡模型，重新推导出包含市场潜能函数的工资方程，从而为传统的市场潜能研究提供了坚实的理论基础。对于中心城市而言，本地经济规模及其周边地区的城市规模是其潜在的需求规模，需求规模越大，市场潜能也相应越大。本节借鉴Harris（1954）和Crozet（2004）的度量方法来衡量各中心城市的市场潜能，计算公式如下：

$$MP = \sum_{i \neq j} \frac{Y_i}{d_{ij}} + \frac{Y_i}{d_{ii}} \tag{8-1}$$

式中，i、j分别代表城市i和城市j，Y代表各城市的地区生产总值，d_{ij}代表两个城市中心之间的欧式直线距离，根据国家基础地理信息系统中的中国1∶400万地形数据库整理得出。各地级及以上城市的内部距离$d_{ii} = \frac{0.66L}{\pi}$，其中L为各城市的行政区划面积。

中心城市辐射空间范围不同，对市场潜能的测度会产生不同影响。因此，为保证分析结论的稳健性，本章分别基于距城市中心200千米、500千米、1000千米范围内和全国范围内，测度了各中心城市的市场潜能（见表8-3）。可以看出，中心城市的市场潜能总体较高，尤其是前7位的城市，远超出平均水平，其中深圳市的市场潜能遥遥领先。但是，不同地区中心城市之间的市场潜能水平差距较大。市场潜能高的城市仍主要分布在长三角、珠三角和京津冀三大重点区域，其中长三角和珠三角中心城市的市场潜能明显高于京津冀。通过比较不同空间范围内的市场潜能可以发现，深圳、上海、广州和苏州的市场潜能主要分布在200千米范围内，这主要因为周边地区较为发达的经济为中心城市发展提供了广阔的市场空间。此外，无论是从哪个空间范围来看，西部和东北地区中心城市的市场潜能明显较低，市场区位处于劣势地位；而东部发达地区中心城市的市场潜能明显高于东北和中西部地区。

表 8-3 2017 年各中心城市的市场潜能

中心城市	200 千米范围内	500 千米范围内	1000 千米范围内	全国范围内
深圳市	2046	2182	2393	2785
上海市	1625	1963	2351	2620
广州市	1556	1676	1898	2272
苏州市	1538	1857	2263	2519
南京市	1012	1550	1965	2183
北京市	855	1073	1403	1718
天津市	850	1192	1525	1792
宁波市	632	1020	1352	1658
杭州市	559	1208	1602	1839
武汉市	540	953	1611	1768
郑州市	513	940	1512	1691
青岛市	456	858	1340	1584
长沙市	442	649	1351	1522
成都市	433	538	712	1153
西安市	277	486	914	1232
大连市	229	444	842	1131
重庆市	201	407	745	1120
长春市	179	285	401	805

与此同时，多数学者的研究证明，地区市场潜能增加会促进经济活动和产业的空间聚集能力提高（Ottaviano and Pinelli，2006），城市则可以通过提高市场潜能增强市场关联，聚集更多优势要素，从而导致地区发展不平衡（石敏俊等，2007），并使地区发展差距扩大（张泽义，2017）。另外，人力资本较丰富的地区，市场潜能也越大（林善浪，2013）。由此可以推断，东部地区中心城市巨大的市场潜能，通过市场关联有可能加剧地区发展不平衡，如深圳在创新等方面的突出成就来自吸引了全国的创新要素；中西部和东北地区中心城市的聚集能力较弱，中心城市的影响范围基本在本地区。因此，提高中西部和东北地区中心城市地位，强化它们与周围地区乃至全国市场的关联，吸引更多发展要素，可以缩小区域间的发展差距，促进区域协调发展。

8.3.2 中心城市的交通可达性

交通作为联系地理空间中社会经济活动的纽带，是中心城市辐射带动周边地区经济发展的根本保证。交通技术与手段决定着空间相互作用的深度与广度，是影响中心城市辐射带动能力的重要因素。中国高铁快速建设带来的时空压缩将对沿线城市与区域空间组织产生深远影响，该影响主要源于交通可达性的提高。本节基于 2017 年的火车时刻表数据，收集整理了各地级及以上城市之间的最短乘车时间，并基于此数据集分别测度了各中心城市与其他城市的简单平均乘车时间和以 2017 年各城市 GDP 占全国份额为权重得到的加权平均时间，进而度量各中心城市的交通可达性（见图 8-6）。

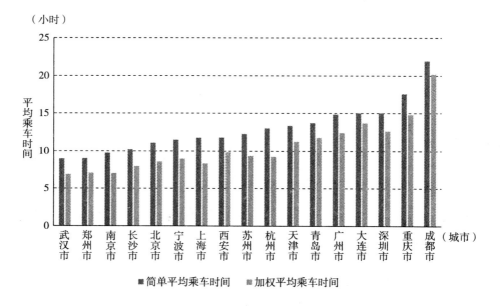

图 8-6　2017 年中心城市与其他城市的平均列车通勤时间

无论是简单平均乘车时间，还是基于经济份额加权得出的平均乘车时间，交通可达性最优区均集中于京沪、京广、沪昆相交叉的东中部三角地带，其中，位于中部的武汉和郑州交通可达性最好；中心城市交通可达性最差的区域则分布在成渝地区，其交通网络连接度较低。此外，各中心城市的简单平均乘车时间均明显长于经济份额加权的平均乘车时间，由此可以反映出，铁路线路的布局遵循了市场发展规律，趋向于缩短与经济发展水平较高的城市之间的通勤时间。由此可以推断，长江中游和中原地区的中心城市在要素流动和基础设施方面，对地区的辐射作用更强。因此，这些地区的中心城市，如武汉、郑州和长沙等对长江经济带和中原生态经济带的发展，乃至全国空间布局能发挥重要作用。

8.4 都市圈内部结构及其一体化

都市圈的经济发展追求整体竞争力提升和产业结构升级，但同时更强调都市圈内部各空间单元之间的经济联系与地区协作，尤其是都市圈中心城市对周边地区的辐射带动能力，更能反映地区一体化程度。本节将基于 SSM 分析，采用局部加权回归和空间统计分析，从区县层面剖析都市圈内部结构。

8.4.1 都市圈内部中心城市与周边地区的协调性

从 2016~2017 年都市圈内部中心城市与周边地区的 GDP 增速来看（见图 8-7），北京、广州和武汉的增速与周边地区基本持平；天津、苏州和上海的增速则低于周边地区，都市圈内部的经济发展差距呈现缩小趋势；但天津增速比周边地区低 5.54 个百分点，自身经济增速亟须提高；深圳、成都、南京、杭州和长春等 10 个都市圈内部，中心城市的经济增速明显高于周边地区，经济发展差距呈现拉大趋势，其中郑州、深圳和成都都市圈的中心城市与周边地区经济增速均较高；而西安和长春都市圈周边地区的 GDP 增速均为负值，分别比中心城市低 21.29 个和 11.30 个百分点。由此表明，这两个中心城市尚未达到向外辐射的郊区化阶段，中心与外围地区经济发展不协调，需要调整产业结构，增强中心城市经济发展能力。

以 18 个都市圈为标准区域，对都市圈内中心城市和周边地区 2016~2017 年的经济增长进行 SSM 分析（见表 8-4）。从周边地区的总偏率来看，长春、西安、青岛、长沙和宁波的周边地区的总偏率均较低，其中产业结构和竞争力均处于劣势地位，构成了经济增长乏力的主要原因；苏州、成都、武汉、广州和上海的周边地区的总偏率较高，其中产业竞争力较强是经济增长较快的重要因素。从中心城市的总偏率来看，作为都市圈中心城市的大连、长沙和长春的总偏率均较低，其中产业结构和竞争力均处于劣势地位，是其经济增长动力不足的主要原因；天津和上海的总偏率也较低，尤其是天津总偏率为-6.21%，主要归因于其竞争力较弱；西安、郑州、杭州、深圳和南京的总偏率均较高，尤其是西安的总偏率高达 8.73%，表明其都市圈经济发展的潜能最大。

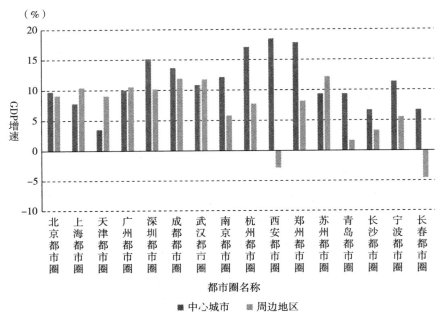

图 8-7　2016~2017 年都市圈内部中心城市与周边地区的 GDP 增速对比

注：图中未报告重庆和大连都市圈的 GDP 增速，原因在于重庆和大连都市圈的范围为其各自市域范围内的区县，不包括周边区县，因而无法区分出中心城市和周边地区的 GDP 增速。

表 8-4　都市圈内中心城市与周边地区的 SSM 分析　　　单位：%

都市圈名称	内部结构	结构偏离增率	竞争力偏离增率	总偏率
北京都市圈	中心城市	1.16	-1.15	0.01
	周边地区	-0.76	0.16	-0.61
上海都市圈	中心城市	0.83	-2.76	-1.93
	周边地区	0.00	0.69	0.68
天津都市圈	中心城市	0.10	-6.32	-6.21
	周边地区	-2.56	1.88	-0.67
广州都市圈	中心城市	0.72	-0.45	0.27
	周边地区	-0.20	1.00	0.80
深圳都市圈	中心城市	0.55	4.84	5.39
	周边地区	-0.07	0.49	0.42
重庆都市圈	中心城市	-0.98	-0.09	-1.07
	周边地区	—	—	—

续表

都市圈名称	内部结构	结构偏离增率	竞争力偏离增率	总偏率
成都都市圈	中心城市	-0.15	4.08	3.93
	周边地区	-1.50	3.68	2.18
武汉都市圈	中心城市	-0.11	1.23	1.12
	周边地区	-2.17	4.22	2.04
南京都市圈	中心城市	0.17	2.24	2.42
	周边地区	-0.41	-3.51	-3.92
杭州都市圈	中心城市	0.23	7.10	7.33
	周边地区	-0.46	-1.53	-1.99
西安都市圈	中心城市	0.02	8.71	8.73
	周边地区	-2.02	-10.54	-12.56
郑州都市圈	中心城市	0.17	7.91	8.08
	周边地区	-0.59	-0.97	-1.56
苏州都市圈	中心城市	-0.07	-0.29	-0.36
	周边地区	-0.08	2.54	2.46
青岛都市圈	中心城市	-0.12	-0.28	-0.40
	周边地区	-1.12	-6.94	-8.06
长沙都市圈	中心城市	-0.39	-2.67	-3.06
	周边地区	-1.38	-5.02	-6.40
宁波都市圈	中心城市	-0.45	2.07	1.62
	周边地区	-0.92	-3.26	-4.19
大连都市圈	中心城市	-0.60	-2.46	-3.06
	周边地区	—	—	—
长春都市圈	中心城市	-0.78	-2.26	-3.04
	周边地区	-1.99	-12.35	-14.34

注：重庆和大连都市圈范围为其各自市域范围内的区县，不包括周边区县。

8.4.2 都市圈内部经济发展的空间差异

为揭示都市圈内部经济密度的空间演变规律，基于都市圈分区县的 GIS 图层，利用局部加权回归（LOWESS）方法，对地均生产总值与离中心城市的距离进行拟合（见图 8-8）。

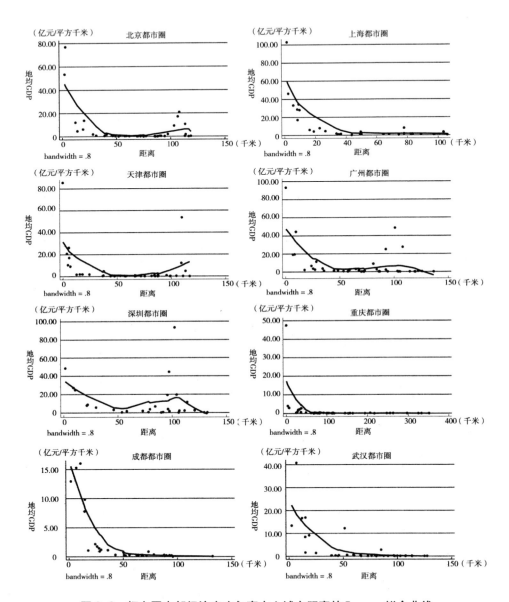

图 8-8　都市圈内部经济密度与离中心城市距离的 Lowess 拟合曲线

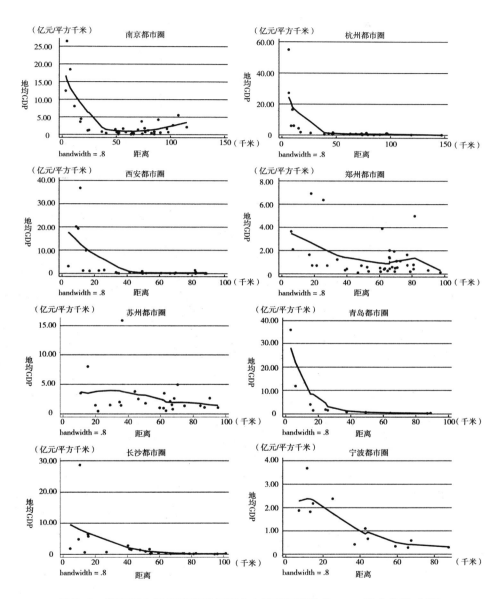

图 8-8 都市圈内部经济密度与离中心城市距离的 Lowess 拟合曲线（续）

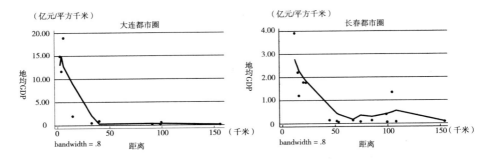

图 8-8　都市圈内部经济密度与离中心城市距离的 Lowess 拟合曲线（续）

　　整体上看，随着距离城市中心越远，经济密度呈现下降趋势，这种趋势特征在上海、重庆、成都、武汉、杭州、西安、青岛、长沙、宁波和大连都市圈均表现得非常明显，峰值高度集中在中心城市的核心区，属于典型的单中心发展类型。北京、天津、广州、深圳、南京、郑州和长春都市圈内部的经济密度则在距中心 100 千米左右存在另一个峰值集聚区。其中，北京与天津、广州与深圳都市圈的空间范围存在重叠，中心城市的部分区县处于另一个都市圈的 1.5 小时通勤圈范围内，表现出明显的双核特征；南京、郑州和长春都市圈的次峰值区域则分别处于中心城市周边的常州市、许昌市和辽源市的市辖区。在这 18 个都市圈中，苏州都市圈的拟合曲线斜率最低，经济密度随离城市中心距离的增加而呈下降的趋势最不显著，这是因为苏州与其周边的无锡、常州和嘉兴的经济发展差距不大，整个长三角地区一体化水平较高。

　　进一步借鉴 Cowell（2000）的方法，采用基尼系数（Gini）和泰尔指数（Theil），测度各都市圈内部区县之间的经济发展水平差异（见表 8-5）。

表 8-5　都市圈内部经济发展差异的测度

都市圈名称	Gini	Theil
宁波都市圈	0.429	0.306
苏州都市圈	0.464	0.417
郑州都市圈	0.548	0.534
长春都市圈	0.620	0.705
大连都市圈	0.667	0.872
南京都市圈	0.683	0.911
深圳都市圈	0.695	0.907
上海都市圈	0.718	1.012

续表

都市圈名称	Gini	Theil
青岛都市圈	0.730	1.092
长沙都市圈	0.747	1.226
成都都市圈	0.754	1.172
杭州都市圈	0.782	1.366
广州都市圈	0.794	1.317
武汉都市圈	0.807	1.404
北京都市圈	0.814	1.447
天津都市圈	0.816	1.452
西安都市圈	0.816	1.466
重庆都市圈	0.871	2.269

可以看出，处于长三角地区的宁波和苏州都市圈内部的经济发展差异相对较小，均衡程度较高。以超大城市为中心的都市圈内部经济发展水平差异相对较大，一定程度表明超大城市对周边地区的极化效应强度大于扩散效应；重庆都市圈内部的经济发展差异最大，主要原因是重庆市远郊区的经济发展水平较低。因此，疏解超大城市中心城区功能，缩小都市圈内部发展差距，是超大城市发挥辐射作用的重要途径。

8.4.3 都市圈内部经济发展的空间相关性

基于都市圈分区县GDP数据，采用莫兰指数（Moran's I）和G统计量衡量各都市圈内部空间单元之间经济发展的相关性，权重矩阵使用反距离权重矩阵。Moran's I可以判断出都市圈内部的经济发展呈现集聚、离散还是随机分布的特征，而G统计量则可以进一步判断经济发展是呈现高值集聚还是低值集聚的特征。由表8-6可知，郑州、苏州和长春都市圈的Moran's I不具有统计学上的显著性，故区县之间的经济发展不存在空间相关性；其余15个都市圈内部的经济发展均存在相关性。结合Moran's I和G统计量的结果可以进一步得出，上海、西安、青岛和大连都市圈内部经济发展的空间相关性相对较强，且呈现显著的正相关关系，表明大多数都市圈的空间一体化正在形成。

表8-6　各都市圈内部经济发展的空间相关性

都市圈名称	Moran's I	Z值	P值	G统计量	Z值	P值
北京都市圈	0.8441	9.3755	0	0.000061	10.7445	0

续表

都市圈名称	Moran's I	Z 值	P 值	G 统计量	Z 值	P 值
上海都市圈	0.9763	10.8998	0	0.000101	10.1946	0
天津都市圈	0.5740	6.2143	0	0.000069	7.9471	0
广州都市圈	0.5363	6.4959	0	0.000033	8.0192	0
深圳都市圈	0.2121	2.9448	0.0032	0.000033	5.0843	0
重庆都市圈	0.1677	4.2133	0.0003	0.000076	15.5324	0
成都都市圈	0.8853	11.5294	0	0.000061	10.9573	0
武汉都市圈	0.9372	11.7805	0	0.000066	11.8718	0
南京都市圈	1.0030	10.8986	0	0.000042	11.2829	0
杭州都市圈	0.5391	6.8384	0	0.000085	9.1976	0
西安都市圈	1.0783	11.1130	0	0.000133	12.1068	0
郑州都市圈	−0.0621	−0.2857	0.7751	0.000013	0.4742	0.6354
苏州都市圈	−0.0452	−0.0355	0.9716	0.000012	2.9347	0.0033
青岛都市圈	0.1838	1.8803	0.0601	0.000127	5.2694	0
长沙都市圈	0.1496	3.1759	0.0015	0.000053	5.5925	0
宁波都市圈	0.4874	3.8610	0.0001	0.000035	3.5870	0.0003
大连都市圈	0.9432	4.1650	0.00003	0.000165	5.1959	0
长春都市圈	0.2264	1.6047	0.1086	0.000031	2.3716	0.0177

8.5 都市圈经济发展的类型划分

基于以上分析的结论，从都市圈整体和内部两个层面综合评价各都市圈的增长类型（见表8-7）。表中归纳了各都市圈在经济增速、结构偏离、竞争力偏离、内部差异、空间相关五个方面的相对优劣，其中"++""+""-""--"分别代表相对最优、相对较优、相对较差和相对最差。

表8-7 各都市圈经济发展的综合评价

都市圈名称	都市圈整体			都市圈内部	
	经济增速	结构偏离	竞争力偏离	内部差异	空间相关
北京都市圈	+	++	-		+

续表

都市圈名称	都市圈整体			都市圈内部	
	经济增速	结构偏离	竞争力偏离	内部差异	空间相关
上海都市圈	−	+	−	+	+
天津都市圈	−−	+	−−	+	+
广州都市圈	+	+	+	−	+
深圳都市圈	+	+	+	+	+
重庆都市圈	−	−	−	−−	+
成都都市圈	++	−	++	−	+
武汉都市圈	+	−	+	−	+
南京都市圈	+	−	+	−	+
杭州都市圈	+	−	+	−	+
西安都市圈	+	−	+	−	++
郑州都市圈	+	−	+	+	−−
苏州都市圈	+	−	+	+	+
青岛都市圈	−	−	−	+	+
长沙都市圈	−	−	−	+	+
宁波都市圈	+	−	+	++	+
大连都市圈	−	−	−	+	+
长春都市圈	−−	−−	−	+	−

根据各都市圈整体经济增长和内部联系程度，可将都市圈的经济增长划分为以下五种类型：

一是整体增速迅猛，且内部联系紧密：成都、深圳和广州都市圈。成都都市圈 2017 年 GDP 增长 13.5%，在都市圈中居首位，属于竞争力显著的地区；深圳和广州都市圈是总偏离、结构偏离和竞争力偏离分量均为正的都市圈，经济发展整体表现较好。成都和广州都市圈内部区县之间经济发展虽然仍存在一定的差距，但经济联系紧密，呈现显著的正相关。

二是整体增速较好，且内部联系紧密：北京、武汉、杭州、西安、南京和宁波都市圈。这些都市圈的经济增速均高于都市圈整体平均增速，但存在结构偏离或者竞争力偏离对经济增长的负向作用；都市圈内部的经济发展呈现显著的正相关关系，其中西安都市圈内部经济发展的空间相关性相对较强。

三是整体增速较好，但内部联系不够紧密：郑州和苏州都市圈。郑州和苏州都市圈较强的竞争力优势抵消了产业结构劣势对经济增长带来的负向作用，整体经济增速明显高于都市圈的平均增速，但都市圈内部联系不够紧密，这两个都市圈内各区县的经济发展在统计上的空间相关性较弱。

四是整体增速缓慢，但内部联系紧密：天津、长沙、大连、青岛和上海都市圈。长沙、青岛和大连都市圈存在产业结构和竞争力不足两方面的问题，对经济增长的负向作用明显；天津和上海都市圈较优的产业结构不足以抵消竞争力偏弱对经济增长带来的消极影响，总偏离为负值。然而，这些都市圈内部经济发展在空间上呈现显著的正相关关系。

五是整体增速缓慢，且内部联系不紧密：长春和重庆都市圈。长春都市圈受长春市经济增长乏力的影响，整体经济增长低迷，2017 年 GDP 增速仅为 3.5%，位于都市圈的末位，且在结构和竞争力两方面均处于劣势，并且区县之间的空间相关性在统计上不显著，联系不够紧密。重庆都市圈在产业结构和竞争力方面均不具有优势，增速低于都市圈平均水平，并且都市圈内部发展差距过大。这两个都市圈虽然都有一个较大的核心城市，但由于其核心城市经济总量和竞争力较弱，而且尚未达到郊区化扩散阶段，因此空间一体化程度较低。

8.6　主要结论

中心城市及其高度一体化的外围地区组成的都市圈是带动中国经济增长、促进区域协调发展的重要空间载体。本章采用偏离—份额法、局部加权回归和空间统计分析等方法对中国中心城市及其都市圈的经济增长和内部联系进行分析后得出的结论：

首先，各中心城市经济发展的表现存在明显差异：中西部中心城市经济增长势头迅猛，尤其是西部地区的重庆、西安和成都这三个国家中心城市，而长春、天津和大连这三个北方的中心城市经济增长低迷，经济发展动力严重不足。除重庆、长春、大连和宁波以外，其余中心城市的第三产业比重均超过 50%，表明绝大多数中心城市经济发展表现出了服务经济特征，产业结构已进入后工业化阶段。从动态变化来看，18 个中心城市的产业结构均呈现进一步向服务化方向转型的特征。

其次，从距城市中心 200 千米、500 千米、1000 千米和全国范围等不同空间尺度来看，长三角、珠三角和京津冀地区中心城市的市场潜能均明显高于其他地区，市场区位优势显著；但从交通可达性来看，位于中部地区的武汉和郑州交通区位优势最为明显，这一结论在考虑了经济份额权重之后仍稳健，未来经济增长潜力较大。

最后，根据各都市圈整体经济增长和内部联系程度，可将都市圈的经济增长划分为五种类型：成都、深圳和广州都市圈整体增速迅猛，且内部联系紧密；北京、武汉、杭州、西安、南京和宁波都市圈整体增速较好，且内部联系紧密；郑州和苏州都市圈增速较好，但内部联系不够紧密；天津、长沙、大连、青岛和上海都市圈内部联系紧密，但整体增速趋缓；长春和重庆都市圈不仅内部联系不够紧密，且经济整体增速低迷。

9 区域创新与经济发展

党的十九大召开以来，中国特色社会主义建设步入了新时代，其中，一个重要标志就是经济由高速增长模式转向高质量发展模式。中国在"稳中求进，稳量提质"的基调中把握并遵循客观经济规律，是全面建成小康社会之后开启全面建设社会主义现代化强国征程的必然要求。

9.1 区域创新的基本问题

"创新是引领发展的第一动力，是建设现代化经济体系的战略支撑。"党的十九大吹响了加快建设创新型国家的强劲号角，党的十九大报告中"创新"一词被提及超过 50 次。可见，坚定不移地贯彻落实创新驱动发展战略，是中国当下与未来的前瞻选择。从宏观形势来看，创新是推动中国经济发展的第一动力，已经成为中国开展经济建设的"灵魂"；从各行各业来看，未来创新发展会释放更大的红利，现在中国很多企业靠自主创新在技术水平、研发能力以及市场份额方面都已经走到世界前列。

"创新"是包括科技创新、理论创新、制度创新、文化创新和人才创新等多个维度的全面创新。现代经济学对"创新"的关注起源于 1912 年 Schumpeter 在其《经济发展理论》中提出的"创新发展理论"。他认为创新是经济发展的本质，其过程实际是一种不断打破经济均衡的过程，经济需要发展靠的不是实现均衡，而是打破均衡，即取得"资本主义的创造性破坏"。

随后，各个学者都围绕创新议题展开更为深入和广泛的研究。影响较为深远的是新古典主义代表人 Solow（1957）提出的外生经济增长模型，其在理论架构中指出除了劳动和资本投入外，技术进步是推动经济增长的第三类源泉，且从长期来看是主要的动力。此外，还有一批以技术变革和技术推广为研究对象的技术创新理论的学者，如 Mansfield 等（1981）考察了技术推广和技术散播情况后，提出了创新模仿理论；Mensch（1979）通过对创新群集理论的研究，提出了技术僵局论。他认为，缺乏创新是经济萧条的主要原因，反过来经济萧条又构成了技术创新高涨的主要动力。

随着创新经济学、区域经济理论和创新系统论等的发展，国家创新系统理论开始出现。Freeman（1987）在《技术和经济运行：来自日本的经验》中首次提出了国家创新系统（National Innovation System，NIS）的概念，他认为"国家创新系统是由公共部门和私营部门中各种机构组成的网络，这些机构的活动和相互影响促进了新技术的创造、引入、改进和扩散"。通过对"二战"后日本仅经过几十年就实现了社会飞跃这一案例的研究，他指出日本发展奇迹中的核心原因在于政府在企业技术创新过程中发挥了重要作用。这说明一个国家的经济发展仅靠市场是不够的，一个国家的技术创新仅靠企业也是不行的，国家层面的制度和政策对技术创新的推动极为重要。至此，对于国家创新系统的搭建和完善不仅得到学术界，也吸引了各国及国际间的广泛关注和研究。

然而，一方面，从本质上讲，各个国家的创新系统是不同的，也不存在统一的、易操作的国家创新系统识别方法，这就给相关研究带来了困难；另一方面，伴随现代区域理论和国家创新系统的逐渐成熟，以区域为视角的研究系统将更易深入探讨相关问题。因此，20世纪末，更加细分尺度的区域创新系统（Regional Innovation System，RIS）研究方向应运而生。我们对比了两类研究系统的不同与关联（见表9-1）。

表9-1　国家创新系统与区域创新统的区别与联系

	国家创新系统（NIS）	区域创新系统（RIS）
理论视角	宏观	中观
主导个体	国家主权体	区域主导/优势产业
内部协同成本	较高	较低
资源流动性	存在一定障碍	较好
创新产出类型	较多，常常还包括政治体制创新等	较少，主要集中在科学技术和经济生产上
构成主体都包括企业、政府、科研机构、中介单位等		
集合关系区域创新系统是国家创新系统的子集		

9.1.1　区域创新系统

"区域创新系统"的概念最先由英国学者 Cooke（1992）在研究欧洲问题时

提出，随后 Cooke 和 Schienstock（2000）又进一步拓展了这一概念，指出区域创新系统是在一定地理区域范围内，区域内关联的企业和其他组织主体在创新投入相互作用中所形成的创新网络和制度安排。而后国外学者主要在其内涵深入和外延扩展上予以补充，如将区域的层次性、区域社会和文化环境，以及区域间的正式与非正式组织关系等纳入考量范围（Markusen，1996）。

综上所述，区域创新系统可以界定为在一定区域范围内，为实现预定的创新发展目标，政府、企业、科研机构等主体通过人才、资金、技术投入，推动制度、科技、管理等内容创新，以获得新知识、新技术等产物，从而最终实现创新环境不断优化、创新主体相互协同、创新投产相互转换的系统（见图9-1）。

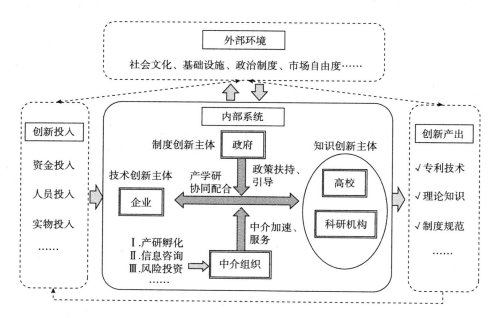

图9-1　区域创新系统的基本内涵与运行机制

9.1.2　区域创新能力的影响因素和评估体系

区域创新能力是区域软实力的一种表现，其诞生于区域创新系统中不同创新主体之间的良性互动，又受到区域特定创新资源、文化氛围、社会环境以及政治体制等复杂因素的共同影响。因此，作用于区域创新能力的因素是复杂的，评价这一能力高低的方法也是困难的。各个学者一般运用因子分析法、聚类分析法、主成分分析法等多种方法，构建多维复合指数的方式进行测度。目前，国际上较为权威的评估系统是由世界知识产权组织（WIPO）、康奈尔大学、欧洲工商管理学院于 2007 年共同创立的全球创新指数（GII），其通过覆盖 80 项包括政治环境、教育、基础设施、商业成熟度等在内的指标，广泛考察了全世界 130 个国家（地区）和经济体的创新表现。

与之对应，国内由中国科技发展战略研究小组自 2003 年出版的《中国区域创新能力评价报告》，通过与国际标准比对，并历经不断地科学修正，建立了一套由科技创新环境、科技活动投入、科技活动产出、高新技术产业化和科技促进经济社会发展 5 个一级指标（要素指数，见图 9-2）、12 个二级指标和 39 个三级指标构成的评估标准（见表 9-2），覆盖中国 31 个省级区域（不考虑港澳台地区）的年度创新综合能力评估，现已成为中国权威的考察区域创新水平的参照依据之一。

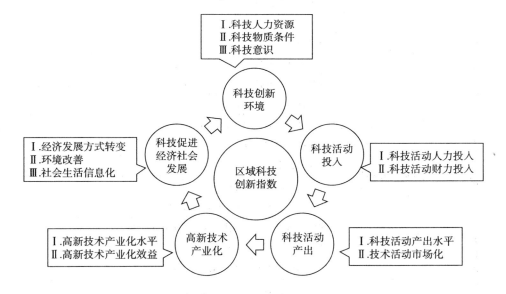

图 9-2 区域科技创新评价一级指标要素

资料来源：《中国区域创新能力评价报告》。

表 9-2 中国区域创新能力评价指标体系和评价标准

一级指标	二级指标	三级指标
科技创新环境	科技人力资源	万人 R&D 人员数（人年）
		十万人博士毕业生数（人）
		万人大专以上学历人数（人）
		十万人创新中介从业人员数（人）

一级指标	二级指标	三级指标
科技创新环境	科技物质条件	每名 R&D 人员研发仪器和设备支出（万元）
		科学研究和技术服务业新增固定资产总比重（%）
		十万人累计孵化企业数（个）
	科技意识	万名就业人员专利申请数（件）
		科学研究和技术服务业平均工资比较系数（%）
		万人吸纳技术成交额（万元）
		有 R&D 活动的企业占比重（%）
科技活动投入	科技活动人力投入	万人 R&D 人员数（人年）
		企业 R&D 研究人员占比重（%）
	科技活动财力投入	R&D 经费支出与 GDP 比值（%）
		地方财政科技支出占地方财政支出比重（%）
		企业 R&D 经费支出占主营业务收入比重（%）
		企业技术获取和技术改造经费支出占企业主营业务收入比重（%）
科技活动产出	科技活动产出水平	万人科技论文数（篇）
		获国家及科技成果奖系数（项当量/万人）
		万人发明专利拥有量（件）
	技术成果市场化	万人输出技术成交额（万元）
		万元生产总值技术国际收入（美元）
高新技术产业化	高新技术产业化水平	高技术产业增加值占工业增加值比重（%）
		知识密集型服务业增加值占生产总值比重（%）
		高技术产品出口额占商品出口额比重（%）
		新产品销售收入占主营业务收入比重（%）
	高新技术产业化效益	高技术产业劳动生产率（万元/人）
		高技术产业利润率（%）
		知识密集型服务业劳动生产率（万元/人）
科技促进经济社会发展	经济发展方式转变	劳动生产率（万元/人）
		资本生产率（%）
		综合能耗产出率（元/千克标准煤）
		装备制造业区位商（%）
	环境改善	环境质量指数（%）
		环境污染治理指数（%）

续表

一级指标	二级指标	三级指标
科技促进经济社会发展	社会生活信息化	万人国际互联网上网人数（人）
		信息传输、软件和信息技术服务业增加值占生产总值比重（%）
		电子商务消费占最终支出比重（%）

资料来源：《中国区域创新能力评价报告》。

9.1.3　区域创新与经济发展之间的传导机理及二者关系

（1）基本认识：创新推动地方经济增长和产业升级

人们对于创新与经济关系的认识经历了由浅到深、由简单到复杂的过程。初始，学者们普遍关注区域创新能力的提升对区域经济发展的单向作用，如 Solow（1957）分析了技术进步对经济增长的贡献程度。近年来，关于中国的相关研究有刘洪久等（2013）通过考察苏州及长三角城市的创新生态适宜度，发现研发费用总投入是影响地区 GDP 的主要生态因子，而专利授权数量对于高新技术产业产值影响最大；付宏等（2013）则聚焦创新对中国 31 个省份产业结构高级化的影响发现，创新投入对产业结构高级化进程具有显著积极作用，且创新效率并不存在显著的地区差异。随着中国经济下行压力加大，张钟文等（2017）发现，高技术产业的投资对抑制投资过快下滑起到了缓冲作用，在经济下行阶段对 GDP 增长的贡献率达到了 46.92%；同时，对其他行业的生产和就业的拉动作用明显，尤其是对传统制造业的拉动效果尤为突出。

（2）深化探索：区域创新与经济发展互为联动关系

随着研究逐步深入，人们意识到区域创新与区域经济发展为相互促进、相互影响的双向联动关系：一方面，创新是区域经济维持长久繁荣的重要内生动力，能够促进区域产业结构不断优化，改善区域经济发展模式，保持区域竞争力和活力；另一方面，地方经济水平的提升将吸引各类资源在本区域内的进一步集聚，为区域内创新活动提供直接或间接的人才、物资、资金等保障支持，也有利于外部整体环境的优化。

因此，笔者认为，随着研究视角的细化和全球地方化势力的上升，在一个健康的区域复杂体系内，区域创新能力与地方经济发展应为"协同并进，互为协调"的关系：区域创新系统催生强大发展和改革动力，区域经济系统反哺创新活动。两类系统主体相互加强，相互制约，形成推动区域稳步发展的强力闭环（见图 9-3）。

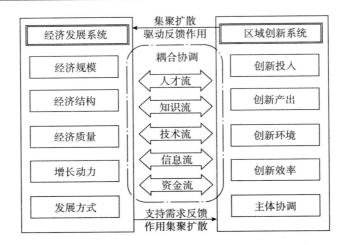

图 9-3　区域创新与经济发展的协同作用机制

资料来源：根据谢彦龙等（2017）进行修正补充得到。

　　对此，学者们也进行了相关经验研究。曹裕和胡韩莉（2014）利用 VAR 模型检验了中国创新能力与区域经济增长的依存关系，结果显示东部、中部和西部地区创新能力与区域经济增长之间均存在长期协整关系；但在东部与中部地区，创新能力是促进区域经济增长的重要原因，区域经济的增长又会进一步推动地区创新能力的提升；而对西部地区而言，创新能力不是其经济增长的主要原因，尽管西部地区进行了大量的研发投入，但并没有能带动地区经济的增长，这可能是导致东部、中部、西部地区经济增长存在差异的原因之一。谢彦龙等（2017）选择陕西省为对象，探索了区域创新与经济发展的耦合协调发展关系和省内区域差异发现，西安的区域创新与经济发展水平均处于陕西省首位，耦合协调度较高，但其他地市各方面指标较西安有较大差距，且区域创新水平落后于经济发展水平。

　　另外，区域内的创新要素是流动的，内部的创新活动在区际常常具有溢出效应，从而很可能不仅在系统内部产生作用，也可能对周边地区有积极的正外部性。白俊红等（2017）从创新研发投入要素的动态和创新活动的空间相关视角出发发现，研发要素在区际的流动不仅能够促进本地区经济的增长，其所伴随的空间知识溢出效应还有助于推动其他地区的经济增长。

　　因此，从现有研究来看，区域经济发展强弱与创新水平高低密不可分，虽然在特定的时间、空间环境中二者可能呈现不同的关系，但总的来说双方应是协同并促的。

9.2 中国区域创新能力基本现状评析

本节将对中国各省份的创新现状进行定性分析，以横向对比和纵向演进为梳理脉络，以期在创新视角下全面综合地展示目前我国及地方的社会经济发展水平。

9.2.1 中国综合创新能力概述

横向来看，根据国家统计局发布的 2018 年中国创新指数结果，2018 年中国创新指数首次突破 200，达到 212，比上年增长 8.6%；纵向对比，根据 WIPO 发布的全球创新指数（GII）显示，2018 年中国排名第 17 位，首次跻身全球创新指数 20 强；2019 年达第 14 位（见图 9-4）。

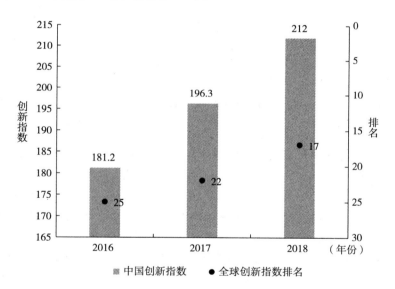

图 9-4　2016~2018 年中国创新指数及全球创新指数排名

资料来源：国家统计局、《2018 年全球创新指数（GII）报告》。

（1）创新投入再创新高，资源投入及创新主体结构进一步优化

从人员投入来看，2018 年中国 R&D 人员全时当量达 438.10 万人，比上年增长 8.60%，保持全球第 1 位；从资金投入来看，全年 R&D 经费投入达 19677.90 亿元，比上年增长 11.80%，投入总量居世界第 2 位；投入强度（R&D 经费投入与 GDP 之比）为 2.19%，比上年提高 0.04 个百分点（见图 9-5）。中国 R&D 投

入强度已经超过 2017 年欧盟 15 国 2.13% 的平均水平，与美国、日本等发达国家的差距逐年缩小。

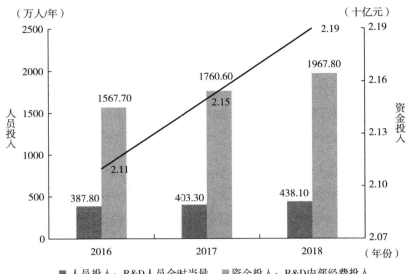

图 9-5 2016~2018 年中国 R&D 投入力度及强度

资料来源：国家统计局。

从 R&D 结构来看，基础研究更加得到重视。2018 年，体现探索性、前瞻性和原创性的基础研究经费首次突破千亿元大关，为 1090.4 亿元，比上年增长 11.8%；基础研究经费占 R&D 经费的比重为 5.5%，与上年持平，其中高等学校和政府研究机构的基础研究经费分别为 589.9 亿元和 423.1 亿元，占比分别超五成和近四成，分别比上年增长 11.1% 和 10.1%（见图 9-6）。

从主体结构来看，企业的技术创新主体地位得到进一步巩固。2018 年，中国企业 R&D 经费达到 15233.7 亿元，比上年增长 11.5%（见图 9-7）；其中规模以上工业企业 R&D 经费达到 12954.8 亿元，比上年增长 7.8%。企业 R&D 经费对全社会 R&D 经费增长的贡献为 75.9%，拉动全社会 R&D 经费增长 9.0 个百分点。

（2）创新产出稳步提升，创新成果转换力度、速度情况较好

一方面，投入—产出转换率保持增长，成果形式多元。2018 年，中国国内专利申请授权数为 233.5 万件，比上年增长 35.7%；其中发明专利授权数达 34.6 万件，比上年增长 5.8%。截至 2018 年，共发表科技论文 184 万篇，比上年增长 8.2%。大中型工业企业拥有注册商标 47.2 万件，比上年增长 13.3%（见图 9-8）。

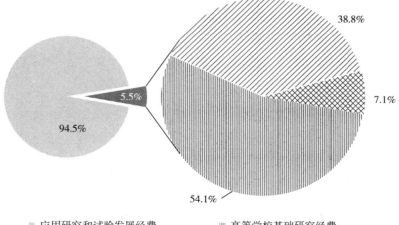

图例：
⬛ 应用研究和试验发展经费　　Ⅲ 高等学校基础研究经费
⟋ 政府属研究机构基础研究经费　　◇ 其他基础研究经费

图 9-6　2018 年中国 R&D 经费总支出及基础研究经费投入结构

资料来源：国家统计局。

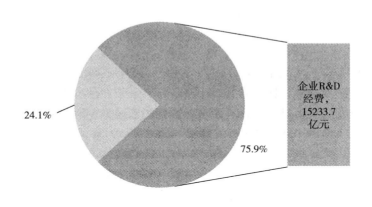

图例：
▨ 其他R&D经费　　▨ 企业R&D经费

图 9-7　2018 年中国企业 R&D 经费占比及支出额

资料来源：国家统计局。

另一方面，产学研脚步进一步加快，技术开发、转让、咨询和服务能力不断增强，技术成果的转化和应用呈加速发展态势。2018 年，中国技术市场成交合同金额为 17697.4 亿元，比上年增长 31.8%，增速比上年加快 14.1%；每万名科技活动人员平均的技术市场成交额为 15.7 亿元，比上年增长 24.7%，增速比上年增长 14.4%。

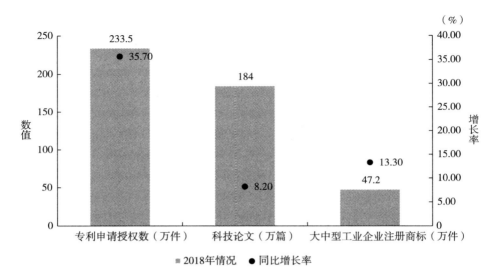

图9-8　2018年中国创新产出数量及增长率

资料来源：国家统计局。

（3）创新环境持续优化，创新及人才培养氛围得到提升

第一，政府做好政策支撑和障碍疏通。国家财政科技支出达9518.2亿元，比上年增长13.5%；其中地方财政科技支出5779.7亿元，比上年增长16.5%，所占比重为60.7%，比上年提高1.5个百分点。财政科学技术支出占当年国家财政支出的比例为4.31%，比上年提高0.18个百分点。在税收优惠上，对研发费用加计扣除实施提高扣减比例和扩大企业范围的新政策，受惠规模以上工业企业为3.5万家，比上年增长43.9%；其中中小型企业为3.2万家，比上年增长47.6%。从减免税额来看，受惠的规模以上工业企业为881.5亿元，比上年增长54.7%；其中中小型企业为458.4亿元，比上年增长48.6%。

第二，企业R&D活动更加踊跃。2018年，规模以上工业企业中有16.1万家开展了技术创新活动，所占比重为43.0%，比上年提高了2.5个百分点。R&D经费占主营业务收入比重、万名R&D人员专利授权数均实现了两位数增长。

第三，高校院所科研活动活跃，人才培养工作得到加强。2018年，中国高等院校和R&D机构总数分别为2663所及1.6万余所，分别比上年增长1.22%和8.74%。高校院所为产业、社会加快输送高素质人才，当年本科生毕业人数达386.6万人次，研究生（硕士及博士）毕业人数为60.4万人。

（4）推进创新驱动，经济发展方式向高质量、可持续方向转变

一是新产品销售占比再创新高，创新推动产品、产业结构调整。2018年，中国大中型工业企业实现新产品销售收入15.9万亿元，占规模以上工业企业新

产品销售收入的 80.7%。大中型工业企业新产品销售收入与主营业务收入之比为 23.6%，比上年提高 1.5 个百分点，占比创 2005 年以来的新高。在实现产品创新的 2.5 万家大中型工业企业中，分别有 67.0% 和 43.0% 的企业推出了对于国内或国际市场具有全新或有重大改进的产品（见图 9-9）。

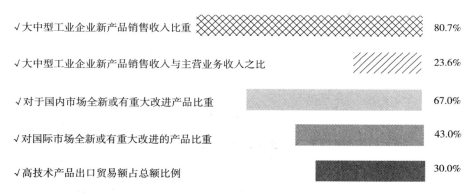

图 9-9 2018 年中国新产品对相关产业的贡献情况

资料来源：国家统计局。

二是高技术产品出口较快增长，有效应对了贸易摩擦和单边主义抬头环境下的严峻挑战。以计算机通信为代表的高技术产品出口贸易额达 7430.4 亿美元，比上年增长 10.8%，占货物出口总额的比重为 29.9%，比上年提高 0.2 个百分点。

三是能耗水平继续下降，有力促进了绿色发展。2018 年，中国能源消费总量为 46.4 亿吨标准煤，比上年增长 3.3%；煤炭消费量占能源消费总量的 59.0%，比上年下降了 1.4 个百分点；天然气、水电、核电、风电等清洁能源消费量占能源消费总量的 22.1%，比上年提高了 1.3 个百分点（见图 9-10）。按可比价格计算，单位 GDP 能耗比上年下降 3.1%。

综上所述，从对中国的创新水平现状梳理来看，整体而言，随着中国坚持深入实施创新驱动发展战略，科技创新能力和效率不断提高，对推动经济高质量发展发挥了积极作用。

9.2.2 中国区域综合创新能力的基本特征与突出问题

中国科学技术发展战略研究院每年发布的《中国区域创新能力评价报告》（以下简称《报告》）全面评估了中国 31 个省级区域（除港澳台外）的综合创新能力。参考《报告》2018 年的测度结果（当年数据为 2016 年数据）可得，中国区域创新水平的基本特征如下：

图 9-10　2018 年中国能源消费结构

资料来源：国家统计局。

（1）从整体来看，各地创新水平普遍提升，发达区域继续保持领先地位，部分潜力省份增长势头较大

根据《报告》显示，中国区域综合创新水平总体有所提升，创新指数达到 69.63，全国综合指数比上年上升了 2.01 个点。按区域梯队划分，可将 31 个省级区域分为 4 类（见图 9-11）。

第一梯队包括北京、天津、江苏、浙江、上海和广东 6 个全国经济实力较强的省份，其指数水平高于全国平均值（69.63）；第二梯队为指数值位于全国水平之下，但在 50 之上的省份，主要包括除第一梯队外的东部其他省份及中部发达地区，共 15 个；第三梯队主要由西部各省份构成，值得注意的是，河北也位于此范围内，该梯队指数值均为 40~50；最后一类仅含西藏，指数水平低于 40。

与去年对比来看，部分位于中部区间的省份发展潜力较大，如中部地区的安徽上升了 4 个位次，位于东北地区的吉林、辽宁同样增长较快。

（2）从高新技术先行示范集群来看，东部沿海地区主要占领了创新高地，各高新区辐射带动作用进一步加强

根据科技部资料显示，截至 2020 年 2 月，中国共有 168 家国家级高新技术产业开发区（见图 9-12），实现了在各区域均有分布，在发达省份及区域中心城市重点着力布局的格局。2018 年，168 个国家高新区预计实现营业收入 33 万亿元，园区新注册企业超过 40 万家。

截至目前，中国共有 21 个国家自主创新示范区，其设立旨在推进自主创新，并在高技术产业发展方面先行先试、探索经验、做出示范。主要包括北京中关村、辽宁沈大、山东半岛、苏南高新区、上海张江、浙江杭州、安徽合芜蚌、江

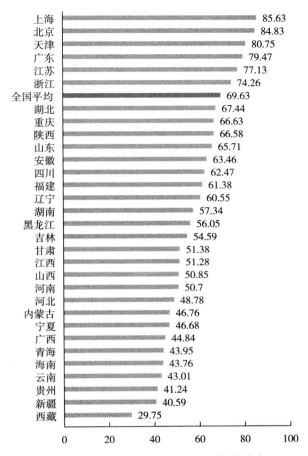

图 9-11 中国区域综合创新水平指数排序

资料来源:《中国区域创新能力评价报告 2018》。

西鄱阳湖、福建福夏泉、深圳高新区、广州珠三角、武汉东湖、湖南长株潭、重庆高新区、成都高新区、陕西西安、甘肃兰白、新疆乌昌石。自主创新示范区主要集中在配套设施较好、综合能力突出的东部沿海省份,其对进一步完善科技创新的体制机制,加快发展战略性新兴产业,推进创新驱动发展,加快转变经济发展方式等方面发挥了重要的引领、辐射、带动作用。据全国科技工作会议估算,2018 年,北京中关村、上海张江、广东深圳等自创区对当地 GDP 的增长贡献率均超过 20%。

(3)从城市群、经济带来看,京津冀、长江经济带等区域成为创新驱动经济发展增长极

北京、上海始终作为两大技术创新增长极;东部沿海地区在产业创新发展上的辐射带动作用日益突出;中部、西部地区关键省份立足本地特色,表现出加速

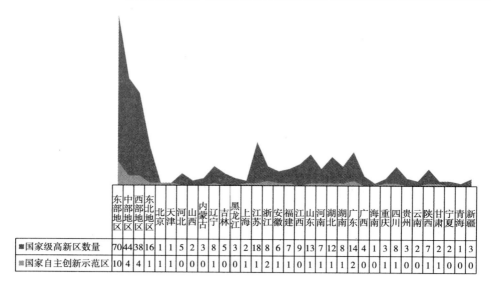

	东部地区	中部地区	西部地区	东北地区	北京	天津	河北	山西	内蒙古	辽宁	吉林	黑龙江	上海	江苏	浙江	安徽	福建	江西	山东	河南	湖北	湖南	广东	广西	海南	重庆	四川	贵州	云南	陕西	甘肃	宁夏	青海	新疆
■国家级高新区数量	70	44	38	16	1	1	5	2	3	8	5	3	2	18	8	6	7	9	13	7	12	8	14	4	1	3	8	3	2	7	2	2	1	3
■国家自主创新示范区	10	4	4	1	1	1	0	0	0	1	0	0	1	1	2	1	1	0	1	1	1	1	2	0	0	1	1	0	0	1	1	0	0	0

图 9-12　国家级高新区及国家自主创新示范区结构分布

资料来源：中华人民共和国科学技术部。

发展的态势；安徽、湖北、陕西等省份成为新亮点。中国多层次、优势互补、各具特色的创新格局初步形成。

京津冀科技协同创新发展取得较大成效。北京积极发挥知识、技术、人才、政策等优势，天津充分利用自身港口条件和工业基础，京津冀三方签署了一系列合作协议并成立了专项创新创业基金。总体来看，河北指数水平相比上年上升了 2 位；在具体指标上，河北科学研究和技术服务业行政固定资产比上年增长了 73.7%，地方财政科技支出比上年增长了 60.8%，占总支出的比重上升了 0.4 个百分点，输出和吸纳技术成交额分别上涨了 49.2% 和 26.8%。

长江经济带创新能力实现较大提升。江浙沪继续发挥龙头作用，依照《长江经济带创新驱动产业转型升级方案》，带动沿江 11 个省市从创新能力、产业布局、现代服务等方面发力，各地方取得了长足进步（见表 9-3）。

表 9-3　长江经济带沿线省市各项创新指标情况

创新能力指标	提升较大的沿江省市（增速排位）
地方财政科技支出占总支出	安徽（1）　湖北（5）　贵州（7）
有 R&D 活动的企业数	江西（1）　贵州（4）　江苏（5）
科技活动产出	安徽（1）　湖南（3）　贵州（4）
高新技术产业化	湖北（3）　安徽（6）　浙江（7）

资料来源：《中国区域创新能力评价报告 2018》。

政府和企业创新投入快速增长，安徽、湖北、贵州、重庆等地方财政支出占总支出的比重上升较大；科技意识普遍加强，安徽、湖南和湖北有 R&D 活动的企业数在当年排位中位列第 5、7 和 8 位，而江西、贵州和江苏等地有 R&D 活动的企业数增长迅速；创新成果对经济驱动成效明显，安徽、湖南等地投入—产出效率改善可观，同时高新技术产业化进程加快，湖北、安徽、湖南等 6 个地区的高新技术产业增加值占全国比重超过了 20%。

　　然而，《报告》中的数据也反映出中国综合创新环境与创新推动作用在区域层面上还存在一些突出矛盾，制约了未来经济的进一步健康走向，需要有的放矢、逐个击破。

　　第一，区域人力资源综合环境有待改善，相关人才待遇存在地域差距。据统计，有 23 个省份在人力资源环境评价分值上降低，北京、天津与往年保持不变，仅有东北三省和陕西、湖北、重庆的相关情况有所改善，但上升力度不大（见图 9-13）。另外，科研创新人员平均工资在地区间差异较大，且较多省份工资待遇呈下降趋势：有 22 个地区低于全国平均水平，有 19 个地区评价值增量为负值（见图 9-14）。

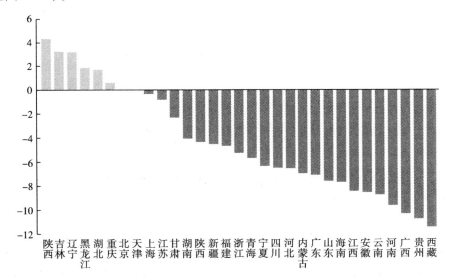

图 9-13　科技人力资源环境评价值增量

资料来源：《中国区域创新能力评价报告 2018》。

　　第二，地方政府发挥资金投入和政策引导的主体功能渐弱。有 20 个省份的地方 R&D 财政支出占总支出的比重呈下降趋势，特别是北京、天津这两个在全国和区域间应发挥辐射带动主体作用的地区，相应水平值跌落幅度过大，居倒数第 1 位、第 2 位（见图 9-15）。

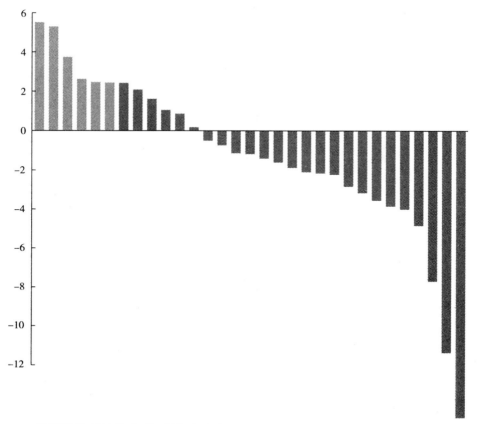

图9-14　科学研究和技术服务业平均工资比较系数评价值增量

资料来源：《中国区域创新能力评价报告2018》。

　　第三，企业技术获取和技术改造活动发展势头有所削减。企业技术获取和改造经费支出下降明显。其中，企业引进技术经费支出下降的有20个地区，企业消化吸收经费支出下降的有24个地区，企业改造经费支出下降的有22个地区，企业购买国内技术经费支出下降的有17个地区，企业技术获取和技术改造经费支出占主营业务收入比重下降的有26个地区（见图9-16）。

　　第四，区域创新促进经济社会发展的推动力后劲不足。从"创新—经济"协同关系来看，发达地区仅有上海、广东两个省份，以及安徽、河南、湖南、青海的区域创新活动与经济社会发展的吻合程度有所提升，而其余25个地区的评

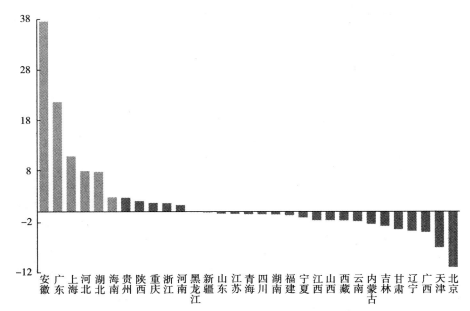

图 9-15 地方财政 R&D 支出占总支出比重的评价值增量

资料来源：《中国区域创新能力评价报告 2018》。

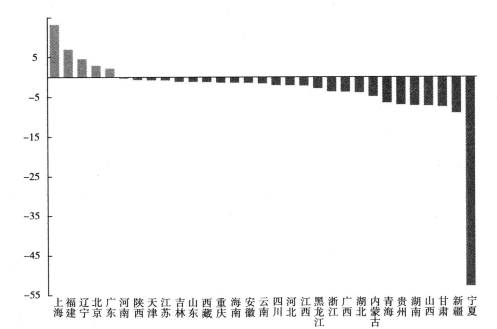

图 9-16 企业技术获取和技术改造经费支出占主营业务收入比重的评价值增量

资料来源：《中国区域创新能力评价报告 2018》。

价值皆有所下降。同时需要注意的是，从中国整体来看，科技创新推动经济社会发展的水平值也相比往年下降了0.34，这表明中国目前创新系统与经济社会的耦合协调关系仍有待巩固（见图9-17）。

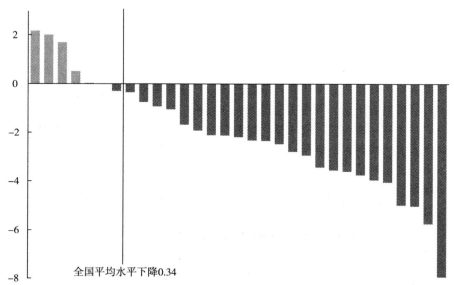

图 9-17　创新促进区域经济社会发展评价值增量

资料来源：《中国区域创新能力评价报告 2018》。

9.3　中国区域创新与经济发展的协同态势评估

为了方便比对中国区域创新与经济发展的协同态势，我们进一步将区域科技活动投入指数与科技活动产出指数、科技活动投入指数与科技促进经济社会发展指数、科技活动产出指数与科技促进经济社会发展指数，以及高新技术产业化水平指数与高新技术产业化效益水平指数予以比对，以期分别从"创新投入—产出转换效率""创新投入对经济贡献度""创新产出对经济贡献度"以及"高新技术产业化效率"四类角度予以分析。本节图中实线为相关指数的全国平均值，由此可将关系图划分为四个象限，方便进行全局性分类探究。

从创新投入—产出转换效率的角度来看，二者基本呈现线性正相关关系。从象限关系来看，首先，中国仅有北京、上海、天津 3 个直辖市的创新投入、产出情况皆优于全国平均水平，有 23 个省份位于"双低"象限内；其次，除了北上津外，其余地区的科技活动产出指数皆未超过全国平均水平；最后，东部地区的广东、江苏、浙江、山东及安徽地区的科技投入超过了全国平均线，但产出值却低于全国平均水平（见图 9-18）。

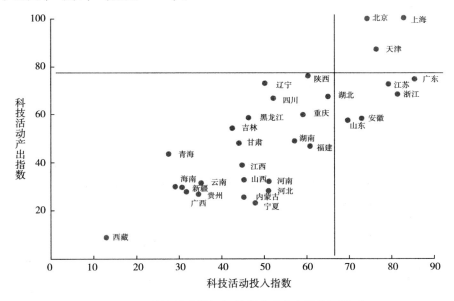

图 9-18　科技活动投入与科技活动产出的协同关系

资料来源：《中国区域创新能力评价报告 2018》。

综上所述，中国区域创新投入—产出转换效率整体亟待优化，且大多数区域面临创新综合投入不足的问题，未来应加大相关活动的资助力度。

从创新投入对经济贡献度的角度来看，二者基本呈现线性正相关关系。从象限关系来看，广东、上海、北京、浙江、江苏的创新投入对促进经济社会的转换贡献超过了全国平均水平，其余地区由于创新投入不及上述地区，经济社会指数评价较低，但整体呈现较强的关联关系。另外，山东、安徽和天津的创新投入力度较大，但对经济的拉动作用却相对有限，这表明应注重创新投入的经济有效性和效率（见图 9-19）。

从创新产出对经济贡献度的角度来看，二者基本呈现线性正相关关系。从象限关系来看，只有上海、北京的创新产出高效地转换为拉动经济社会发展的动力，其余 29 个地区的产出转换效率仍有待提升（见图 9-20）。

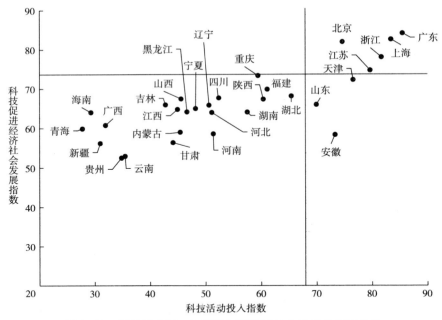

图9-19 科技活动投入与科技促进经济社会发展的协同关系

资料来源:《中国区域创新能力评价报告2018》。

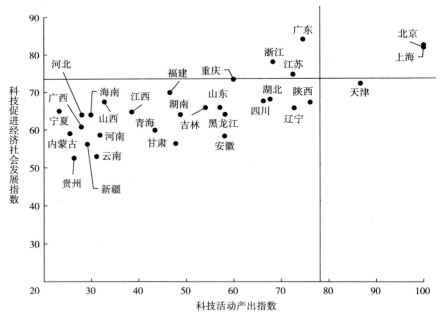

图9-20 科技活动产出与科技促进经济社会发展的协同关系

资料来源:《中国区域创新能力评价报告2018》。

此外，与前述问题类似，天津创新产出同样超过了全国平均水平，但促进经济社会发展的评价值勉强接近全国平均水平。这说明天津未来在创新活动投入、实施和转换层面都需特别注意效率问题，应深入思考如何实现创新对生产力和生产关系的真正解放。

从高新技术产业化效率角度来看，二者并未呈现明显线性关系，这表明高新技术产业化实现水平的高低并不是相关产业运行效率优劣的充分要条件。从象限关系看，除了少数几个欠发达地区，其余省份高新技术产业效益指数皆高于全国平均水平（共 26 个），且其中 18 个地区是在产业化水平低于全国平均水平的情况下实现的，这表明中国各区域高新技术产业运营状态和管理体制较好，未来应总结经验，取其精华，继续在关系民生发展、国家命脉和未来前景的高新技术领域深化改革，以取得进一步突破（见图 9-21）。

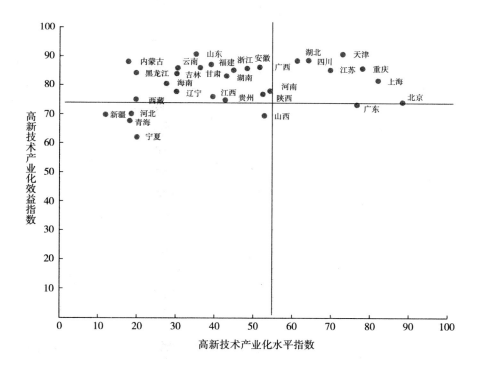

图 9-21 高新技术产业化水平与高新技术产业化效益的协同关系
资料来源：《中国区域创新能力评价报告 2018》。

总之，从上述定性数据来看，中国创新活动整体呈现蓬勃态势，在区域间和各主体间还存在差距较大、后劲不足等问题。从区域创新与经济发展协同关系来看，总体而言，东部发达地区的创新投入—产出数量和效率、创新促进经济社会发展水平的协调度都较高，而其余地区仍有待优化，其中，中部、西部少数重点省份（如重庆、湖北）表现较为亮眼，体现了较大的发展潜力。

9.4　中国区域创新水平与经济发展的协同关系：经验证据

经过上两节的描述性分析，本节将采用面板 VAR 框架下的格兰杰因果检验，对区域创新与经济发展的关系做进一步定量分析，以期在经验层面论证上述相关认知。

9.4.1　变量说明和数据来源

参考曹裕和胡韩莉（2014）、王丽洁（2016）、刘程军等（2019），本书选择中国 30 个省级行政单位（港澳台除外，西藏异常值过多，故剔除）的各年专利授权数作为区域创新能力的表征；选择各地年人均地方生产总值（GDP）度量区域经济发展水平。将 30 个省份进一步划分为 4 大区域：东部地区（北京、天津、河北、山东、上海、浙江、江苏、福建、广东、海南，共 10 个），中部地区（山西、河南、安徽、湖北、江西、湖南，共 6 个），西部地区（内蒙古、新疆、陕西、重庆、四川、青海、宁夏、贵州、甘肃、云南、广西，共 11 个）和东北地区（黑龙江、吉林、辽宁，共 3 个）。相关数据时间长度为 2000~2017 年，数据来源于《中国统计年鉴》《中国科技统计年鉴》。

9.4.2　模型构建和计量方法

建立面板 VAR 计量模型如下：

$$\ln Y_{it} = \alpha_0 + \sum_{p=0}^{P} \beta_p \ln Y_{it-k} + \gamma_i + \tau_t + \varepsilon_{it} \tag{9-1}$$

其中，i 为地方个体，t 为时间，p 为滞后阶数；$Y_{it} = \{\ln GDP_{it}, \ln PAT_{it}\}$，$\ln GDP_{it}$，$\ln PAT_{it}$ 分别为地区人均 GDP 和地区专利授权数，为消除异方差和保证变量呈线性变换，皆取对数；α_0 为截距项，γ_i 为捕捉相关变量可能存在的个体异质性，τ_t 为时间趋势，ε_{it} 为随机扰动项。

9.4.3　实证结果和主要结论

（1）面板单位根检验

需判断各面板序列的平稳性，故对 $\ln GDP_{it}$、$\ln PAT_{it}$ 分全国及四大区域进行单位根检验（见表9-4）。

表 9-4　面板 VAR 单位根检验

	变量	t 统计值			平稳性
		原始	一阶差分	二阶差分	
全国	lnGDP	1. 3208 (0. 9067)	-5. 9081*** (0. 0000)	—	1 阶平稳
	lnPAT	-2. 1905** (0. 0142)	—	—	0 阶平稳
东部地区	lnGDP	-6. 9386*** (0. 0000)	—	—	0 阶平稳
	lnPAT	-3. 0763*** (0. 0000)	—	—	0 阶平稳
中部地区	lnGDP	2. 8235 (0. 9976)	-9. 4114*** (0. 0000)	—	1 阶平稳
	lnPAT	2. 2825 (0. 9888)	-1. 4513* (0. 0733)	-4. 3437*** (0. 0000)	1 阶平稳（α=10%） 2 阶平稳 （α=1%）
西部地区	lnGDP	1. 4813 (0. 9307)	-2. 5758*** (0. 005)	—	1 阶平稳
	lnPAT	0. 0326 (0. 5130)	-2. 3862*** (0. 0085)	—	1 阶平稳
东北地区	lnGDP	-0. 1510 (0. 4400)	-5. 6997*** (0. 0000)	—	1 阶平稳
	lnPAT	-0. 0437 (0. 4826)	-2. 2471*** (0. 0123)	—	1 阶平稳

注：①括号内为 P 值，*、** 和 *** 分别代表 10%、5% 和 1% 的显著性水平；②原假设 H_0：面板数据存在单位根。

因此，根据单位根检验并辅助 AIC 信息准则进行判断，全国 lnGDP 为 I (1)，lnPAT 为 I (0)；东部地区的二者皆为 I (0)；中部地区 lnGDP 为 I (1)，lnPAT 为 I (2)；西部和东北地区的相关序列皆为 I (1)。总体来说，皆呈现较良好的低阶平稳特性。

（2）面板 VAR 模型估计

在确定各序列平稳性情况后，采用面板 GMM 估计 VAR 模型，选择滞后 1 阶回归（见表9-5）。

表 9-5　面板 VAR 模型估计

	因变量	一阶滞后自变量	
		DlnGDP	DlnPAT
全国	lnGDP	0.8685843 *** （0.000）	0.071159 *** （0.000）
	lnPAT	0.4587275 ** （0.043）	0.0961874 （0.152）
东部地区	lnGDP	0.7519429 *** （0.000）	0.066915 * （0.066）
	lnPAT	1.013583 ** （0.023）	0.0746518 （0.582）
中部地区	lnGDP	0.7871908 *** （0.000）	0.0948811 * （0.058）
	lnPAT	0.6922053 （0.103）	0.3121491 ** （0.018）
西部地区	lnGDP	0.9767886 *** （0.000）	0.0921098 *** （0.001）
	lnPAT	−0.0072763 （0.985）	0.0058996 （0.949）
东北地区	lnGDP	0.9343692 *** （0.000）	−0.0675148 （0.528）
	lnPAT	0.5093242 （0.193）	0.1533498 （0.339）

注：括号上为估计系数，括号内为 P 值；＊、＊＊和＊＊＊分别代表 10%、5% 和 1% 的显著性水平。

　　在一阶滞后条件下，所有 VAR 系统皆平稳且包含显著系数。由结果可知，从全国整体来看，专利授权与 GDP 呈现显著的互为促进关系，但继续分解下去，各区域情况则有所差异——东部地区创新能力和经济发展有着较好的协同效应，而在中部、西部地区表现为创新活动推动了经济增长，值得注意的是中部地区的估计系数是最大的。但反过来，中部、西部地区的经济发展并未有效地促进创新产出。东北地区的创新水平与经济发展间并无显著联系。

　　（3）格兰杰因果检验

　　最后，以上述一阶滞后 VAR 模型为基础，进行创新能力与经济发展之间的格兰杰因果检验。在这一检验中，原假设为箭头左边不是箭头右边的格兰杰原因（即 A→B 中，A 不是 B 的格兰杰原因）（见表 9-6）。

表 9-6 格兰杰因果检验

	检验方向	统计值
全国	DlnPATDlnGDP	12.529 *** (0.000)
	DlnGDPDlnPAT	4.098 ** (0.043)
东部地区	DlnPATDlnGDP	3.389 * (0.066)
	DlnGDPDlnPAT	5.131 ** (0.023)
中部地区	DlnPATDlnGDP	3.590 * (0.058)
	DlnGDPDlnPAT	2.665 (0.103)
西部地区	DlnPATDlnGDP	12.048 *** (0.001)
	DlnGDPDlnPAT	0.000 (0.985)
东北地区	DlnPATDlnGDP	0.398 (0.528)
	DlnGDPDlnPAT	1.691 (0.193)

注：①括号内为 P 值，*、** 和 *** 分别代表 10%、5% 和 1% 的显著性水平；②原假设 H_0、AB 中，A 不是 B 的格兰杰原因。

结果与 VAR 回归相似。全国范围内，专利授权在 1% 的显著性水平上是 GDP 的格兰杰原因，GDP 在 5% 的显著性水平上是专利授权的格兰杰原因；类似地，东部地区的创新能力与经济发展呈现双向格兰杰原因；中部和西部地区表现为创新对经济发展的单向格兰杰关系，其中西部地区的相关关系更强；创新活动和经济发展在东北地区则并不存在格兰杰关系。

综上所述，结合面板 VAR 模型和格兰杰因果检验等经验性证据，可以进一步佐证本章前述观点。近年来，中国创新活动已迈上一个崭新台阶，对经济的贡献和协同态势越发向好；在培育地方优势增长极上，东部地区率先在创新驱动型增长上实现突破，继续发挥"领头羊"作用。然而，我们也不能忽略区域层面上存在的问题，主要表现为中部、西部地区的经济发展并未较好地带动区域创新水平，这说明其创新能力的提升很可能依赖于大规模的外部投入和政策刺激，而非内化协同于自身的经济增长。另外，东北地区的创新发展与经济活动之间并未产生良好的协同互促关系，两类系统耦合协调能力差，这说明其地方经济发展方式亟待优化升级，背后更深层次的壁垒障碍仍需破解。

9.5　主要结论

通过上述分析发现，尽管中国整体上在创新综合领域取得了较大进步，但在区域层面仍存在许多突出问题，制约了创新活动与经济活动的相互配合与协同共进。当前，应聚焦国家区域发展战略，推动区域创新能力和竞争力的整体提升，优化区域创新布局，打造区域经济增长极。为此，应做到以下几点：

第一，从区域创新主体结构来看，要激发各主体活力，充分发挥企业的技术创新、科研院所的知识创新和政府部门的制度创新主体作用，特别是要强调充分发挥市场在创新资源配置和成果应用上的主导功能。

探索市场化的区域创新体系发展模式。要重视市场推动区域创新体系发展的重要作用，鼓励企业或民间中介组织主导构建新型区域创新体系，由创新体系的受益者支付必要的创建费用。

企业作为区域创新系统的关键主体和地方经济增长的中坚力量，要转变经营发展思路，逐步从仅关注短期现金流和利润转向注重中长期创新能力的培养。为此需做到以下几个方面：一是保障本企业每年足够的创新和研究投入，可根据自身情况设定浮动方案，特别是在产品迭代速度快、技术和市场环境变迁的行业内尤其重要；二是始终以人才为本，可通过设计股权激励方案、完善薪酬增长制度、培育企业优秀文化、优化工作环境等方式吸引和留住人才；三是加强知识产权和技术交流意识，一方面要鼓励自主创新和因地制宜，另一方面要抓住机会向发达地区的成熟产业学习取经。

同时，针对目前政府主体功能趋弱的问题，地方政府应做好协调支持和政策帮扶工作，比如，可考虑通过购买服务等方式支付创新体系创建主体的相应费用，在创新基础设施建设、科技平台建设、科技专项攻关等方面给予适当的政策倾斜等，为保持渠道畅通，激发创新活力疏通障碍。

第二，从区域创新发展模式来看，各地方要立足地方优势特色，聚焦自身特定问题，构建各具特色、开放包容的多层次新型区域创新发展格局，避免同质化、偏离实际的无序竞争，提升创新投产转换效率。

改革开放早期至20世纪90年代的"区域大战"不仅催化出"假冒伪劣"商品泛滥等社会问题，还造成了资源配置低效、市场调节作用受阻、区际产业发展趋同等一系列矛盾。以古鉴今，结合当前各区域特点与实际，地方各主体应做到取长补短。

从四大区域优劣势来看，东部地区应把握优势，继续注重提高原始创新和集成创新能力，全面加快向创新驱动发展转型，培育具有国际竞争力的产业集群和区域经济。借助强大的虹吸效应和资金实力，可进一步对基础性研究、高层次人才培养等周期较长但社会经济效益巨大的创新投资活动加大支持，打造一系列"基础研究中心""高等教育大学城""顶尖高新产业综合园区""创新创业孵化基地"。

中部、西部地区可以走差异化和跨越式发展道路，柔性汇聚创新资源，在重点领域实现创新牵引，培育壮大区域特色经济和新兴产业。特别是几个重点省份，如重庆、湖北、安徽等，在近年来打造特色优势产业上表现出众，潜力巨大，地方政府和区域联盟可考虑集中政策、资金、人才等资源，助力几个增长极的出现，再逐步带动区域内其他地方实现协同发展。其中，重点要转变经济发展和创新增长思路，不能再靠外部刺激的方法，而是应该努力使创新内生于经济中，如放宽户籍准入标准，加大人才保障和科研支持力度，等等。

东北地区要抓住政策扶持和基础工业优势，加快优化区域创新综合环境，带动区域产业结构转型升级。该区域问题较为复杂突出，创新与经济协同度欠佳，背后不仅反映的是创新活动或经济增长的乏力，更映射出该区域深刻的制度障碍和系统性矛盾。据此，地方要把握好顶层和区际的政策利好和资源帮扶，一方面要"对症下药"：在改善区域经营创新环境、吸纳熟练劳动力和防止人才外流等方面加大努力；另一方面更要"深化改革"：破解阻碍地方创新经济活动的思想障碍、制度障碍和人为阻碍。

第三，从区域间协同联动机制来看，要勇于打破行政区划和时空布局等约束，支持构建超越地域、无边界的新型区域创新体系网络，推动区际知识学习、技术交流和市场扩展等活动不断深化。

发挥地方政府在沟通合作，加强联系上的主体协调作用，支持构建跨区域创新网络。一方面改造区域内系统网络，将各类创新主体、中介组织、创新平台、孵化空间、产业化载体等连接起来，形成一个不同主体互动、共享、合作的创新平台网络；另一方面改造区域间网络关系，规划建设连接全国乃至全球创新节点的创新网络平台，与国内外先进的科技创新中心实现互联互通，促进创新网络不断向外延展。

比如，京津冀、长江经济带两大区域应各自把握国家战略机遇，中短期内注重提升区域科技创新能力，打造区域协同创新共同体；长期来看，最终目标要统筹和引领区域的综合一体化发展，不仅是在创新协同层面，在经济发展和产业配套，再到居民互联、医疗保障、教育共享等方面也应加强联系。为此，各个机构间的沟通和政策制度的优化必不可少。

在城市层面，北京、上海等地区应继续发挥优势，建成具有全球影响力的科技创新中心。深圳、广州应抓住粤港澳大湾区机遇，利用自身对外窗口的区位优势，在技术和人才引进、创新成果高效转换等方面发挥示范带头作用。

10 全方位对外开放与中国经济增长

中华人民共和国成立以来，中国贸易开放程度不断提高，突出表现在贸易额的增长速度上。1950年中国进出口总额只有11.3亿美元，到2018年中国进出口总额增加到46224.2亿美元，增长速度堪称惊人，其中，出口总额由1950年的5.5亿美元增加到2018年的24668.8亿美元，进口总额由1950年的5.8亿美元增加到2018年的21357.3亿美元，贸易差由1950年的贸易逆差0.3亿美元变为2018年的贸易顺差3518亿美元。中华人民共和国成立初期，中国进出口贸易额只占国民生产总值的4%，而到2018年进出口贸易总额占国民生产总值增加到33.8%，贸易开放成为经济增长的发动机。

10.1 中国对外开放历史演变与现状

中华人民共和国成立以来，中国的对外贸易在曲折中前进，虽然经历了大起大落，但是中国还是顶住了压力，保持了快速增长。

10.1.1 1949~1977年：以行政指令为主

（1）国民经济恢复时期（1949~1957年）：打破资本主义"封锁"

中华人民共和国刚刚成立的初期，主要的资本主义国家对中国进行"封锁""禁运"，在这样恶劣的外部环境下，中国通过加强与苏联和东欧社会主义国家的贸易联系，逐渐促使中国经济的不断恢复和发展。周恩来总理也在多个场合强调，"不能关起门来搞建设，关起门来搞建设是行不通的，需要建立一个完整的工业体系，就需要扩大同其他国家的贸易联系，并且需要苏联和人民民主国家的援助"。

国民经济恢复时期中国主要是与苏联及东欧开展对外贸易，1955 年中国对苏联和东欧的出口额分别占出口总额的 47.4% 和 17.4%，中国从苏联和东欧的进口额分别占进口总额的 64.5% 和 13.3%，可见在中华人民共和国成立不久时，中国的对外贸易主要是对社会主义国家展开的。中国的其他出口市场主要是中国港澳地区、日本、东南亚、西欧，对加拿大、澳大利亚、非洲的出口份额都较小；中国的其他进口市场主要是西欧、中国港澳地区、非洲，其中中国从西欧进口份额较大，占进口总额的 10.1%（见表 10-1）。

表 10-1 1955 年中国主要出口、进口市场的分布

	全部	中国港澳地区	日本	东南亚	西亚	东欧	苏联	西欧	美国	加拿大	澳大利亚	非洲	拉丁美洲
出口分布	100	8.8	4.1	2.5	0.1	17.4	47.4	6.3	—	0.1	0.1	0.5	—
进口分布	100	1.9	1.4	1.4	—	13.3	64.5	10.1	—		0.3	1.5	0.4

资料来源：沈觉人：《当代中国对外贸易》，当代中国出版社，2009。

中华人民共和国成立初期，中国出口商品的主要结构是中国出口大量的初级产品，在出口商品中初级产品约占全部出口产品的 79.4%，其中，食用和非食用原料占的比重较多，然而制成品的出口份额较小，只占出口总额的 20.6%；轻纺织品占的比重较多。从出口结构上我们能够看出，中国还是农业大国，虽然制成品也有一定的出口份额，但是大部分都是劳动密集型的轻纺织品。中国从 1953 年开始第一个五年计划，工业生产开始得到迅速发展，在第一个五年计划的末期，中国的出口结构发生了很大变化，其中初级产品的出口有了一定程度的下降，而制成品的出口所占份额有了一定程度的上升，占出口总额的 36.4%。同时我们也能看出，中国仍然没有改变以初级产品生产为主的格局，出口商品主要是食品等（见表 10-2）。

从表 10-2 中我们可以看出，中华人民共和国成立初期，中国进口商品主要是生产资料，占全部进口总额的 92.1%，生活资料所占比重较低，只占进口总额的 7.9%，中国的进口生产资料中，机械设备所占比重较大，约占全部进口总额的 56.6%，工业原料约占 33.7%，从 1952 年开始，中国从苏联和东欧国家进口技术和设备，这其中以苏联援助中国的 156 项重点工程为代表，苏联援助中国的这些项目中包括钢铁、有色金属、重型机器、汽车、航空、电力、石油、橡胶、木材等，还包括一些军工项目。

表 10-2 1953 年、1957 年中国出口、进口商品结构

	1953 年	1957 年		1953 年	1957 年
全部出口	100	100	全部进口	100	100
一、初级产品	79.4	63.6	一、生产资料	92.1	92
1. 食品	30.9	27.2	1. 机械设备	56.6	52.5
2. 非食用原料	33.3	28.3	2. 工业原料	33.7	34.6
3. 矿物燃料	0.8	1.1	3. 农用物资	1.8	4.9
二、制成品	20.6	36.4	二、生活资料	7.9	8.0
1. 化学品及有关成品	0.7	1.3			
2. 按原料分类的制成品	7.6	8.7			
3. 机械及运输设备	—	0.1			
4. 轻纺产品	12.3	26.3			

资料来源：同表 10-1。

1949~1957 年，中国积极与苏联、东欧等社会主义国家进行贸易，并开始同西欧一些国家开展国际贸易，中国逐渐从过去的贸易严重不平衡发展为贸易平衡，并且通过同苏联等国家的贸易，促使工业有了一定程度的发展，不断突破以美国为首的西方国家的"封锁""禁运"，得到了较快的发展。

（2）国民经济调整时期（1958~1965 年）：反复与波折

这一时期中国对外贸易出现了一些反复与挫折，对外贸易面临严重困难。从 1960 年开始，中国对外贸易额大幅度下降，1962 年进出口总额下降到 26.63 亿美元，比 1959 年减少了 39.2%，退回到 1954 年的水平。后来经过三年的调整，中国对外贸易逐渐走上了健康发展的轨道。

中国进出口结构在 1965 年发生了很大程度的变化，对苏联和东欧的进、出口额都出现了大幅下降，中国与西欧的进、出口额出现了很大程度的增加，这一时期西欧成为中国进出口贸易的主要市场，中国对外贸易的主要对象向资本主义国家和地区转移，中国从西欧的进口额占全部进口额的 20.7%，出口额占全部出口额的 17.0%。在此期间，一度中断的中日贸易又恢复和发展起来，1965 年的中日的总的进出口贸易额达到 21.5%，比 1963 年增长了 5 倍多，中国同澳大利亚、非洲、拉丁美洲、西亚的进出口贸易也有了长足的发展（见表 10-3）。

表 10-3　1965 年中国主要出口、进口市场的分布

	全部	中国港澳地区	日本	东南亚	西亚	东欧	苏联	西欧	美国	加拿大	澳大利亚	非洲	拉丁美洲
出口分布	100	21.0	8.6	7.8	2.8	7.3	9.9	17.0	—	0.7	0.9	5.5	5.1
进口分布	100	0.8	12.9	3.2	1.9	6.3	9.2	20.7	—	6.2	10.5	6	11

资料来源：同表 10-1。

　　我们通过分析中国进出口商品结构的变化发现，出口商品中初级产品的比重有所下降，制成品的比重上升较快，为了尽快从苏联撕毁合约的损失中走出来，中国加大了对西欧、日本的贸易，为了迎合这些国家的需求，出口商品的品种、品质等有了很大的改变，比如，1963 年出口纺织品增加了 840 多种，轻纺织品的出口比重较大，虽然中国出口制成品的比重有所提升，但是中国的对外贸易还是较大程度上依赖初级产品。

　　这一时期，中国的进口商品结构发生了较大程度的变化，由于苏联背信弃义撕毁合约，中国大部分的项目都被搁浅，机械设备的进口额呈现较大程度的下降，从 1953 年的 56.6% 下降到 1965 年的 17.6%，由于 1959~1961 年中国经历了严重的自然灾害，中国从国外进口了大量的粮食，致使生活资料的进口出现了很大的上升，从 1953 年的 7.9% 上升到了 1965 年的 33.5%，在进口的生产资料中，工业原材料的变化不大，还保持在 40% 左右（见表 10-4），虽然苏联对中国的石油、钢材进口开始进行限制，但是中国从西方国家进口的化纤、纸浆等原材料出现大幅度上涨。经历了三年自然灾害，中国大力发展农业生产，为支援农业建设，中国进口的农用物资有所增长。

表 10-4　1965 年中国出口、进口商品结构

	1965 年		1965 年
全部出口	100	全部进口	100
一、初级产品	51.2	一、生产资料	66.5
1. 食品	31.1	1. 机械设备	17.6
2. 非食用原料	15.1	2. 工业原料	40.1
3. 矿物燃料	3.1	3. 农用物资	8.8
二、制成品	48.8	二、生活资料	33.5
1. 化学产品和有关的成品	2.3		
2. 制成品（按原料分类）	7.8		
3. 机械、运输设备	7.6		
4. 轻纺产品	31.5		

资料来源：同表 10-1。

在国民经济调整时期，中国的对外贸易出现了不断的反复和波动，但是中国顶住压力，1965 年进出口总额为 42.45 亿元，出现了较大幅度的上升，中国国际收支不仅保持了收支平衡，而且中国在 1964 年底还清了苏联的贷款，与 100 多个国家和地区建立了贸易关系。

（3）"文化大革命"时期（1966～1976 年）：停滞/下降—较快发展—再趋回落

"文化大革命"时期中国进出口总额出现了较大的波动，中国的对外贸易受到严重的干扰和破坏，已经建立起来的一大批出口商品基地被迫停办，技术引进工作也被迫中断，中国的进出口贸易自 1967 年开始出现停滞/下降，1969 年的进出口贸易总额为 40.3 亿美元，比 1966 年的 46.2 亿美元下降了 13 个百分点，下降幅度较大。1970 年，中国对外贸易形势好转，陆续恢复了出口商品生产综合基地，中国的进出口贸易总额上升到 45.9 亿美元，达到"文化大革命"前的贸易水平，到 1975 年进出口贸易总额达到 147.5 亿美元，增长了 3 倍。中国先后与加拿大、意大利、澳大利亚、比利时、日本、欧盟、美国建立了贸易关系。但是，中国的对外贸易额在 1976 年有一定幅度的下降，1976 年进出口贸易额降到 134.3 亿元，但是与 1966 年的进出口贸易相比，还是有了很大的上升（见图 10-1）。

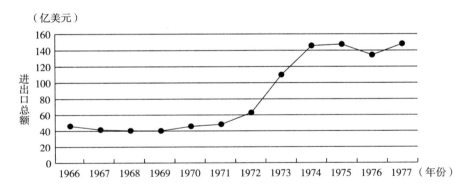

图 10-1 1966～1976 年中国的进出口总额

随着这一时期中国对外贸易关系的不断发展，中国与美国、日本的贸易关系不断改善，1975 年中国与美国的进出口贸易额出现较大幅度的上升，从"封锁"到出口额 1.7% 和进口额 6.1%，这是一个较大的突破。中国与日本的出口、进口额分别上升为 19.3%、31.9%。在这一时期中国的石油产业获得较大发展，原油成为中国对日本的主要出口商品；中国对西欧的进出口贸易业也不断增大，1975 年中国对西欧的出口额增长到 13.9%，进口额增长到 25.0%（见表 10-5）。

表 10-5　1975 年中国主要出口、进口市场分布

	全部	中国港澳地区	日本	东南亚	西亚	东欧	苏联	西欧	美国	加拿大	澳大利亚	非洲	拉丁美洲
出口分布	100	23.6	19.3	5.7	5.5	7.6	2.0	13.9	1.7	1.1	0.9	6.1	1.6
进口分布	100	0.4	31.9	1.7	2.5	6.5	3.2	25.0	6.1	4.5	5.3	2.9	4.0

资料来源：同表 10-1。

这一时期的主要变化是中国出口石油增加，1975 年中国石油出口约占全部出口额的 15%，但是仍然没有改变中国以出口初级产品为主的格局。同期，生活资料的进口呈现出较大的下降趋势，生活资料的进口还不足进口总额的 20%；生产资料进口到 1975 年达到了 85.4%，其中，工业原料和机械设备的进口都有很大程度的上升，而农用物资的进口出现了下降态势（见表 10-6）。

表 10-6　1970 年、1975 年出口、进口商品结构

	1970 年	1975 年		1970 年	1975 年
全部出口	100	100	全部进口	100	100
一、初级产品	53.5	56.4	一、生产资料	82.7	85.4
1. 食品	31.8	28.4	1. 机械设备	15.8	32.1
2. 非食用原料	17.4	11.2	2. 工业原料	57.4	45.7
3. 矿物燃料	2.8	15	3. 农用物资	9.5	7.6
二、制成品	46.5	43.6	二、生活资料	17.3	14.6
1. 化学品及有关成品	2.9	3.0			
2. 按原料分类的制成品	6.8	6.1			
3. 机械及运输设备	3.1	3.4			
4. 轻纺产品	33.7	31.1			

资料来源：同表 10-1。

10.1.2　1978 年至今：改革开放以来

党的十一届三中全会之后，中国的进出口总额呈现出不断上升的态势。邓小平南方谈话以后，中国对外贸易出现较大的增长；2001 年中国加入世界贸易组织，这对中国来说是一个千载难逢的机会，对外贸易增长势头较大；2008 年全球金融危机爆发后，中国对外贸易跌入低谷，但是随着中国中央政府的强有力领导，中国从 2010 年逐渐走出金融危机的阴霾，对外贸易增长较快（见图 10-2）。

（亿美元）

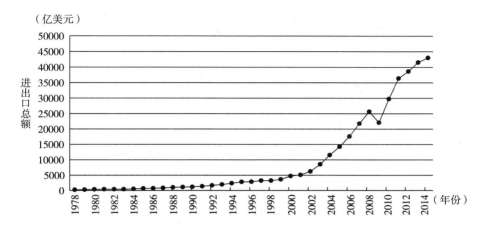

图 10-2 1978~2014 年改革开放以来中国进出口总额趋势

资料来源：《中国统计年鉴（2015）》。

（1）1978~1991 年：渐进式区域开放起步阶段

这一时期，中国对外开放进入渐进式区域开放起步阶段，根据邓小平"摸着石头过河"的策略，1979 年福建和广东由于其独特的区位优势，率先实行特殊政策，1980 年 5 月，中国决定在深圳、珠海、汕头、厦门建立经济特区，通过一系列的优惠政策，吸引外商投资，促进对外贸易发展。1984 年国家开放了 14 个沿海开放城市[①]；中国于 1985 年逐渐开放了珠江三角洲、长江三角洲和闽南三角地区；又于 1988 年逐渐开放了辽东半岛和胶东半岛，并且建立了海南经济特区；1991 年开放满洲里、丹东、绥芬河、珲春等北部口岸；同时中国还批准设置了一批特殊经济功能区和 11 个国家级经济开发区，建成了一批高新技术开发区，还在一些重要的港口设立保税区，以发展保税仓储、保税加工和转口贸易。

1978 年中国进出口总额只有 206.4 亿美元，到 1988 年达到 1027.8 亿美元，突破 1000 亿美元大关，增长了近 5 倍；中国在世界贸易中的份额也不断增加，1978 年中国出口总额仅占世界出口总额的 0.75，排名第 34 位，到 1991 年中国出口总额占全世界出口总额的 2.04，排名一跃升为第 13 位，增长速度较快。中国初级产品出口到 1988 年降为 35.6%，制成品的出口比重不断攀升，到 1988 年制成品的出口比重超过初级产品，达到 64.4%。在出口的制成品中，轻纺织品的出口比重较大，占 39.9%，这说明中国出口的商品多半是劳动密集型产品，附加值较低。在进口商品中，原材料所占比重较大，约占进口总额的一半，这反映了

---

① 天津、上海、大连、秦皇岛、烟台、青岛、连云港、南通、宁波、温州、福州、广州、湛江、北海。

中国进口需求的弹性较小，进口商品结构还需逐步调整，适当增加关键技术和设备在进口总额中的比重（见表10-7）。

表10-7　1980年、1985年、1988年出口、进口商品结构

	1980年	1985年	1988年		1980年	1985年	1988年
全部出口	100	100	100	全部进口	100	100	100
一、初级产品	53.4	54.2	35.6	一、生产资料	78.9	82.8	79.4
1. 食品	17.3	15.6	15.5	1. 机械设备	27.5	31.9	27.2
2. 非食用原料	10.2	9.2	9.2	2. 工业原料	44.1	46.6	45.6
3. 矿物燃料	25.1	28.3	9.9	3. 农用物资	7.3	4.3	6.6
二、制成品	46.6	45.8	64.4	二、生活资料	21.1	17.2	20.6
1. 化学品及有关成品	3.4	2.3	3.3				
2. 按原料分类的制成品	4.8	3.1	7.0				
3. 机械及运输设备	4.7	8.5	14.3				
4. 轻纺产品	33.7	31.9	39.9				

资料来源：同表10-1。

（2）1992~2000年：对外开放进一步扩大

邓小平南方谈话和党的十四大召开之后，中国对外开放进一步扩大，在这一时期，开放芜湖、九江、黄石、武汉、岳阳、重庆6个港口城市，并且批准设立长江三峡经济开发区，开放了一批陆地边境城市①和一批省会开放城市②；批准设立18个经济技术开发区③和25个高新技术产业开发区④；2000年中国实施西部大开发战略以来，中国逐渐扩大向西开放。

1992~2000年对外贸易虽然受到亚洲金融危机的影响而有所放缓，但是还保持了14%的增长速度，1994年中国进出口贸易总额达到2366.2亿美元，首次突破2000亿美元大关，到1997年进出口总额达到3251.6亿美元，突破3000亿美元，2000年继续攀登，达到4743.1亿美元，外贸依存度从1991年的33.4%增长

---

①　黑河、绥芬河、珲春、满洲里、伊宁、博乐、塔城、凭祥、东兴、畹町、瑞丽、河口、二连浩特、丹东。

②　合肥、南昌、南宁、长沙、郑州、石家庄、太原、呼和浩特、长春、哈尔滨、西安、兰州、银川、西宁、乌鲁木齐、成都、昆明、贵阳。

③　哈尔滨、长春、沈阳、营口、威海、昆山、杭州、萧山、温州、福清融侨、东山、惠州大亚湾、广州南沙、芜湖、武汉、重庆、北京、乌鲁木齐。

④　苏州、无锡（含宜兴环保工业园）、常州、佛山、惠州、珠海、青岛、潍坊、淄博、昆明、贵阳、南昌、太原、南宁、乌鲁木齐、包头、襄樊、株洲、洛阳、大庆、宝鸡、吉林、绵阳、保定、鞍山。

到 2000 年的 39.6%，外汇储备连续多年处于第 2 的地位。中国出口额在世界出口总额中的比重由 1992 年的 2.3%上升到 2000 年的 4%，在世界排名中也从第 11 位上升到第 7 位。中国抓住了机电产业向发展中国家转移的重大机遇，出口商品结构进一步优化。初级产品的出口比重进一步下降，从 1992 年的 22.5%下降到 2000 年的 10.2%，工业制成品的出口比重进一步上升，从 1992 年的 77.5%上升到 2000 年的 89.8%（见图 10-3）。

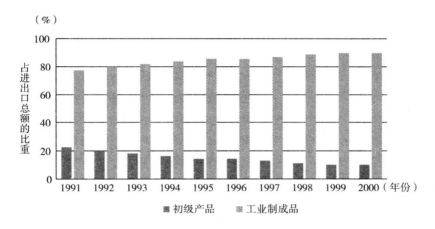

图 10-3　1993~2000 年出口商品结构

（3）2001~2007 年：对外贸易快速发展阶段

中国于 2001 年 12 月 11 日正式加入了世界贸易组织，这是中国对外贸易里程碑的时刻，标志着中国贸易开放进入崭新的阶段，中国与世界的经济联系更加密切了，对外贸易日益活跃。2001 年中国的进出口总额为 5096.5 亿美元，到 2007 年中国的进出口总额增加到 21738 亿美元，增加了近 4 倍，中国进出口总额排名从 2001 年的第 6 位上升到 2007 年的第 3 位，出口更是从第 6 位一下跃居到第 2 位。进出口商品结构持续优化。2001~2007 年初级产品的出口比重持续下降，从 2001 年的 9.9%下降到 2007 年的 5.1%，工业制成品的出口比重不断攀升，从 2001 年的 90.1%上升到 2007 年的 94.90%，在工业制成品的出口中，机电产品的出口比重不断上升，从 2001 年的 44.6%上升到 2007 年的 57.6%，高新技术产品出口由 2001 年的 17.5%上升到 2007 年的 28.6%（见图 10-4）。

（4）2008~2018 年：对外贸易逐渐回升

2008~2014 年的对外贸易有起有落，2008 年全球金融危机爆发，国际大环境发生变化，欧美等西方发达国家由于受金融危机影响，需求量减小，并且近年来贸易摩擦不断出现，因此 2009 年进出口总额出现下降，2008 年中国的进出口

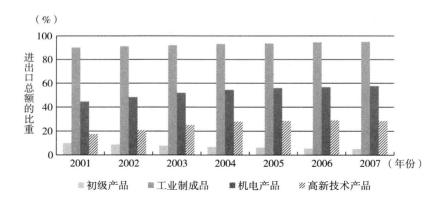

图 10-4　2001~2007 年中国出口商品结构

总额 25632.6 亿美元，2009 年下降为 22075.4 亿美元，出现了较大程度的下降，比 2008 年下降 13.9%。从 2010 年开始，对外贸易出现回升，但 2010~2014 年的增长速度较为缓慢。2016 年之后进出口总额呈现上升态势，对外贸易逐渐回升（见图 10-5）。

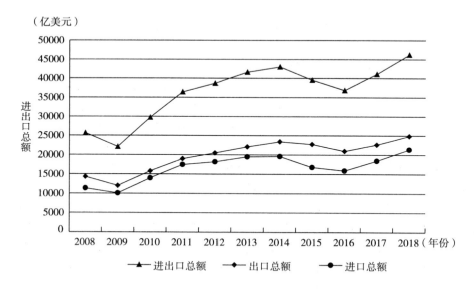

图 10-5　2008~2018 年中国对外贸易情况

10.2 全方位对外开放与经济增长

对外开放在很大程度上促进了地区的经济增长，其对劳动生产率和全要素生产率有显著的影响。大量的研究表明，发展中国家通过对外开放政策，实现了与发达国家之间的交流。对中国来说，改革开放所取得的成就更是有目共睹。

10.2.1 货物贸易不断扩大，结构与布局逐渐优化

中华人民共和国成立特别是改革开放以来，中国不断推进外贸体制改革创新，紧抓全球贸易快速发展的历史机遇，货物贸易实现跨越式发展，贸易结构持续优化，国际市场不断拓展，为经济社会发展做出了重要贡献。

货物贸易规模不断扩大，总量跃居世界第一。2001年中国加入世界贸易组织，对外贸易进入新的阶段，中国积极参与多边贸易体制下的经贸合作，贸易规模不断扩大。根据CPI平减指数进行计算（下同），2004年货物进出口总额突破1万亿美元，2014年突破4万亿美元，2018年货物进出口额达到4.2万亿美元。党的十八大以来，尤其是近年来面对美国的贸易摩擦，中国积极应对错综复杂的国际形势，加快培育外贸竞争新优势，货物贸易规模实现了新发展。图10-6描述了2004~2018年中国进出口总额情况。中国进出口总额总体上呈现上升趋势，虽然2008年全球金融危机爆发之后，进出口总额出现小幅度下降，但很快又恢复了上升态势，2016年开始，中国面临日益严峻的竞争环境，美国等西方国家对中国进行贸易限制，加之中国由高速增长转向高质量增长，增速放缓，尤其是2018年美国挑起的中美贸易摩擦都对中国进出口总额有较大的影响。

中国进出口额占世界比重不断提高。2001年中国加入世界贸易组织以来，货物贸易规模明显增长，相继超越英国、法国、德国与日本，2009年中国成为全球贸易第一大出口国和第二大进口国，到2013年，中国超越美国成为全球贸易第一大国。2018年，中国进出口总额占全球份额的11.8%，其中，出口占12.8%，进口占10.8%。从进出口总额占全球的比重来看，中国进出口总额占全球比重居第一位，随后依次是美国、德国、日本（见图10-7）。

分区域来看，东部地区进出口总额占全国进出口总额的比重一直以来的最高的，从发展趋势来看，东部地区占比呈现下降趋势，中部地区与西部地区上升态势较为明显，而东北地区的占比出现下降趋势，并且占比在四大区域中也是最低

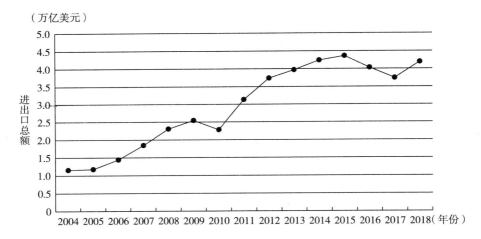

图 10-6　2004~2018 年中国进出口总额（价格平减）

资料来源：相关年份《中国统计年鉴》。

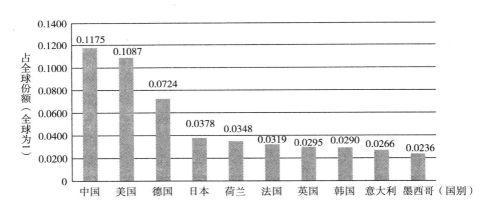

图 10-7　2018 年各国占全球进出口总额的比重（前十）

资料来源：世界贸易组织发布的《全球贸易数据与展望》。

的。东部地区依托沿海优势，在对外开放中发挥了巨大作用。2017 年，东部地区进出口总额为 33872 亿美元，比 1978 年增长了 434.2 倍，占全国比重由 37.7%提高到 82.4%，高居四区域之首。西部大开发战略实施以来，尤其是"一带一路"倡议提出以来，西部地区从原先的内陆腹地、祖国边陲转变为开放前沿、开放高地，西部地区的开放水平越来越高。中部地区抓住新一轮高水平对外开放机遇，积极参与"一带一路"建设，不断改善营商环境，对外开放水平显著提高。据统计数据显示，2013~2018 年，中部地区进出口总额由 2196 亿美元增长到 3140 亿美元，占全国外贸的比重从 5.3%上升到 6.8%（见图 10-8）。中部六省累积开行中欧班列 1700 多列，面向国际的世界物流中心正逐步形成。近年来东北地区对外开放发展较为滞后，营商环境亟待改善，2018 年，吉林与黑龙江对外开放水平低于全国平均水平，从 2017 年新增外资企业数量在全国的排序来看，辽宁列第 10 位、黑龙江列第 22 位、吉林列第 25 位。

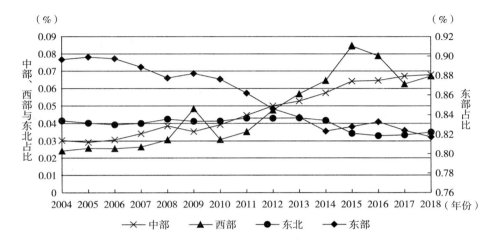

图 10-8　2004~2018 年四大板块进出口总额占全国的比重

资料来源：相关年份《中国统计年鉴》。

　　贸易商品结构逐渐优化，贸易伙伴日益多元。2018 年中国出口商品中高新技术产品所占比重为 30.0%，较 1999 年提升了 17.3 个百分点。出口商品结构的优化有力地提升了货物贸易发展的质量和效益。中国加入世界贸易组织以来，一般贸易占比逐渐提升，2010 年中国一般贸易进出口占进出口总额的比重超过 50%。自党的十八大以来，中国加快产业结构转型升级，不断提高在全球产业链中的地位，一般贸易占比迅速提升。2018 年，中国一般贸易进出口额为 2.7 万亿美元，占进出口总额的 57.8%，较 2012 年提升了 5.8 个百分点。2018 年，中国贸易伙伴数量由 1978 年的 40 多个发展到 230 多个；对欧盟、美国、日本和中国香港之外的贸易伙伴进出口占比达 57.7%。2001~2018 年，中国对东盟货物进出口额占总额的比重由 8.2% 提高到 12.7%，东盟已连续 8 年成为中国的第三大贸易伙伴。"一带一路"倡议提出以来，中国与共建"一带一路"国家和地区贸易关系日趋紧密。2013~2018 年，中国与共建"一带一路"国家和地区货物进出口额超 6 万亿美元，年均增长 4.0%，高于同期货物贸易整体增速，占进出口总额的比重为 27.4%。据世界银行统计，中国高技术产品出口占比不仅超过了世界平均水平，而且超过了高收入国家的水平。

10.2.2 服务贸易规模日益增长，地位不断攀升

服务贸易快速增长，在对外贸易中的重要性不断增强。与制造业相比，中国的服务业开放起步较晚，服务业开放水平有待提高。但是，随着近年来中国制造业结构调整，服务贸易迎来了新的发展，尤其是数字经济引领下的服务业与制造业的深度融合，为服务贸易向纵深发展提供了机遇。2018 年中国服务贸易额为7.9 万亿美元，同比增长 11.5%，并且连续 5 年居世界第 2 位。党的十八大以来，中国不断加快服务业开放步伐，积极推动服务贸易自由化和便利化，服务贸易在对外贸易中的地位明显提高。服务贸易不仅正在成为推动中国对外贸易高质量发展的新引擎，而且为全球贸易结构转型和世界经济发展注入了新活力（杨丹辉，2019）。从服务贸易差额来看，服务贸易出口总额与进口总额的差额越来越大，中国服务业在全球的地位将不断提高（见图 10-9）。

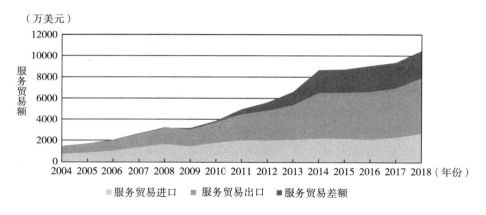

图 10-9　2004~2018 年中国服务贸易情况
资料来源:《中国统计年鉴（2019）》。

服务贸易结构持续优化，新兴服务贸易加速发展。2018 年，知识密集型服务业的进出口总额为 1.7 亿元，占服务贸易进出口总额的比重为 32.4%，比上一年提升了 2.5 个百分点；旅行、运输和建筑业三大传统服务业进出口总额为 3.3 万亿元，占进出口总额的比重为 64.4%，比上一年下降了 2.2 个百分点；知识产权使用费进口额为 0.2 万亿元，出口为 368 亿元。这些数据表明中国仍然对高端生产性服务需求旺盛。与此同时，中国高端生产性服务出口竞争力也在不断提升。

服务业开放格局进一步优化，开放市场主体多元化趋势明显。2015 年 2 月，国务院印发了《关于加快发展服务贸易的若干意见》，同年 8 月，国务院建立了

国务院服务贸易发展部际联席会议制度。2016 年中国在 15 个省份率先启动了服务贸易创新发展试点工作，试点地区主动创新、先行先试，出台新政策，探索新路径，服务贸易新业态、新技术、新模式不断涌现。2018 年 6 月，服务贸易开放的五大举措基本落地，与此同时推进了 31 个服务外包示范城市①，并且建设了 13 个国家文化出口基地②，这些示范城市、文化基地与自贸试验区、北京服务业扩大开放综合试点协同发展，逐步形成了全面推进服务贸易对外开放的体系。截至 2018 年，中国与世界 200 多个国家和地区逐渐建立了服务贸易往来，2018 年中国与共建"一带一路"国家和地区的服务进出口总额达到了 1217 亿美元。近年来，中国分别与中东欧国家和金砖国家签订了《中国-中东欧国家服务贸易合作倡议》《金砖国家服务贸易合作路线图》，并且已经和 14 个国家建立了服务贸易双边合作机制。

东部地区服务贸易进出口规模不断扩大，服务贸易集中于东部地区。东部地区 11 个省份的服务贸易进出口总额达到 45037.6 亿元，东部地区服务贸易进出口额占全国的比重为 86.6%，其中，上海、北京与广东服务贸易进出口额均超过了万亿元，位于全国前 3 名，而中西部地区服务贸易进出口总额为 6952.4 亿元，增长 4.8%，中西部地区进出口额占全国的比重为 13.4%。从数据来看，中国服务贸易主要集中于东部地区，中西部地区占比较低。

10.2.3　利用外资规模不断扩大、结构不断优化，利用效率不断提高

利用外资规模不断扩大。加入世界贸易组织之后，中国实施互利共赢的开放战略，加快了与国际的接轨步伐。党的十八大以来，中国积极营造公平、透明、便利的投资环境，营商环境得到长足发展，区域开放布局不断优化，利用外资水平进入前所未有的高速发展阶段。2018 年中国实际利用外资额为 1349.66 亿美元，2004 年为 640.72 亿美元，2018 年是 2004 年的 2 倍多（见图 10-10）。

外资结构、区域布局不断优化。近年来，随着中国全方位对外开放水平的提高，中国利用外资的质量和水平不断提高，投资来源地多元化、产业结构不断优化、区域布局更加合理。从投资来源地来看，随着开放程度的不断加深和经济全球化的不断发展，利用外资的投资来源地已经遍布全球 200 多个国家和地区。

---

① 南京市、苏州市、无锡市、南通市、镇江市、大连市、沈阳市、深圳市、广州市、哈尔滨市、大庆市、济南市、青岛市、杭州市、宁波市、厦门市、福州市（含平潭综合实验区）、北京市、天津市、上海市、重庆市、武汉市、成都市、西安市、合肥市、南昌市、长沙市、长春市、郑州市、南宁市、乌鲁木齐市。

② 北京天竺综合保税区、上海市徐汇区、江苏省无锡市、中国（浙江）影视产业国际合作区、安徽省合肥市蜀山区、山东省淄博市博山区、湖南省长沙市、广东省广州市天河区、四川省自贡市、云南省昆明市、西藏文化旅游创意园区、西安高新技术开发区、中国（福建）自贸试验区厦门片区。

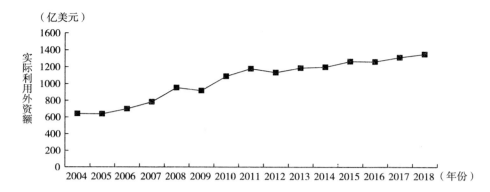

图 10-10　2004~2018 年中国实际利用外资额

资料来源：《中国统计年鉴（2019）》。

2018 年外商直接投资主要来源于亚洲、欧盟、北美及部分自由港地区，其中，实际投资额排名前 3 位的是中国香港、新加坡和英属维尔京群岛，占总投资额的比重分别为 66.6%、3.9% 和 3.5%。从投资领域来看，利用外资质量不断提高，2004 年制造业利用外资额占比为 70%，制造业为利用外资的主要领域，2018 年制造业利用外资占比下降到 30%，外商投资利用领域扩展到信息、金融、批发零售和住宿餐饮等第三产业，目前第三产业已占主导地位，2018 年在服务业领域新设立的外商投资企业个数为 5.3696 万家，占比达到 88.7%，实际利用外商直接投资额为 919 亿美元，占比达到 68.1%。从外商投资的区域布局来看，中国利用外资的区域分布主要集中在东部地区，2018 年东部地区利用外商投资额为1154 亿美元，占全国利用外商投资额比重的 85.5%，中部和西部地区实际使用外资基本保持一样的水平，占比均呈现出进一步提升的态势，增速分别为 17.9%和 20.4%，中部和西部地区分别高出 2018 年全国增速 14.9 个和 17.4 个百分点。

营商环境持续改善。近年来，中国不断改进营商环境，为吸引外商投资提供优良的营商环境，尤其是党的十八大以来，坚持"放管服"改革，不断提高政务服务水平，简政放权不断深化，外资市场准入不断放宽，市场活力得到前所未有的提高。根据世界银行发布的《营商环境报告》，中国营商环境在 190 个经济体中的排名不断靠前，从 2013 年的 96 位上升到 2018 年的 46 位，增长幅度在全球经济体中排名前 10，首次进入前 50 的序列。

10.2.4　对外投资规模不断扩大，市场主体呈多元化

对外投资规模持续攀升。2002 年，党的十六大明确提出了"走出去"的战略，中国对外开放进入"引进来"和"走出去"并重的阶段，对外投资步伐加

快。2004 年中国对外直接投资 549799 万美元，到 2014 年对外直接投资达到
12311986 万美元，对外直接投资和利用外资首次接近平衡；到 2018 年，对外直
接投资 14303730.51 万美元。2018 年是 2004 年的差不多 25 倍，从发展趋势来
看，总体来看，对外直接投资呈现上升趋势，但是由于国际环境、中美贸易摩擦
等的影响，2017 年开始出现小幅度下降，但是我国对外投资还是处于较高水平。
面对全球对外直接投资流出额下降的情况下，2018 年流出额同比下降 29%，在
连续三年下降的大环境下，中国对外直接投资略低于日本（1431.6 亿美元），成
为第二大对外投资国（见图 10-11）。

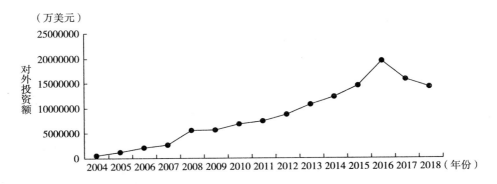

图 10-11　2004~2018 年对外投资额

资料来源：中经网。

投资领域不断扩展。据《2018 年度中国对外直接投资统计公报》显示，中
国对外投资领域广泛，门类齐全，六大行业存量规模超千亿美元。2018 年中国
对外直接投资涵盖 18 个行业，租赁和商务服务业、金融业、制造业与批发零售
业四大行业对外投资超过 70%（见图 10-12），信息传输业、交通运输业、电力
业、采矿业、建筑业等领域的投资呈现不断上升趋势。租赁和商务服务业、金融
业、制造业、批发零售业、信息传输业、交通运输业、电力业和采矿业等领域存
量规模均超过千亿美元，总规模占中国对外直接投资存量的 83.4%。

中国对外直接投资区域分布集中。投资覆盖全球 188 个国家和地区，投资存
量相对集中。截至 2018 年，中国超 2.7 万家境内投资者在全球 188 个国家和地
区设立对外直接投资企业 4.3 万家，全球 80% 以上的国家和地区都有中国的投
资。中国在共建"一带一路"国家和地区设立境外企业超过 1 万家，2018 年当
年直接投资流量 178.9 亿美元，年末存量 1727.7 亿美元，占当年中国所有直接
投资流量和年末存量的比重分别为 12.5% 和 8.7%。中国对外直接投资地域分布
高度集中，存量前 20 位的国家和地区占总额的 91.7%。

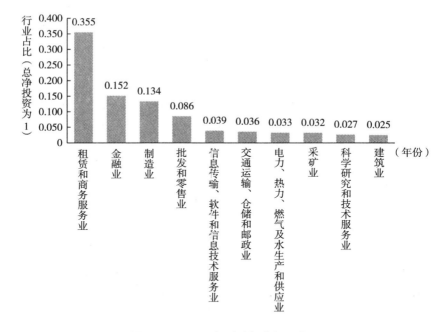

图 10-12　2018 年对外投资行业占比

资料来源：中经网。

10.2.5　区域经贸合作持续推进，全方位开放格局逐步形成

"一带一路"建设取得丰硕成果。自 2013 年提出"一带一路"倡议以来，中国坚持"共商、共建、共享"的基本原则及"和平合作、开放包容、互学互鉴、互利共赢"的丝路精神，与共建"一带一路"国家和地区合作行动计划稳步推进，经贸合作领域不断拓宽，贸易投资方式不断创新，贸易畅通取得积极进展，为各参与方的经济发展注入了新活力。"一带一路"正在成为中国参与全球开放合作、改善全球经济治理体系、促进全球共同发展繁荣、推动构建人类命运共同体的中国方案。

自贸区网络加快建设。经济全球化、贸易自由化是世界经济发展的大趋势，商签自贸协定是各国推进贸易投资自由化、便利化，促进经济增长的重要工具。据世贸组织统计，截至 2018 年 10 月，全球实际生效的自贸协定或优惠贸易协定共 284 个，正在谈判过程中的有 385 个。推动与有关国家的自贸区建设，是中国扩大对外开放、建设开放型世界经济的重要内容。中国把自由贸易区建设上升为国家战略，提出了建设立足周边，辐射"一带一路"，面向全球的高标准自由贸易区网络，自由贸易区建设不断加速发展，布局逐步完善。截至 2019 年 5 月，中国已与 25 个经济体达成了 17 个自贸协定，未来也将继续积极推进实施自由贸易区战略，不断提升对外开放水平。

10.3 进一步优化对外开放战略布局的政策建议

随着分工地位的提高以及国际竞争日趋激烈，中国对外贸易发展面临的外部环境发生了重大变化。特别是全球化动力机制的切换对中国传统贸易发展方式带来了严峻挑战。

10.3.1 形成不断完善的对外开放格局，构建全方位开放蓝图

加快内陆地区的开放速度，提升沿海地区的开放水平，逐步形成分工协作、互动发展的全方位开放新格局。

（1）进一步加快沿边、内陆地区的基础设施和口岸建设，形成多种交通运输方式联通的综合交通走廊

基础设施是扩大内陆沿边地区开放水平需要优先建设的领域，目前，中国沿边地区的基础设施还不发达，与海外市场的联系较差，并且道路的运输能力较差，道路等级不高。中国需要与沿线各个国家共同努力，通力合作，共同勾勒愿景蓝图，构建一个联通主要能源区、产业区的安全畅通、绿色高效的国际交通大走廊。重点打造亚欧大陆桥、中蒙俄、中国—中亚—西亚、中国—东盟、中巴等国际经济合作走廊。推动内陆沿边地区铁路、公路、水路、空路、管路、信息高速路的互联互通，促进中欧铁路运输大通道建设，形成国际物流大通道；完善民航国际航线建设，增加航班等。

（2）夯实对外开放的产业基础，提升对外开放的产业支撑能力

在扩大内陆地区对外开放水平的过程中，内陆地区应该不断提高自身的能力，不断地吸纳国际和国内发达省份的转移产业，抓住机遇发展适应国际市场的制造业、物流业等，加快构建一批面向海外市场的内陆产业集群。在吸纳国内外产业转移的过程中，要坚持市场的决定性作用，减少政府的干预，并且要注重技术进步和产业结构的转型升级；加强资源和环境的保护力度，不能图一时之增长而吸纳污染产业，使内陆地区成为"污染天堂"，这是要坚决避免的。提高内陆沿边地区提高吸纳国际、国内产业转移的能力，不仅要"输血"，还要发挥内陆沿边地区的主观能动性，发挥"造血"的功能，除了中央政府在财政、金融、土地上给予支持外，内陆地区也要不断改善投资环境，吸引人才，完善公共服务

水平。目前，中国已经与沿边地区建设了多个边境经济合作区，如新疆的伊宁边境经济合作区、博乐边境经济合作区；云南的河口边境经济合作区；广西的凭祥边境经济合作区等。

（3）推动沿海对外开放转型升级，不断提高沿海地区的对外开放水平

自改革开放以来，沿海地区由于区位优势、基础条件等优势，国家对沿海地区的开放政策给予了倾斜，沿海地区获得了较快的发展。沿海地区要加快转型升级，从以往承接海外市场转变为向创新驱动，沿海地区需要进一步优化产业结构，提高产业层次，加快实现由加工装备制造业基地、制造中心向先进制造业基地、制造业研发中心转变，不断提高制造业水平，东部沿海地区也应该逐渐向服务贸易转变，更大程度地提高东部沿海地区自主创新的能力，加快产业转型。

10.3.2 建立健全对外开放新体制

建立健全对外开放新体制需要建立贸易便利化体制机制，加强国际协调，解决跨境电子商务在境内外的标准、支付、物流、通关、检验检疫、税收等方面的问题，构建方便跨境贸易的新的体制机制，加快建立与服务贸易相适应的口岸管理和通关协作模式，推行口岸管理部门"联合查验、一次放行"等协作机制；创新外商投资管理体制，中国要在上海、广东、天津、福建四个自由贸易试验区的基础上，不断扩大范围，不断推广复制，全面实行准入前国民待遇加负面清单的管理制度；完善境外投资管理体制，推进基础设施互联互通，加强国际产能和装备制造合作，不断完善中国对外投资的管理体制和服务体系；不断扩大中国服务业的对外开放水平，如扩大金融、文化、教育、医疗等的对外开放水平；构建开放安全的金融体系，要在完善审慎监管和有效管控风险的基础上，有序实现人民币资本项目可兑换，稳步推进人民币国际化；要逐渐完善涉外法律法规，建立健全风险防控体系。

10.3.3 促进贸易发展从数量规模向质量效益转型

迄今为止，中国的对外贸易发展总体上是遵循着数量速度型的粗放增长经营模式，随着国内外经济形势的变化，这一增长模式导致了一系列问题，对国民经济的驱动也日显动力不足，转变对外增长方式意义重大。我国需进一步优化进出口商品结构：一是增加进出口商品中的科技含量，进一步增强自主创新能力，积极支持具有自主品牌和高附加值产品的出口；二是坚决控制高耗能、高污染产品的生产和出口，减轻国内资源环境压力；三是加大先进技术产品的进口，在进口的基础上消化吸收再创新；四是出口商品价格要全面反映劳动力要素成本和资源环境成本。

10.4　主要结论

　　中华人民共和国成立以来，特别是改革开放以来，中国的贸易开放程度不断提高，贸易开放成为拉动经济增长的"发动机"。本章回顾了中国贸易开放的演变，研究发现中国的对外贸易在曲折中前进，虽然经历了大起大落，但中国还是顶住了压力，保持了快速增长，中国对外开放取得了前所未有的成就，全方位对外开放格局逐渐形成。针对中国目前的对外开放现状与问题，笔者进一步提出了促进全方位开放格局的政策建议：继续加快沿边、内陆地区的基础设施和口岸建设，形成多种交通运输方式联通的综合交通走廊；夯实对外开放的产业基础，提升对外开放的产业支撑能力；推动沿海对外开放转型升级，不断提高沿海地区的对外开放水平；建立健全对外开放新体制；促进贸易发展从数量规模向质量效益转型。

11 区域性债务风险现状、演化及防范策略

中国地方政府债务发端于20世纪70年代末，此后各地各级政府陆续开始举债；1994年分税制改革后，地方财权进一步被削弱，由于"央地"财权与事权的不对等，地方政府逐渐积累了规模较大的债务；自2014年新修订的《中华人民共和国预算法》颁布以来，中国地方债务管理机制逐步成熟，在一系列防范化解地方债务风险的举措下，中国地方政府债务风险总体可控，隐性债务风险也有所缓释，但结构性及区域性风险仍需关注。在当前宏观经济下行压力持续显现，外部环境不确定性增加，宏观政策变中求"稳"的背景下，守住不发生区域性风险与系统性风险的重要性与迫切性更加凸显。本章结合当前中国区域性债务风险现状及近年来演变态势，分析了影响区域性债务风险分化的主要因素。同时，对未来区域性风险发展趋势及特点进行了展望，并针对性地提出了化解区域性债务风险的政策建议。

11.1 当前中国区域性债务风险分析

2014年以来，伴随地方债务管理改革不断推进，地方政府性债务风险总体可控，在显性债务口径下，2019年全国97%的省份负债率（债务/GDP）在欧盟60%警戒线以内，隐性债务增速放缓、风险同样有所缓释。但在新冠病毒感染疫情冲击和经济下行压力凸显的背景下，区域性债务风险仍需重点关注。以下结合区域性债务的结构性特点，对各省份债务风险的现状及近几年变化态势进行了详细分析。

11.1.1 显性债务风险整体可控,部分地区风险较高但有所缓释

从数据来看,随着多方面防风险举措落地,近几年显性债务①平稳增长,2019 年中国地方政府债务余额为 21.3 万亿元,较 2018 年增加了 2.9 万亿元。分区域来看,根据 2019 年财政预算执行情况②,江苏、山东、浙江、广东、四川、湖南显性债务规模超万亿元,海南、宁夏、青海、西藏均在 3000 亿元以下。与 2018 年相比,2019 年各省份债务余额均增加,平均增速为 18.7%,其中,西藏、甘肃等 8 个省份增速较高且在 20% 以上,辽宁、贵州增长较慢、增速未超过 5%(见图 11-1)。

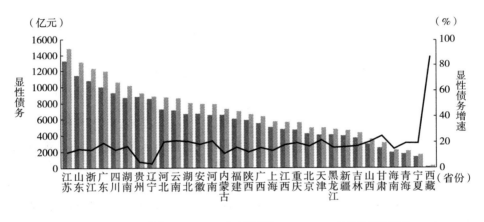

图 11-1 2019 年各省份显性债务变化情况

偿债水平方面,显性债务风险整体可控、边际小幅上升,部分地区风险较高但有所缓释。由于本书完稿前各省份 2019 年综合财力数据暂未全部披露,因此用负债率(债务/GDP)衡量 2019 年各省份地方政府偿债水平。2019 年负债率超过 60% 警戒线的省份仅青海,风险整体可控。与 2018 年相比,负债率增加的省份数量增至 25 个,较 2018 年增加 1 个、较 2017 年增加 8 个,负债率平均增加 3.8 个百分点,显性债务风险边际有所上升,天津、吉林负债率增幅居前,均上

---

① 本章将财政部公布的政府债务作为显性债务,并以财政部公布的政府性债务数据为准。
② 由于在本书完稿之际,贵州、黑龙江、江西、山西、陕西、四川及云南暂未披露 2019 年地方政府债务余额预算执行数,因此采用这些省份 2019 年地方政府债务限额与 2018 年债务限额使用比例相乘得到的估算债务余额作为数据样本。

升 10 个百分点以上。但值得注意的是，6 个省份负债率小幅下降，贵州、云南等债务风险较高的省份负债率均出现回落（见图 11-2）。

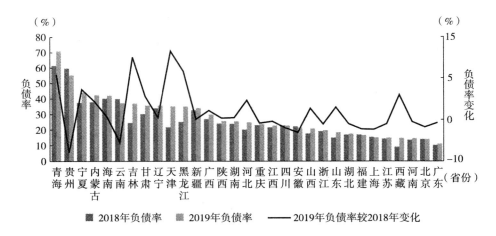

图 11-2　2019 年各省份显性债务负债率变化情况

在打好防风险攻坚战的背景下，构造地方政府债务区域风险指数，准确监测各地区债务风险演变情况并达到风险预警的效果，是当前防范化解地方债务风险的重要工作。中诚信国际基于 AHP 模型构建了地方政府债务风险指数[①]，我们的测算发现在经济分化、财政实力差异明显的基础上，区域债务风险呈南向北、东向西攀升的阶梯分布，且部分风险较高地区近年来的风险有所缓释。具体来看，长三角、珠三角等东南部沿海省份、中西部和东北三省，债务风险指数逐步上升；2018 年风险指数较小的为经济较发达与财政实力较雄厚的广东、浙江、江苏和上海，而风险指数较大的地区主要为西北、西南、东北地区经济财政实力较弱的省份。从 2016～2018 年的趋势来看，2018 年债务风险较高的地区数量占比为 42%，较 2016 年的 26% 增加了 16 个百分点，但较 2017 年有所下降，部分风险较高地区的显性债务风险得到一定缓释。

11.1.2　隐性债务增速回落，负债率分化加剧但整体风险呈边际下降

在现有财税体制以及债务限额约束下，"开前门"举措难以真正满足地方实际资金需求，地方政府对融资平台的依赖仍在，债务也呈现"隐性化"特点。

---

①　指数构建方法详见中诚信国际发布的《中国地方政府与融资平台债务分析报告》。同时，由于数据的不可得性，本章暂无法计算 2019 年各省份债务风险指数，因此分析研究采用 2016～2018 年的风险指数，该模型论文获得《财政科学》学术论文一等奖。

基于数据的可获得性，本章将负有一定救助责任的债务以及其他可能承担责任的或有债务作为隐性债务估算范围。根据中诚信国际估算①，2019 年中国地方政府隐性债务在 29.8 万亿~42.9 万亿元左右，是显性债务的 1.4~2.0 倍；在防风险背景下，隐性债务增速自 2017 年起持续大幅回落，前几年快速扩张态势得到一定遏制。分区域来看，江苏及浙江规模超 2 万亿元，辽宁、甘肃等 9 个省份在 3000 亿元以下。与 2018 年相比，除海南外，各省份隐性债务规模均增加，云南、甘肃等 7 个省份增速在 10% 以上，黑龙江、宁夏增速在 5% 以下；全国共 22 个省份的隐性债务增速较 2018 年有所回落（见图 11-3）。从隐性债务构成来看，各省份隐性债务仍以融资平台相关债务为主，平均占比超过 80%。

偿债水平方面，若考虑隐性债务在内，各省份负债率分化加剧，但整体风险有所缓释。2019 年负债率超过警戒线的省份共 10 个，较显性债务口径下的省份数量增加了 9 个，天津、贵州居前列，广东、上海较低。与 2018 年相比，负债率超过警戒线的省份数量增加了 2 个，为吉林及甘肃。同时，各省份负债率分化加剧，云南、贵州等 9 个省份负债率回落，幅度在 1~6 个百分点，隐性债务风险有所缓释；其余省份负债率均有不同程度的增长，天津、吉林、黑龙江、青海增长较快，增幅在 10 个百分点以上，但负债率上升的省份数量整体有所减少，有 22 个省份负债率增加、较 2018 年减少了 3 个，总体上隐性债务风险边际有所缓释（见图 11-4）。

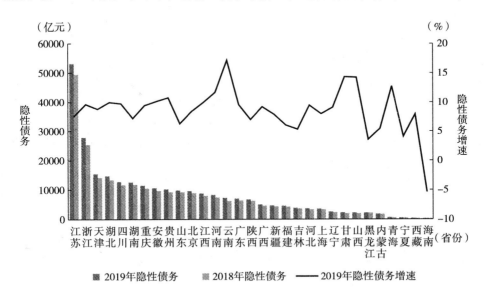

图 11-3　2019 年各省份隐性债务变化情况

---

① 隐性债务估算方法详见中诚信国际发布的《中国地方政府与融资平台债务分析报告》。

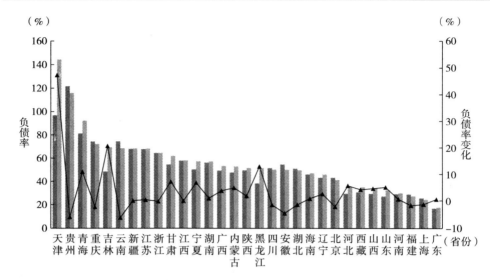

图 11-4 2019 年各省份含隐性债务在内的负债率变化情况

从 AHP 债务风险指数可以看出，考虑隐性债务后的区域债务风险仍呈现阶梯分布，风险较显性债务口径大幅增加，但呈现边际小幅缓释态势。与显性债务相比，考虑隐性债务后的 2018 年风险指数较低的省份仍为广东、浙江、江苏和上海，而风险指数较高的省份同样集中于西北、西南、东北区域；从图 11-5 指数分布可观察到增加隐性债务后的风险指数分布明显后移，但 2018 年聚集数量较 2017 年有所减少，表明整体风险虽较显性债务有明显增长，但边际有所缓释。从 2016~2018 年趋势来看，含隐性债务的风险同样逐年扩散，2018 年债务风险较高的区域数量占比为 48%，较 2016 年的 26% 增加了 22 个百分点，但较 2017 年有小幅下降，债务风险得到一定缓释。

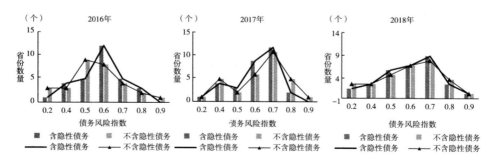

图 11-5 2016~2018 年地方政府债务风险指数分布走势

11.2 区域性债务风险演化的影响因素

通常来说，经济发展较好的地区的财政收入有所保障，地方政府偿债能力较强，债务风险可控；而经济增长下滑地区在财政收入减少、资金流失的双重压力下，增加了扩大举债规模和提高债务水平的可能性，且债务偿还能力较弱，风险较高。从举债规模来看，其与地区经济有一定相关性，适当规模的显性债务有利于促进经济发展，扩大偿债水平的分母效应；若债务规模不能与经济发展相匹配，则会加大区域债务风险。因此，当地方政府通过合法正规途径举债空间不足时，出于区域经济增长需求，或增加隐性债务风险，因此对经济较差及财政实力较弱地区的负面效应较大。在当前经济下行压力加大、财政实力区域分化及部分地区债务限额不足的背景下，各区域债务风险呈现较明显的"马太效应"。结合现实情况，我们认为形成中国区域性债务风险特点的原因如下。

11.2.1 经济发展放缓弱化部分地区债务偿付能力

2018 年各省份 GDP 规模与 AHP 模型构建的债务风险指数呈现高度负相关关系，广东、江苏、山东、浙江等 GDP 规模较高的省份地方政府债务风险指数普遍较低，债务风险指数较高的省份如青海、贵州、宁夏等 GDP 规模则位于全国下游（见图 11-6）。从 2019 年各省份 GDP 及负债率变化趋势（见图 11-7）来看，伴随近年来宏观经济下行压力加大，部分地区经济增长有所放缓，债务偿付能力进而弱化，债务风险进一步上升。2019 年仅 6 个省份负债率有所回落，贵州、云南得益于 GDP 增速较快，负债率明显降低；而 GDP 增速明显放缓的天津、黑龙江、吉林等省份负债率均有所上升，且上升幅度居全国前列。当前宏观经济下行压力下，经济发展分化进一步加速了区域性债务风险的分化，"马太效应"凸显。

11.2.2 财政实力分化制约西部及东北地区债务覆盖能力

财政实力是决定地方政府偿债能力的直接因素。由于一般公共预算收入是地方政府财政的最主要收入来源，因此收入水平的高低可直接反映地区经济发展水平和财政总体实力（见图 11-8）。2018 年各省份一般公共预算收入规模与 AHP 模型构建的债务风险指数呈负相关关系，财政收入均值由高到低分别为东部省份、中部省份、东北省份、西部省份，各省份的财政实力基本决定债务风险的分

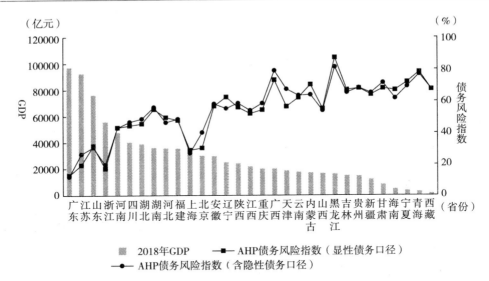

图 11-6　2018 年各省份 GDP 规模与 AHP 债务风险指数比较

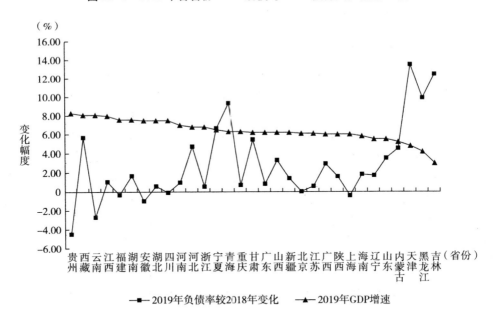

图 11-7　2019 年各省份 GDP 增速及负债率变化情况

布位置。地方政府债务风险指数最低的前几个省份是财政实力最发达的东部省份如广东、江苏、上海、浙江、山东和北京，而风险指数最高的则是主要集中于西部及东北地区财政实力较弱的省份。财政收入增长较快的省份债务风险基本呈现回落态势，财政收入回落的天津以及财政收入增速较低的黑龙江的债务风险指数均出现上升，财政收入增速进一步反映了地方政府偿债能力的边际变化，需关注财政收入增速较低区域债务风险的边际恶化。各省份的 AHP 债务风险指数变化详见图 11-9。

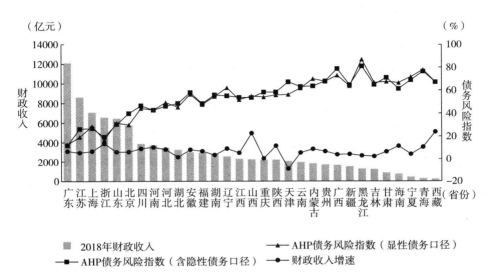

图 11-8　2018 年各省份财政收入与 AHP 债务风险指数比较

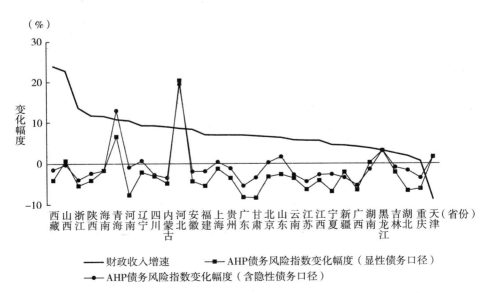

图 11-9　2018 年各省份财政收入增速与 AHP 债务风险指数变化比较

11.2.3 债务限额空间不足加剧部分地区隐性债务风险

2014 年新修订的《中华人民共和国预算法》正式规范了地方政府的合理举债权，同年国务院发布的 43 号文件（《国务院关于加强地方政府性债务管理的意见》）决定对地方政府债务规模实行限额管理；2015 年，财政部 225 号文件提出了限额管理的具体方法，总限额既受经济周期波动及逆周期调控的影响，分配上也需要考虑各省份财政实力、融资需求等因素。从 2019 年债务限额分配情况来看，体现了 2017 年财政部 61 号文件要求的正向激励原则，即财政实力强、举债空间大、债务风险低、债务管理绩效好的地区多安排；反之少安排。江苏、山东、广东、浙江等财政实力较强的省份债务限额位于前列，限额均超万亿元；而宁夏、青海等财力较弱、债务风险较高的区域分配到的债务限额较少，额度不足 3000 亿元，区域差异明显（见图 11-10）。但值得注意的是，2019 年隐性债务规模居全国上游的天津、重庆等债务限额均未达到全国平均水平（见图 11-11），融资或受限，在满足合理发展需求的背景下这部分地区隐性债务规模相对较高，一定程度上不利于债务风险的缓释。

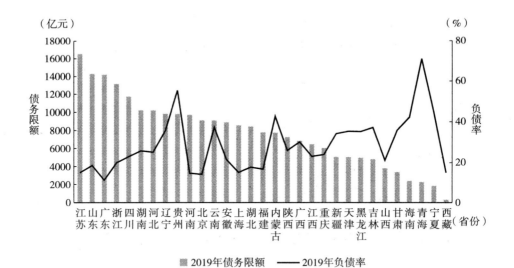

图 11-10　2019 年各省份债务限额与负债率比较

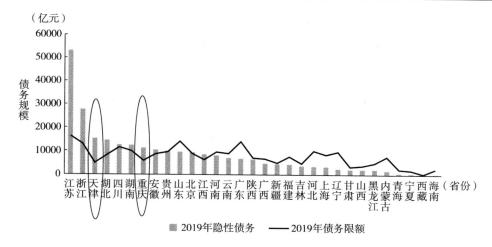

（亿元）

债务规模

图例：
▨ 2019年隐性债务　　—— 2019年债务限额

图 11-11　2019 年各省份债务限额与隐性债务比较

11.3　区域性债务风险演化的趋势

　　基于前文分析，当前中国地方债务风险整体可控，但区域间分化显著。未来，在地方债务的严监管态势下，区域性债务风险整体将延续缓释，但受多种因素影响，各大区域间的分化程度或将加剧。尤其是新冠病毒感染疫情对经济增长的冲击，将进一步加剧区域性债务风险的分化程度；同时，受债务限额分配及国有企业改革持续深化等因素影响，区域风险的"马太效应"或将加速。

11.3.1　区域性债务风险整体或缓释，但四大板块间分化将加剧

　　地方债务管控效果初步显现，区域性债务风险整体上将继续缓释。2017 年以来，以防范化解地方债务风险为核心的监管政策密集出台，国家陆续发布了《关于进一步规范地方政府举债融资行为的通知》（财预〔2017〕50 号）、《关于坚决制止地方以政府购买服务名义违法违规融资的通知》（财预〔2017〕87 号）、《关于规范政府和社会资本合作（PPP）综合信息平台项目库管理的通知》（财办金〔2017〕92 号）等文件，对地方政府各类违法违规举债融资行为进行"围追堵截"，并加大问责力度，对所涉官员由早期警告、行政降级上升至行政开除处分，且追责范围由现任官员扩至曾任官员，具体落实"终身问责、倒查责任"。在化解隐性债务方面，2018 年底《财政部地方全口径债务清查统计填报说

明》提出6种化解方法①，各地也相继出台措施，因地制宜化解债务，如开展金融机构贷款置换隐性债务、推进融资平台市场化转型等。在严监管、强问责态势下，地方债务管理持续规范化，近年来显性债务平稳增长，隐性债务增速回落，前几年负债率高居前列的贵州、云南等省份负债率均出现明显回落，存量债务压力得到一定化解。此外，结合上文AHP模型显示的近年来债务风险指数变化趋势，未来区域性债务风险整体上有望继续缓释。

未来中国地方政府性债务风险仍可控，但四大板块间的风险分化将进一步加剧。从理论上讲，为衡量样本所有观测指标的变异程度，通常采用变异系数，即离散系数，表示单位均值上的离散程度；本节用变异系数②反映一定程度上中国不同区域间债务风险的分化程度。为更好地比较中国四大区域（东部地区、中部地区、西部地区、东北地区）间债务风险的分化趋势，本节选取基于AHP模型构建的各省份债务风险指数作为统计样本，并根据四大板块计算各板块下辖省份债务风险指数的均值及标准差，最终得到2016~2018年债务风险指数的变异系数（见图11-12），可以看出2018年债务风险指数的变异系数较前两年有所上升，说明中国四大区域间的债务风险差异有所扩大。从实际情况来看，当前经济下行压力加大，加之新冠病毒感染疫情的冲击，将进一步加剧不同区域的经济发展水平及财政实力差异，从而加剧区域性债务风险的分化程度；同时受债务限额分配及使用空间的影响，地方债到期高峰来临之际，部分区域债务滚动压力将加大，区域性风险分化将加剧。此外，伴随地方国有企业改革持续深化，优质国有资本分布不均衡以及融资平台转型过程中的信用风险分化，均在一定程度上加速了区域风险的"马太效应"。

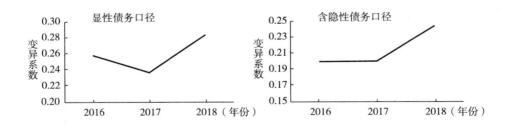

图11-12 四大板块债务风险指数变异系数走势

---

① 6种方法具体包括安排财政资金偿还，出让政府股权及经营性国有资产权益偿还，利用项目结转资金、经营收入偿还，合规转化为企业经营性债务，借新还旧、展期等方式偿还，采用破产重整或清算方式化解。
② 变异系数是标准差与均值之比值，该数值越大表明差异越大；反之则差异越小。

11.3.2 地方债到期高峰来临，东北及西部地区债务滚动压力加大

从 2019 年债务限额使用情况来看，各省份债务余额虽均保持在限额内，但部分省份债务限额空间已现不足，伴随地方债到期高峰来临，未来债务滚动压力将加大。从绝对规模来看，湖南、西藏、天津、青海等省份债务限额留存空间较小，北京、上海、广东等省份的债务限额未使用空间较大；从限额未使用比例来看，湖南、天津、黑龙江、湖北等省份比例较低、均在 5% 以下，而北京、上海等省份比例较高、均超过 30%。根据《关于做好 2018 年地方政府债券发行工作的意见》要求，地方政府可在地方债到期时在发债限额内发行新债偿还，部分省份较低的债务限额空间，导致在债券集中到期的情况下，地方政府周转偿还的能力下降，发行"再融资"类债券面临较大压力。同时较低的债务限额空间也将影响市场对于新发行债券偿付能力的评估，进而加大债券发行成本与二级市场流动压力，加剧债务滚动压力。

结合地方债到期情况来看，当前地方债到期高峰已来临，2020 年地方债到期规模为 2.08 万亿元，未来三年到期压力将逐年上升，2021～2023 年到期规模分别为 2.67 万亿元、2.75 万亿元、3.48 万亿元，在 2023 年将达到最高峰。分区域来看，各省份债务滚动的压力将逐年明显加大。2020 年，江苏、四川、贵州、辽宁、浙江、山东的地方债到期规模较高，均超过 1000 亿元，西藏、宁夏、青海、海南的地方债到期规模较低，均在 200 亿元以下，新疆无地方债到期。对比各省份 2020 年地方债到期规模与债务限额空间（见图 11-13），西部及东北地区的贵州、云南、内蒙古、黑龙江等地方债到期规模较高但债务限额空间相对较小，两者差值较大，再融资压力相对较大，未来债务滚动压力也较大；北京、上海、河南、广东等省份差值较小，再融资能力强，未来债务滚动压力较轻。

11.3.3 地方国有企业改革加速"马太效应"，东部、西部地区风险分化或加剧

当前中国地方国有企业自身面临深化改革、化解债务、提质增效的重要任务，《国有企业改革三年行动方案》也已发布，旨在着力提升国有企业改革综合成效，"用改革的突破性进展激活发展潜能，有效对冲风险挑战和经济下行压力"。作为地方国有企业改革的重要组成部分，盘活地方国有资本、提升国有资本运行效率与化解融资平台债务压力、推进市场化转型工作均将持续稳步推进。

一方面，在当前地方经济稳增长力度持续加大以及国有企业改革持续深化的大背景下，盘活地方国有资本参与化解隐性债务是契合多重政策目标的重要抓手。

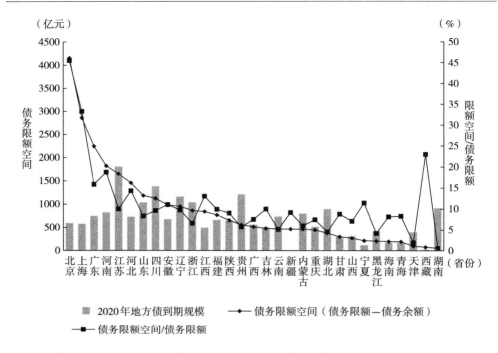

图 11-13　2019 年各省份地方债务限额使用情况及 2020 年地方债到期情况

但中国地方国有资本呈现明显的区域分化，伴随地方国有资本参与化解隐性债务的力度加大，隐性债务风险在区域维度的分化将持续加剧，会优先利好优质国有资本集中区域的隐性债务风险的化解。从当前中国地方国有资本规模来看，各省份规模在 900 亿元至 15 万亿元，差距显著（见图 11-14），江苏、北京、广东、浙江、山东的规模居前列，这 5 个省份的国资规模总和达到 63 万亿元，占全国总值近一半；青海、内蒙古、黑龙江、宁夏及西藏的地方国有资本规模相对较低，资产流动性较弱，对于化解隐性债务支持有限。因此，运用国有资本化解债务的支持效果必然呈现区域分化。同时，当前经济增速持续放缓，区域经济下行压力及分化态势加剧，对于本身债务高企、经营困难的国有企业，不仅难言对隐性债务化解有所支持，更将挤占更多财政资源以帮助其摆脱债务泥潭，部分地方国有企业违约更将恶化整体区域性融资环境，不利于隐性债务的有序滚动与风险缓释。因此，加大国有资本化债力度将利好优质国有资本集中的东部省份，从而加速与国有资本相对缺少的西部地区间的风险分化。

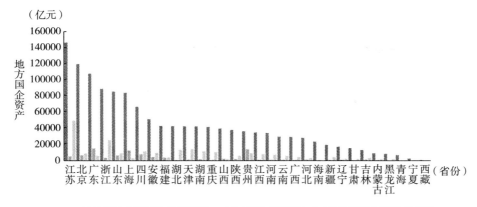

（亿元）

2018年地方国有企业总资产 2018年地方国有企业A股及港股上市公司市值
2018年隐性债务

图11-14　各省份地方国有企业（含平台）资产规模、上市公司市值及隐性债务概况

另一方面，融资平台作为一种特殊的地方国有企业，是中国特有财税体制及经济发展模式的产物，已成为当前地方隐性债务的主要载体，债务占比超过八成。因此，推进融资平台的转型与化解隐性债务已是一体两面，转型过程中融资平台信用风险的持续分化，或将加剧未来区域性债务风险的"马太效应"。其一，财力较弱区域（中部、西部地区）的融资平台基础信用提升空间及外部支持均受限，面临比其他地区平台更大的信用风险，市场偏好下该部分区域平台难以提质增效，更难有效化解隐性债务实现转型；其二，在稳增长政策导向下，专项债提速扩容增加了平台参与相关项目的机会，但进一步加剧了区域分化。在重大项目集中的区域（东部地区）内，承担项目的平台在政府协调下能获得更多的资源倾斜与金融支持，有利于转型及化解该地区的隐性债务，加剧区域性风险分化。

11.4　防范化解区域性债务风险的政策建议

在防风险背景下当前中国地方债务风险总体可控，但结构性及区域性风险仍需关注。此外，受新冠病毒感染疫情的冲击，进一步加剧不同区域的财政实力差异，从而加剧区域性债务风险分化；而同时暴露出的地方政府在信息公开、官员问责机制、医疗基础设施建设等方面的问题，也在一定程度上影响了区域债务风险演化。因此，结合当前区域性债务风险情况，且从化解债务的长期有效性出发，需从根本上推进体制机制改革，坚定不移推进"开前门、堵后门"的规范化管理，并与优质地方国有资本统筹协调、融资平台市场化转型有机结合，逐步有效化解债务。

11.4.1 推进财税体制改革，完善债务管理长效机制

长期来看，地方政府债务化解仍需持续推进体制改革，完善制度体系。2019年以来，中央和地方收入划分改革持续推进，7月国务院办公厅印发《交通运输领域中央与地方财政事权和支出责任划分改革方案》为部分财政较困难的基层政府减负，保障交通领域重点项目建设，优化财政支出结构提供了思路；10月国务院印发《实施更大规模减税降费后调整中央与地方收入划分改革推进方案》，通过调整完善增值税留抵退税分担机制以及消费税征收模式，拓展了地方收入来源，增强了地方财政造血能力，缓解了减税降费政策下的财政压力。因此，为更好地推进各区域地方债务化解，仍需从根本上推进财税体制改革。

与此同时，强化地方政府治理能力建设，构建并完善债务管理长效机制。新冠病毒感染疫情暴露出地方政府治理上仍有改善空间，为推进债务的长期有效化解，需进一步加强地方政府治理能力建设。第一，加强地方政府信息公开透明，实施信息公开清单管理和定期披露机制，尤其在债务信息方面应对隐性债务予以充分考虑，评估实际债务水平，并按可比口径持续公开，合理引导和稳定各方预期。第二，规范新增债务管理，健全考核问责机制。一方面，防风险背景下需切实控制新增债务，加强项目审批和投资计划审核，重点审核项目资金来源，以及是否符合财政承受能力；另一方面，健全考核问责机制，落实举债人员责任，坚决遏制隐性债务增量，进一步加强对违法违规举债以及不作为官员的追责。第三，规范财税管理，减少政府对举债的依赖。各地政府需提升自身财税实力，拓展税源并规范监控，减少对靠举债发展的依赖。

11.4.2 合理优化债务结构，妥善化解债务滚动压力

持续推进债务置换，优化债务期限结构。债务置换对缓解地方政府和融资平台存量债务还款压力和流动性风险具有重要意义。根据财政部数据显示，2019年末，非政府债券形式存量债务1889亿元，在政策要求下有望持续推进债券置换。除传统的债券置换，各地政府还可积极探索金融机构贷款置换路径。对地方政府而言，此类置换能降低债务利率并拉长期限，有利于化解平台流动性风险、缓释隐性债务。但值得注意的是，债务置换平滑了期限结构，但未减少债务总量，需关注置换后债务未来到期偿债压力。同时金融机构对在经济财力弱、债务负担重的区域开展置换的态度仍较谨慎。因此，政府在协调金融机构进行债务置

换中，需按各地化解债务需求合理分配金融资源，还需重点关注置换合规性问题。

优化债务限额分配机制，调整地方债务种类结构。债务限额使用情况是市场判断地方政府发行周转债券、再融资债券能力的重要因素。建议未来一方面加强债务限额分配机制的透明度，合理引导市场对各省份限额空间的评估预期，降低由于预期的不确定性影响地方债的市场定价；另一方面在地方债到期高峰来临之际，各省份地方债限额分配中需将稳增长与债务滚动压力考虑在内，平衡好新增地方债与借新还旧类地方债的发行，妥善应对经济下行风险与地方债偿还高峰期。其中，尤其需要做好专项债限额的分配，综合考虑各地项目实际建设需求及政府偿债能力，合理按需安排额度，提高专项债资金与当地项目匹配程度，新增额度向手续完备、前期准备充分的项目倾斜，防范项目资金闲置风险，警惕因专项债快速扩容积聚的地方债务风险。

11.4.3 统筹协调优质国有企业资源，灵活参与化解隐性债务

当前地方经济下行压力持续加大，地方财政收支缺口有所加剧，盘活地方国有资产将在缓解地方政府债务压力、化解融资平台债务过程中扮演更加重要的角色。地方国有资本参与化解地方隐性债务，通过直接或间接作用于隐性债务的债权方、债务方以及与其密切相关的地方财政，改善债务偿付主体的偿债能力、流动性等，有利于缓解隐性债务压力。具体途径如下：其一，推动地方国有资本上市，提高资产流动性。地方政府在整合国有资本基础上，可选取优质资产及优质企业公开上市，改善企业融资渠道及现金流状况，提升企业自身经营水平与债务偿付能力。目前全国地方国有企业上市比例仍较低，未来在利好政策支持下，地方国有企业尤其是融资平台上市空间仍较大，有利于债务风险缓释。其二，整合优质国有资本注入城投，或鼓励优质国有企业参与平台债务处置，提升平台实力。从资产端来看，整合市场化水平较高、流动性较好的优质国有资产，注入信用资质较弱、债务负担较重的平台，提升经营水平及盈利能力；从负债端来看，鼓励优质国有企业直接参与平台债务处置，以债务承继或债转股等形式承接平台高息债务，推动平台转型发展。其三，统筹协调国有资本，成立化债平台。政府可统筹协调划拨优质资产成立新平台，将其作为隐性债务化解的主要载体，并逐步向其注入辖区内优质上市公司股权、现金流收入稳定的优质项目等，并通过收购不良资产、担保增信等市场化方式重构地方隐性债务的债权主体及债务结构。其四，盘活变现国有资本，充实财政资金。采取公开拍卖、承包、出让等形式盘活变现国有资产，弥补财政资金缺口，降低融资平台尤其是地方基建、民生领域平台的政府往来款压力，提升平台债务偿付能力。

11.4.4 持续推进存量债务化解，推动融资平台整合与转型

在现有财税体制以及债务限额的约束下，"开前门"举措难以真正满足地方实际资金需求，地方政府对融资平台的依赖仍在，平台相关债务超过隐性债务的八成，已成为隐性债务的最主要载体。在当前经济下行背景下，推进平台转型与化解隐性债务已是一体两面，只有切实推进平台市场化、规范化转型，方能有效防范隐性债务风险的深化与蔓延。其一，基于行政层级控制平台数量，加大重组整合力度。对于省属平台，可根据行业属性加大重组整合力度；对于市属及区县平台，按照区域重要性清理合并部分地位较低、实力较弱的平台，并妥善处置该部分平台涉及的隐性债务。其二，提升平台融资资质，探索多元化投融资模式。目前中国仍有一半以上的平台暂未发债，且发债平台中上市企业仅1%，平台利用直接融资仍有空间。未来，需因地制宜加快拓宽直接融资渠道，鼓励满足条件的区域开展债权、股权等融资方式；对于自然资源丰富的地区，积极探索资产融资渠道；此外，民间资本活跃地区还可规范开展PPP，鼓励平台作为社会资本方或与其他社会资本方合作。其三，根据平台业务性质，推动基于市场化的职能调整及业务转型。对于资源多、整合能力强的平台，可积极开展多元经营性业务，探索国有资本综合投资平台转型方向；对于业务相对单一的平台，可努力推动其向基础设施和公用事业综合运营平台转型，值得注意的是，此次新冠病毒感染疫情进一步凸显中国城市基础设施领域的部分短板，而融资平台作为区域内重要的基础设施实施主体，未来业务可进一步向区域医疗卫生基础设施建设发展，尤其是医疗资源较为缺乏的区域。

11.5 主要结论

2014年以来，伴随地方债务管理改革不断推进，地方政府债务风险总体可控，隐性债务风险同样有所缓释，但在当前经济下行压力凸显的背景下，区域性债务风险仍需重点关注。本章基于当前中国区域性债务风险现状及近年来演变趋势，对未来区域性债务风险的发展趋势进行了展望，并针对性地提出了区域性风险防范及化解的政策建议。

12　空间治理优化与区域政策

进入新时代以来，高质量发展的主基调对中国经济社会发展的方方面面都提出了新的要求。空间治理能力是经济社会发展的重要组成部分，如何构建与高质量发展相契合的现代化空间治理体系成为一个尤为重要的议题。同时，区域政策作为实现空间治理优化的重要工具，是不可或缺的。

12.1　中国空间治理的现状与突出问题

中华人民共和国成立以来，中国的空间管理随着体制改革一直在不断调整。进入新时代之后，空间治理主体和治理对象进一步明确，各方参与主体的积极性也得到了有效调动。然而，中国的空间治理还在区域管理制度基础、区域规划和政策法制化进程以及区域发展不平衡不充分三方面存在较大问题。

12.1.1　中国空间治理的现状

改革开放以来，中国在空间治理方面不断创新，如今已基本形成"中央统筹，地方为主，非政府主体积极参与"的多元化空间治理格局，具体体现在治理主体、治理对象和治理手段三个方面。

首先，治理主体进一步明确。与单纯强调政府管制的管理模式不同，空间治理要求保证在维护政府权威的基础上，鼓励其他非政府主体积极参与经济活动管理并对它们的权益提供有效保障。在这个逻辑框架下，政府必然要通过释放一部分权力来明确其在整个治理过程中的作用和定位。换言之，要进一步明确政府与市场的关系。中国实行的是公有制为主体、多种所有制共同发展的基本经济制度，这使政府调控和市场机制之间存在一定矛盾。尽管政府在空间治理过程中的作用不可或缺，但政府的治理必须尊重市场规律与区域经济发展规律，让市场在资源的空间配置中发挥决定性作用。空间治理主体的确定是优化空间治理的核心。此类主体并不是单一的，而是包括参与空间共治的政府和非政府主体的混合体。在第十三届全国人大一次会议审议的国务院机构改革方案的议案中，国务院正部级机构减少 8 个，副部级机构减少 7 个。国务院组成部门已由 1982 年的 100 个削减为 2018 年的 26 个。毫无疑问，通过行政部门的适当削减以及行政审批程序的必要简化，一方面可以使国务院机构设置更加符合实际、更加科学合理；另一方面表明了中央推动空间治理的决心。同时，对于以企业为代表的非政府主体而言，政府的简政放权无疑是鼓励其参与空间治理活动的强心剂，这与《中共中央关于全面深化改革若干重大问题的决定》中提出的"推进国家治理体系和治理能力现代化"和"市场在资源配置中起决定性作用和更好发挥政府作用"的论断是一脉相承的。经过不断调整，中国空间治理已基本形成政府和非政府主体都积极参与的新格局。

其次，治理对象进一步明确。空间治理的对象指的是不同尺度的空间单元或空间载体。如以行政区划划分的省、市、县、乡等空间单元或者以经济辐射范围来划分的城市群、中心城市。改革开放前，空间单元往往以行政区划为主，其中省级单元的划分十分稳定。而随着改革开放的推进，以撤地设市和撤县设市（区）为主要内容的行政区划调整比较频繁，以行政划分为依据的空间尺度调整旨在找到与空间治理相契合的空间载体。但是，这种行政区的管理模式不免存在市场力量受行政力量压制的局限性。因此，在渐进式的改革机制下，一些特殊的空间单元，如经济特区、经济技术开发区和高新技术产业开发区等得以设立。空间单元由行政区向经济区的演变是使空间治理发挥作用的重大转折。此后，空间板块进一步细化，有针对性的发展战略相继提出，区域协调发展战略得到众多区域规划和政策的支持，如主体功能区制度和区域总体发展战略为区域协调发展赋予了深刻的内涵，这些都是实现空间治理的有力抓手和支撑。如今，以城市群和中心城市为治理单元的空间载体已越来越受到重视，它们不仅是推动国家治理能力与治理体系现代化的关键要素，还将是支撑中国经济在面临下行压力时保持稳定的新动能。

最后，治理手段不断健全。对于空间治理的手段，除政府卓有成效的行政手段和相关法律手段外，一系列区域政策和区域规划的提出和完善无疑对优化中国空间治理提供了更有力的抓手。在区域政策实践方面，不断增强了对革命老区、民族地区、边疆地区和贫困地区的扶持力度。在全国大的空间尺度上，针对西部、中部、东部和东北地区的区域问题，陆续提出了西部大开发、东北地区等老工业基地振兴、中部崛起、东部率先发展和主体功能区等战略，在此基础上，充实和完善了关于落后区域、膨胀区域和萧条区域的发展政策。此外，从"十一五"时期开始，"五年计划"改称为"五年规划"，这在一定程度上反映了中央在空间治理方式上的转变：首先，反映了政府宏观调控理念的转变；其次，反映了自上而下的管理方式的转变；最后，反映了政府管理的空间观念和可操作性的转变。在区域规划实践方面，主体功能区的提出进一步规范了国土空间开发秩序，明确了优化、重点、限制和禁止开发的要求，使各类地区的发展在不冲破资源环境承载力的前提下实现可持续发展。2018 年 11 月发布的《中共中央　国务院关于建立更加有效的区域协调发展新机制的意见》（以下简称《意见》）提出加快形成统筹有力、竞争有序、绿色协调、共享共赢的区域发展新机制，为提升中国空间治理水平提供了更加明确的方向。

12.1.2　中国空间治理的突出问题

中国空间治理的突出问题主要表现在区域管理制度基础不完善、区域规划和政策法制化进程缺失以及区域发展不平衡不充分三个方面：

首先，区域管理制度基础有待完善。完善区域管理制度基础是完善区域政策的必要前提与核心内容，其主要包括区域管理机构设置、标准区域划分和问题区域的识别、合理的政策工具并规范区域规划和区域政策的程序，以及明确区域规划和区域政策的监督与评价流程四个方面。目前，中国还未对这四个方面提出相应的实施方案：第一，区域管理机构一直采取的是分立的职能部门模式，这种模式弊端突出，主要包括部门间区域政策矛盾频发；区域政策项目重复，浪费公共资源；地方争取区域政策资源成本较大等。一个统筹区域管理的部门还未形成。对此，可以尝试在中央政府设定一个统筹全国区域管理的权威机构，如区域管理委员会，在该权威机构的领导下构建包含多元主体的区域管理框架，这一框架应具备允许各主体之间公平交流、协商的平台，并通过经济、政治和法律等手段维护其正常运行。第二，对于标准区域的划分和问题区域的识别更是还未提上议程，这需要分门别类地构建适应于不同类型空间尺度的标准体系，而现有的针对中国国土空间的划分程度还未能满足其要求。需要强调的是，依据欧盟的标准地区统计单元（Nomenclature of Territorial Units for Statistics，NUTS）和美国的经济地区（Economic Areas，EA）实践，标准区域的划分和问题区域的识别是根据具体区域问题进行精准施策的大前提。第三，中国还未产生一套成熟的、用以制定和规范区域规划和区域政策的程序。第四，关于制定规范且透明的区域规划和区域政策的监督与评价的流程还未形成。在优化空间治理的进程中，区域管理制度基础的完善是不可或缺的。区域管理制度基础是实现区域管理模式创新的必要条件。而中国现阶段还没有构建出一套完整的区域管理制度，这将是实现空间治理体系现代化的重难点。

其次，区域规划和区域政策法制化进程缺失。当前，中国虽然已经形成了一系列区域发展机制（区域协调发展新机制）和制度安排（主体功能区制度），但还缺少一个制度性安排来确保一些成熟的区域规划或区域政策能够稳定施行。区域规划和区域政策都是用于解决区域矛盾，促进区域合作，实现区域一体化发展的工具。区域规划又称区域经济规划或区域发展规划，是一定地域范围内区域经济发展的战略策划和产业发展与布局的方案设计及其实施的总和；区域政策又称区域经济政策，是政府（主要是指中央政府）干预区域经济的重要工具之一，它通过政府的集中安排，有目的地对某些类型的区域实行利益倾斜，改变由市场机制作用所形成的一些空间结果，以促使区域经济发展与区域格局协调并保持区域分配合理。如今，中国已经陆续制定了针对不同类型区域的区域政策和主体功能区制度。对于前者，如贫困地区发展政策和西部大开发战略主要是针对落后区域；东北老工业基地振兴战略旨在让东北地区走出萧条的泥潭；京津冀协同发展战略一方面是为了疏解京、津两地过剩的产能，另一方面是为了缩小河北与京、津的差距。对于后者，主体功能区制度将区域发展与可持续发展有机结合，进一步规范了区域发展的方式、手段和力度。区域规划和政策本质上是立足于长期的政府行为，卓有成效的区域规划和政策不应随着公职人员的更替而发生频繁变化。换言之，无论区域规划和政策产生的效果多么好，如果不通过立法或制度的形式将其固定和推广，那么任何政策和规划都将难以为继。一旦制定区域管理工具成为一种短期行为，则很难取得空间治理所应有的效果。

最后，区域发展不平衡不充分的问题严峻。事实上，早在"七五"期间，随着沿海与内地的差距进一步拉大，中央政府将国土空间大致划分为西部、中部与东部三大地带，旨在通过有针对性的政策来缓解区域发展不平衡问题。此后，中国的区域协调发展进入了不断完善与发展的过程。如今已形成"两主""三核"与"四从"的区域协调发展战略格局。其中，"两主"是指区域发展总体战略和主体功能区制度；"三核"是指落后区域、膨胀区域与萧条区域；"四从"是指新型城镇化战略、陆海统筹战略、全方位对外开放战略和乡村振兴战略。虽然相关地区的经济差距在不断缩小，但全国各地之间在基本公共服务、交通基础设施建设等方面还存在较为明显的差距，例如，全国高铁网络在中、东部地区已基本成形，但在西部，尤其是西北地区还远未实现互联互通。各大板块之间的发展差距依然较大。2000～2018年四大板块人均GDP的变化趋势（见图12-1）。可以发现，东部地区与其他三大区域的差距逐渐拉大。党的十九大已经明确指出："中国社会主要矛盾已经转化为人民日益增长的美好生活需要和不平衡不充分的发展之间的矛盾。"因此，结合《意见》中关于"协调"的新定义，区域发展需要考虑经济、公共服务、交通、民生四个方面的协调。依据这种协调标准，中国区域发展的不平衡不充分问题依旧十分严峻，空间治理现代化体系的构建依然任重道远。

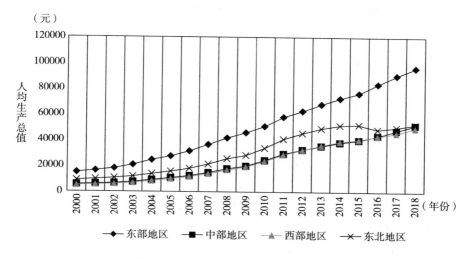

图 12-1　四大板块人均生产总值趋势

资料来源：国家统计局网站。

12.2　空间治理的本质、中国空间治理的发展脉络和机遇

明确空间治理的本质是空间治理优化的前提。依据这一本质，可以厘清改革开放以来中国空间治理的发展脉络，并识别出新时代构建中国空间治理现代化体系的机遇。

12.2.1　空间治理的本质

空间治理的内涵十分丰富。在空间尺度上由大到小可以划分为国家层面的治理、区域间的治理和区域内的治理（当所指区域表示一个国家时，空间治理等同于国家治理）。空间尺度的差异体现在治理的主体、治理的对象以及治理机制的不同。然而无论怎么划分，其核心均体现在"治理"二字上。

"治理"并不是简单的自上而下的统治，其为完全有别于"统治"的另一个概念。传统的"空间统治"所指的是政府或其他国家公共权力作为单一的管理主体按照国家法律采取强制性措施，通过自上而下的方式来处理区域公共事务。

改革开放之前，以中央政府为绝对主导的"全国一盘棋"的均衡布局是"统治"的极端表现；改革开放之后，随着中央政府的"分权让利"，以地方政府为管理主体的"空间统治"又盛极一时。这种形式的管理过分强调了政府的功能，而压制或忽视了其他非政府主体的作用，其局限性表现在：一方面，政府在处理区域事务的"有限作用"性逐渐凸显；另一方面，政府的"一家独大"使其无法解决自身利益最大化和区域利益最大化之间的矛盾，进而催生了以"地方保护主义"为特点的"诸侯经济"和一轮又一轮的"区域大战"。而"空间治理"是一个外来概念，源于西方国家在大都市管理上的变迁过程，是新区域主义的核心要义。新区域主义将区域管理划分为"空间统治"和"空间治理"，前者是以政府的行政权威为基础，通过自上而下的方式来处理和解决区域公共事务问题，这一模式缺少了其他主体如非政府组织、企业、居民等之间的平等交流与协商；后者则是指所有主体都有平等的参与管理区域的机会，认为最好的区域管理就是各主体之间相互协商、交流、合作的过程。简单地讲，"空间治理"既考虑到了政府功能的局限性，又考虑到了市场失灵，进而将政府这只"有形的手"和市场这只"无形的手"相结合，通过多元主体之间相对平等地协商、交流与合作来处理区域公共问题。随着市场化改革的不断推进，"空间统治"已经越来越无法满足区域发展的要求，而"空间治理"逐渐被更多的人接受。

综上所述，从"空间统治"到"空间治理"的转变蕴含着丰富的内涵。"空间治理"比"空间统治"更能体现出区域发展的协调和可持续性，更加符合人类社会发展的一般规律。首先，管理主体更加丰富。"空间统治"强调的是单一的政府主体，直观的体现是存在于"旧区域主义"模式下"自上而下"的管理方式，其特点是寄望于政府（中央政府或地方政府）部门能单独、理性地解决区域管理中存在的问题。而"空间治理"则强调政府和其他非政府主体之间多元管理体系的构建，各主体通过协商、交流的方式来共同管理区域公共事务。其次，妥善处理了政府与市场的关系。"空间统治"仅仅依赖政府这只"有形的手"，妨碍了市场在区域发展中发挥应有作用；而"空间治理"则是将政府和市场的力量进行了有效的结合。最后，管理的空间尺度不同。"空间统治"所针对的空间往往是以行政区划范围为界限，而"空间治理"则着眼于跨区域的领域，由此可以看出，后者比前者更适合处理区域公共事务。

12.2.2 中国空间治理的发展脉络

改革开放以前，中国实行的是中央计划经济体制，地方政府只是"全国一盘棋"中的棋子，地方、企业与个人都不是真正意义上的利益主体，因而，不存在按市场经济规律进行的真正意义上的区域合作。因此，改革开放应当作为中国进行空间治理探索的起点。具体而言，自改革开放以来，中国的空间治理可以分为四个阶段：行政区管理模式（1978~1992年）、经济区域管理模式（1993~2005年）、新区域主义兴起模式（2006~2013年），以及迈向区域治理模式（2014年至今）（见表12-1）（张可云等，2019）。

表12-1　中国空间治理的变迁

时期	模式	标志	特点	缺陷
1978~1992年	行政区管理模式	改革开放，中央政府"分权让利"	以地方政府为主导的区域合作	区域大战、逆区域一体化
1993~2005年	经济区域管理模式	市场经济体制的提出	地方政府指导下以企业为主体的区域合作新格局	区域大战、逆区域一体化
2006~2013年	新区域主义兴起模式	"五年计划"变"五年规划"	政府与非政府主体的合作	非政府主体积极性不高，缺乏协商与交流
2014年至今	迈向区域治理模式	全面深化改革的提出	治理体系和治理能力的现代化	区域治理体制机制有待完善

行政区管理模式（1978~1992年）主要实施于中国的"五五"计划到"七五"计划期间，可以理解为地方政府在中央行政区域规划所确定的区域范围内进行的、以本地区利益最大化为目标的政府行为。在这种模式下，地方政府在处理辖区事务的过程中拥有自主决定权，同时改革也赋予了地方政府参与经济建设并获取最大利益的动力。在这一阶段，中央关于推动区域合作的文件相继出台，如1980年制定的《国务院关于推动经济联合的暂行规定》、1984年发布的《中共中央关于经济体制改革的决定》，以及1985年出台的《国务院关于进一步推动横向经济联合若干问题的规定》等，这在一定程度上推动了以政府主导为特征的区域合作的发展。但是，由于行政区划范围的限制，以及地方政府直接干预企业的跨区域活动，经济市场化尚未进入各级政府的视野，市场力量被行政力量压制，具体表现为政府试图在建立横向经济关系时，又各自封锁且相互对立，并引发了以"重复建设→原料大战→市场封锁→价格大战"为基本特征的第一轮区域大战（张可云，2001）。虽然这一时期在全国出现了许多区域经济合作组织与网络（张万清，1987），但并没有形成真正意义上的经济区管理，因为企业的跨区域活动仍然受地方政府支配，市场力量还微不足道，而这正是地方政府主导的区域经济合作在20世纪90年代陷入低潮的根本原因。事实上，行政区管理模式在实际的操作过程中存在很多弊端，其中最大的问题在于其逆区域一体化的属性，即地方政府"各自为政"。为了进一步冲破阻挠地方政府横向关系发展的行政区划力

量，在"八五"计划到"十五"计划期间，中央采用了经济区域管理模式。

经济区域管理模式（1993~2005年）是植根于区域经济发展基础上的政府管理方式，陈瑞莲等（2002）认为该模式是在区域经济的自然发展冲动不断被民族国家或行政区划的法定边界限制、被政府干预行为挫伤的背景下，政府间为适应区域经济发展要求而进行的合理化的关系构建与行为调整。该模式代表了区域管理经历了从单个地方政府的"独角戏"到多个地方政府间的合作、从行政区行政的思维窠臼到区域间公共事务的处理的转变。这些转变使市场力量和行政力量之间的博弈进入了一个新的阶段，市场规律开始发挥作用，逐步形成了地方政府指导下，以企业为主体的区域合作新格局。党的十五大报告指出，"各地要从实际出发，发展各具特色的经济，加快老工业基地的改造，发挥中心城市的作用，进一步引导形成跨地区的经济区域和重点产业带。加快改革投融资体制，完善国家产业政策，切实解决'大而全''小而全'和不合理重复建设问题"。地方政府间通过交流、协商等方式，旨在有效减小"区域大战"所带来的负面效应，为地区间充分发挥各自的优势、促进区域协调发展奠定基础。例如，20世纪90年代末，中国的长三角和珠三角地区在区域管理上均取得了较大的进展，具体表现为区域合作意识确立、开始出现制度化合作。不过，经济区域管理模式也没有从本质上改变行政力量对市场力量压制的现实。以政府为主导的市场经济在很大程度上只反映了政府部门的核心利益，而政府的利益并不能完全代表区域的总体利益，这就必然造成了区域发展机制与规则的不完善。在这一时期，不仅第一轮"区域大战"所导致的恶果没有得到有效治理，而且地方政府之间的博弈引发了更加严重的第二轮"区域大战"，具体表现同样为"重复建设→原料大战→市场封锁→价格大战"。

新区域主义兴起模式（2006~2013年）可以理解为"以区域政府组织和非政府组织为主体的区域公共管理部门，为解决特定区域内的公共问题，实现区域公共利益而对区域公共事务进行现代治理的社会活动"。进入21世纪以来，随着全球化、区域一体化进程的不断推进，区域之间的联系、交流与合作已成为不可逆转的趋势，公共问题也呈现出了"区域化"的特征。中国加入WTO后，地方政府的职能和角色也发生了相应的改变，行政区划的刚性约束逐渐变弱，这为非政府组织、企业和居民等主体参与区域管理创造了空间，区域经济合作进一步深化。然而，在体制并未完全定型且需要全面深化改革的背景下，中国的非政府主体参与区域管理的积极性并不高，且没有形成一个非政府组织、企业以及居民与政府之间协商、交流的正式制度安排，区域管理基本上仍以政府为主导。

迈向区域治理模式（2014年至今）是指通过政府（中央和地方）和非政府

主体之间积极有效的合作来处理和应对区域公共问题。在该模式下，各主体之间已经形成了较为健全的协商、交流制度，政府和市场之间的博弈达到了一个相对和谐的理想状态，基本实现了区域共治。中国的"迈向区域治理模式"起始于全面深化改革总体目标的提出，"推进国家治理体系和治理能力现代"以及"市场在资源配置中起决定性作用和更好发挥政府作用"的新论断，标志着中国区域管理开始从"统治"全面转向"治理"。虽然西方国家早在20世纪90年代迈向了空间治理阶段，为中国的区域管理提供了丰富的经验，但是这一概念毕竟根植于西方国家对于大都市空间治理路径的探讨。中国与西方国家在发展路径、文化背景、制度设计等方面存在明显差异，绝不能将解决中国区域管理问题寄希望于生搬硬套西方的治理概念，而应当结合中国的实际情况加以使用。

12.2.3　构建中国空间治理现代化体系的机遇

党的十九大的召开，标志着中国正式进入高质量发展的新时代。一方面，这对于空间治理能力提出了更高的要求；另一方面，新时代同时也孕育着构建中国空间治理现代化体系的机遇。具体而言，包括以下三个方面的内容：中共十八届三中全会中关于全面深化改革的提出、区域协调发展新机制的提出、国外成熟的空间治理经验的借鉴。

（1）"全面深化改革"的目标统筹和高质量发展的必然要求

一方面，中国空间治理现代化体系的构建得益于"全面深化改革"的目标统筹。党的十八届三中全会明确提出："全面深化改革的总目标是完善和发展中国特色社会主义制度、推进国家治理体系和治理能力现代化……其核心问题是如何处理好政府和市场的关系，使市场在资源配置中起决定性作用和更好发挥政府作用"。首先，"国家治理"的提出表明了国家决策层在管理国家方面思想观念的转变，是响应时代潮流和社会发展规律的顺势而为；其次，对于政府和市场关系的新论断反映了行政干预和市场力量之间的新一轮博弈，这是在政府不断简政放权，稳步有序释放市场力量下形成的与"治理"相呼应的新局面；最后，总目标的确定也标志着中国区域管理在官方层面开始决意从"统治"全面转向"治理"。

另一方面，中国空间治理现代化体系的构建是新时代高质量发展的必然要求。党的十九大的召开，标志着中国特色社会主义进入了新时代，社会主要矛盾已经转化为人民日益增长的美好生活需要和不平衡不充分发展之间的矛盾，经济已由高速增长阶段转向高质量发展阶段。区域发展不平衡与不充分是主要矛盾的重要体现。中国幅员辽阔，资源禀赋、地貌条件以及风俗文化各有不同，加上一系列区域政策的实施，必然造成区域发展水平的分化。可以说，区域发展的不协调是经济持续高速增长过程中的必经阶段，虽然中央早在"七五"期间就开始注重区域协调发展的问题，但很难做到平等与效率的兼顾。高质量发展是高速发展的嬗变，是发展由量变到质变的升华。经济的增长不再是衡量地区发展的唯一指标，民主、法制、平等、生态、可持续性等方面也纳入考核范围，这就必然需要更多的主体参与到区域管理中来，这与治理理念不谋而合。

（2）区域协调发展新机制的提出

党的十九大明确提出了"建立更加有效的区域协调发展新机制"，2018年9月召开的中央全面深化改革委员会第四次会议审议通过《中共中央　国务院关于建立更加有效的区域协调发展新机制的意见》（以下简称《意见》），《意见》中提出"立足发挥各地区比较优势和缩小发展差距，围绕努力实现基本公共服务均等化、基础设施通达程度比较均衡、人民基本生活保障水平大体相当的目标，深化改革开放，坚决破除地区之间利益藩篱和政策壁垒，加快形成统筹有力、竞争有序、绿色协调、共享共赢的区域发展新机制，促进区域协调发展"。这无疑为中国区域管理模式在由"统治"迈向"治理"方向的具体举措上提供了有力的抓手。

以往所指的协调多是减少区域经济发展水平的差距。根据《意见》，区域协调发展战略与区域协调发展新机制的关系可用图12-2概括。需要说明的是，当经济的发展由高速阶段转向高质量阶段时，区域协调必须被赋予更为丰富和具体的含义，相应的，区域管理模式也需要做出相应的调整。《意见》中对于"协调"的最新定义包括经济、公共服务、交通、民生四个方面，涵盖了政府、企业和居民等各个主体的切身利益。简言之，要实现新一轮的区域协调，必须构建由政府、企业和居民等相关利益主体组成的多元治理框架，通过各主体之间的互动、协商交流来处理区域事务。《意见》中所提的"统筹有力、竞争有序、绿色协调、共享共赢"十六字方针，指明了协调发展的主要内容。"统筹有力"指的是中央政府的统筹能力。毫无疑问，统筹区域的发展是中央政府的职责之一。统筹能力的提升，一要满足"新机制"的要求，二要有助于实现"治理体系和治理能力现代化"的目标。中央政府作为中国行政级别最高的权力机构，在统筹社会主义现代化建设的过程中发挥着不可或缺的作用。"竞争有序"指的是保证不同区域内的微观利益主体在区域竞争时不发生冲突并强化合作，以免重演"重复建设→原料大战→市场封锁→价格大战"的悲剧。"绿色协调"指的是人与自然的和谐。在经济高速发展过程中，人们往往会忽略由此给环境带来的损害，高质量发展更应强调生态文明的协调。因此，需践行和进一步完善主体功能区制度和区域产业发展负面清单。"共享共赢"是经济、公共服务、交通、民生四方面协调的集中体现，主要依靠问题区域扶持政策和对口支援政策两种手段来实现。

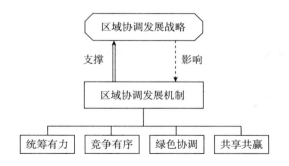

图 12-2 区域协调发展战略与区域协调发展机制的关系

综上所述,《意见》赋予了"协调"新的含义,这就要求实现这一目标的方式需要做出相应的调整,这一调整体现在对区域管理的主体构成、客体构成、管理框架和管理方法上的改变。

(3)国外空间治理经验的借鉴

从20世纪50年代起,以美国为主的西方国家在区域管理方面大致经历了旧区域主义、公共选择和新区域主义三个阶段。其中,前两个阶段以空间统治为主(20世纪50年代至90年代),后一个阶段以空间治理为主(20世纪90年代至今)。而中国在这方面的举措则起步相对较晚。严格地讲,在改革开放前中国不存在真正意义上的区域管理,直到改革开放后才逐渐演变发展到目前的局面。虽然中国与西方国家在发展路径、文化背景和制度设计等方面有很大差异,但西方国家在空间治理方面成熟的经验依然值得借鉴。例如,信息公开中的"新闻发言人"制度、在政策制定过程中的"听证制度"、相关手续办理的"一站式服务"制度、"政府问责"制度、"参与式治理"制度等,都是对国外治理经验的直接或间接借鉴(俞可平,2014)。

如今,国家层面已经定下了迈向区域治理的主基调,全面深化改革稳步推进,我们应比以往任何时刻都更有信心和底气,结合中国各方面的实际情况,对国外成熟的空间治理经验"取其精华,弃其糟粕"。

12.3 中国空间治理的优化

党的十八届三中全会提出要推进国家治理体系和治理能力现代化,在公共治理领域中,我们往往把"空间"视为治理对象的地域范围,而忽视了应把"空间"作为治理对象本身。当前空间治理制度体系不完善,治理工具残缺不全。完善空间治理制度，健全空间治理机制，优化空间治理体系和治理能力，有利于协调政府间的利益与冲突，建立健全协同治理模式，使空间治理在一张蓝图上绘制。

12.3.1 空间治理体系优化

空间治理体系的优化，就是要建立科学的空间治理结构，完善空间治理的制度安排。空间治理体系优化的主要内容：第一，处理好市场与政府在空间治理中的关系，发挥市场与政府在促进区域发展与区域关系协调中的作用。第二，从纵向与横向两个方面建立健全的空间治理体系。在纵向方面，处理好中央政府与各级地方政府在空间治理中的职能分工与定位；在横向方面，处理好同级行政区间的关系，妥善安排区域之间的横向经济联系与合作。第三，完善空间治理的基本制度基础，具体包括空间管理机构的设立、标准区域和问题区域的划分、空间规划与政策的工具选择法制化以及空间规划与政策实施的监督和评价（见图12-3）。

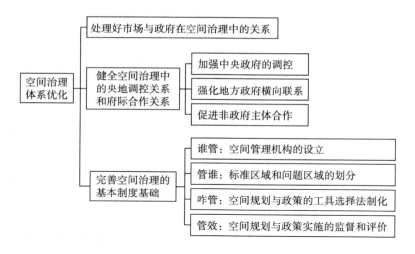

图12-3 空间治理体系优化

（1）处理好市场与政府在空间治理中的关系

在空间治理中，应坚持市场在资源配置中起决定性作用且更好地发挥政府作用。在理论上，劳动力、资本等在空间的自由流动，可使经济资源得到最佳利用。如企业家谋求利润最大化，其不仅选择劳动力和资本的有效组合，还会选择最佳区位，将厂房投资于能获得最大利润的地理空间。同理，劳动力会根据工资选择最佳就业地，实现劳动力对空间的自选择。在这个过程中，空间内的资源配置是最有效率的，政府增强干预只会使空间内资源配置效率下降。因而，陆铭和向宽虎（2014）等从经济效率的视角上分析空间问题，提出"在集聚中走向平衡"的观点，即认为应该充分放开和调整户籍和土地制度，实现资源向大城市集聚，最终实现资源的高效率配置和空间平衡。但市场机制依赖于一个试错的过程，企业家不可能总是能作出正确判断并选择区位；同时，劳动力在市场机制作用下的迁移还存在其他社会成本，人口迁移在数据上表现为"量"的变化，但也隐含了人们对诸如文明、福利、获得感等"质"的追求，以及对高房价、远离亲属等的规避。

根据新经济地理（NEG）理论，由于要素的逐利性，空间最终会形成"核心—边缘"的结构，引起空间的不平衡发展。中国是大国，只发展单一增长极或少数增长极，势必会造成空间差距的极大不平衡和贫富差距的扩大；但若采取均衡发展策略，就违反了市场规律，造成资源在空间上的错配和低效率利用，不利于城市的发展和参与全球竞争。集聚经济产生城市，如何兼顾平等和效率给不同等级城市的战略定位提出了不同的要求。在空间治理中处理好市场与政府的关系，就是要把城市群和中心城市作为承载发展的主要空间形式，以政府的力量促进资源在以城市群为主体的空间尺度中有效流动，尽可能削减因资源远距离流动而带来的高昂社会成本，形成以城市群为主要形态的增长动力源，进而带来中国经济的整体协调发展；同时，遵循市场规律，促进各城市群内部资源自由流动和有效配置，以中心城市发展推动区域增长极的高质量发展，辐射带动城市群内其他城市，实现以中心城市发展增进效率、增强全球竞争力，中小城市通过要素流动，积极参与全球分工网络中，减少差异分化，兼顾平等，最终形成空间上的平衡发展。

因此，我们主张"大分散、小集中"的观点，一方面应坚持市场在资源配置中的决定性作用，尊重市场规律，促进资源在合理空间尺度下的有效配置，形成竞争有序的城市体系；另一方面应统筹有力，明确政府在空间治理中的管理边界，强化制度作用并对市场进行更加有效的引导，切实做好服务，保证市场有序、合理、规范，兼顾空间治理中的效率和平等，实现空间治理向高质量发展。

（2）健全空间治理中的央地调控关系和府际合作关系

空间治理最终会落实到具体空间上，涉及区域间治理和区域内治理两个层面。区域间治理旨在追求区域间的协调发展，化解区域之间的利益矛盾与冲突，缩小经济社会发展水平的区域差距，促进区域合作。区域内治理旨在解决区域内的发展问题，重点解决"穷""堵""老"三类突出问题。优化空间治理体系，需要明确空间治理决策主体和组织及其相互关系，构建良性互动、权责明晰的政府间关系运作机制，消除利益藩篱，降低空间治理成本，构建现代化空间治理体系。健全空间治理中的主体关系，需要做到以下三点：

第一，加强中央政府的调控。在空间治理中，中央政府的调控旨在从区域间治理的角度为空间治理提供工具。中国区域间治理采用的是分立的职能部门模式。这种模式在一定程度上可以调动相关部门参与区域开发的积极性，但因区域开发时需要协调多方人力、财力、物力以争取区域政策项目，易造成区域间的矛盾和冲突。不同国家的基本制度存在差异，中央政府中区域政策机构设置方式也各有不同，主要分为三类，即分立的职能部门模式、专门的职能部门模式和联合的职能部门模式，相比较而言，以法国 DATAR 和意大利 Cassa 为例的专门的职能部门模式，和以英国为例的联合的职能部门模式是较为合理的区域管理机构设置方式。

目前，在区域间治理中，中国已经形成了区域发展战略、区域规划和区域政策。其中，区域发展战略是制定区域发展机制（包括区域规划与区域政策）的前提，而区域规划与政策是支撑区域发展战略的工具或手段（张可云，2019），（见图12-4）。在理论上，区域政策应该上升到"国家战略"高度，从全局上宏观调控。因此，应设置职能明确的区域管理委员会或区域政策部门，以解决区域发展不协调的问题；同时，还应注重区域发展机制与国家规划的衔接问题，切实做到空间治理全面统筹。

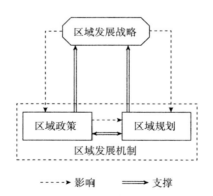

图 12-4　区域发展战略与区域发展机制、区域规划以及区域政策的关系

第二，强化地方政府横向联系。在区域间治理时，必须重视地方政府的作用，将自上而下和自下而上的治理方式相结合。地方政府为吸引投资，主要从事改善地区投资环境的活动，如通过完善基础设施、改进地区环境、建设住房等方式，发展产业、促进就业、提高地区的社会经济状况。一方面，这符合区域政策目标；另一方面，这将会加剧地方政府间的竞争。这种政府间竞争体现为两个方面：一是不同城市间基于市场的资源流动的良性竞争，这种竞争会提高资源的配置效率，实现在大区域下的资源合理分配和城市合理分工；二是不同地方政府基于中央政府政策红利的恶性竞争，这也是区域政策决策不能下放给地方政府的重要原因。因此，应构建推动府际合作的空间治理机制，增强地方政府横向合作动机，更好地服务于国土空间综合治理。

第三，促进非政府主体合作。除中央政府外，区域政策的实施还需要其他一些组织或机构。区域政策实施的组织机构有国家、区域和地方两个层次。国家层次的组织主要有中央政府及其下属的区域管理机构、立法机构、国家区域发展基金和全国性的区域开发机构；区域与地方层次的组织主要有区域层次的政府管理机构、地方政府、地区协调发展委员会、区域层次的发展基金、区域开发代理和其他区域开发机构。一般而言，国家层次组织的决策与行动要通过各种区域层次组织间接作用于区域经济实体。加强空间治理中的非政府主体合作，扩大社会参与，增强空间治理中的统筹和合作，有利于实现空间治理的共享共赢。

（3）完善空间治理的基本制度基础

空间治理的基本制度基础可概括为处理好"四管"，即谁管、管谁、咋管与管效。

一是"谁管"，即合理设置区域管理机构，明确治理主体的机构设置方式和政策制定程序。要实现空间治理组织的合理化，至少需要处理好三种关系，即加强中央政府和地方政府的纵向联系、地方政府间的横向联系和非政府主体的合作。值得注意的是，在空间治理的区域间治理中，区域政策下放不能理解为决策权力的转移，而是指区域政策实施权力由中央政府向区域或地方政府转移，并在决策时引入考虑区域或地方政府关注公众利益和意见的机制。

二是"管谁"，即明确空间治理的作用对象，划分标准区域和识别问题区域框架。所谓标准区域，是指名称被标准化并被编码的、范围相对固定的、作为区域政策与规划制定基础的多级规划区域体系。美国和欧盟都划分了较为科学合理的标准区域。为了确定美国经济分析和区域政策的基本框架，美国经济分析局确定了标准区域——经济地区（Economic Areas，EA），并收集和公布各 EA 的产业产值、就业、收入、人口、人均收入等数据，以规划公共部门项目、企业选址和产品销售范围。美国划分 EA 所依据的基本空间单元是县，每个 EA 都由一个或多个经济节点以及与其存在经济联系的周边县组成，这些节点即为大都市区或经济中心的地区，周边县的选择依据节点与周边地区的通勤情况。因此，EA 尽可能包括劳动力的工作地及其居住地，跨 EA 边界的通勤量应尽可能小。但由于通勤样式和节点城市定义的改变，EA 的划分也随之改变。1977 年划定为 183 个 EA，1993 年调整为 172 个 EA，2004 年增加为 179 个 EA。

为了建立统一的地域单元划分标准，欧洲统计局设计了欧盟的标准地区统计单元（Nomenclature of Territorial Units for Statistics，NUTS）目录，以便于收集统计资料，分析区域社会经济问题，并制定共同体区域政策。NUTS 是一个三级分类，NUTS 将每个成员国划分为多个 NUTS1 区域，每个 NUTS1 又划分为多个 NUTS2 区域，其他层级的 NUTS 依此类推。其中，NUTS1 是主要的社会经济区域；NUTS2 是在区域政策中普遍采用的框架；NUTS3 区域较小，用于进行特殊的诊断或精确判断。当前欧盟采取的是 NUTS2016 年的框架，有 104 个 NUTS1、281 个 NUTS2 和 1348 个 NUTS3。

在空间治理较为完善的国家，标准区域框架是问题区域识别的基础。但问题区域的界限并不是一目了然的，需精准识别空间治理的对象，即完善问题区域识别机制。问题区域识别机制主要是明确由何种机构负责以及主要考虑哪些因素，如问题区域的范围大小、基本空间单元的选择和选择何种类型的指标等都依据空间问题而不同。在空间治理中，尤其要注意落后区域、膨胀或拥挤区域和萧条区域的问题，即"穷""堵""老"地区。

目前，中国只确定了贫困地区界限，但老工业基地划分框架仍未完善。同时，标准区域框架长期缺失是区域规划不完善且作用不明显的重要原因之一。在空间治理体系的优化中，应加快制定标准区域划分体系框架，制定问题区域划分标准，以更好地实现精准施策，精细管理。

三是"咋管"，即确定合理的治理工具。在空间治理的过程中，既需要考虑提高区域内经济社会发展活力，也需要考虑促进区域间的协调发展。目前，中国的空间治理工具主要表现为规划和政策两类，各级各类空间规划在支撑城镇化发展、促进国土空间合理利用上发挥了积极的作用。为避免因规划类型过多、内容重叠等问题，2019 年 5 月，国家发布《中共中央 国务院关于建立国土空间规划体系并监督实施的若干意见》，旨在将主体功能区规划、土地利用规划、城乡规划等空间规划融合为统一的空间规划，实现"多规合一"，强化国土空间规划对各专项规划的指导约束作用。因为没有完美的市场，最好的政策往往是次优。一方面，我们要考虑不同政策的效益。在制定空间政策时我们究竟应该选择"胡萝卜"还是"大棒"，"胡萝卜"的重点是转移支付还是产业培育，以及政策实施后的短期、中期和长期的效益都需要规范研究。另一方面，还要考虑政策的外溢性。如城市期望引进高技术人才的同时控制人口规模的增长，一般而言高技术人才的增加会带来对低技术人才的需求，那么在设计政策工具时考虑政策的外溢性就显得尤为重要。

四是"管效"，即制定规范、明确的空间治理的监督与评价流程。空间治理的评价是空间治理的重要部分，也是科学设计空间治理方案的关键保障。空间治理的评价可以综合分析过去治理的经验，改进空间治理的不足，保证空间治理的落地，完善空间治理过程中的政策工具和项目。对空间治理的评价主要是将治理效应与治理目标相对照，验证干预逻辑是否成立。根据评价时期的不同，可分为事前评价、中期评价和事后评价；根据评价目的的不同，可分为过程性评价和总结性评价。对空间治理的评价有利于明确空间治理的方向，强化治理的合理性和准确性，为下一步治理提供示范。

12.3.2 空间治理能力优化

优化空间治理能力，就是要提高各级政府职能部门治理空间的水平。空间治理能力体现在三个方面：一是在治理对象上，要将地方发展与区域协调相结合，既要提高地方政府治理地方的能力，也要提高不同地方的协调发展水平；二是在治理内容上，要将经济增长与环境社会治理相协调，既要提高经济增长水平，也要提高社会发展水平；三是在治理方法上，要整体统筹与精准施策相配合，既要做好中央政府的有力统筹，实现区域间微观主体的有序竞争，还要合理高效地识别出问题区域，实施差异化的治理政策，解决空间问题（见图12-5）。

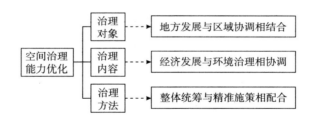

图 12-5 空间治理能力优化

（1）地方发展与区域协调相结合

改革开放后，地方竞争模式取代了中央政府主导下的生产力空间布局战略（蔡之兵等，2019），地方政府促进地方经济发展和中央政府期望区域协调发展的目标有共性，也有冲突。在同一利益分配主体的管辖领域内，政府有意促进不同产业在不同空间上集聚，实现产业在空间上的合理分工；而不同的利益分配主体之间存在利益藩篱，彼此竞争激烈，容易产生产业在不同空间上的同构现象。如各级政府效仿中央政府并制定本地的主导产业或重点产业目录，进而加剧了城市间产业同构，产业竞争和市场分割相伴而生，导致产业在地理上出现分散布局（贺灿飞等，2010；宋凌云，2013）。

因此，处理好因地方分权导致的地方间恶性竞争是优化空间治理能力的重要手段。只有实行将地方发展与区域协调相结合的空间治理，才能有效促进国土空间的合理利用和有效保护，最大限度地提高资源在空间的配置效率，尽可能实现

"基本公共服务均等化、基础设施通达程度比较均衡和人民基本生活保障水平大体相当"的区域协调发展目标。

（2）经济发展与环境治理相协调

空间治理不仅要注重经济增长、产业发展和人民就业，促进人、地繁荣，还要立足资源禀赋和环境承载能力，构建生态功能保护基线、环境质量安全底线、自然资源利用上线。国家"十一五"规划首次提出主体功能区，即将国土空间划分为优化开发、重点开发、限制开发和禁止开发四类主体功能区，旨在规范空间开发秩序，形成合理的空间开发结构。有效兼顾经济增长和环境保护是空间治理能力的集中体现，应当坚持"集约土地、节约资源、绿色发展"的理念，合理配置并高效利用土地资源，开展资源环境承载能力和国土空间开发适宜性评价，划定生态保护红线，完善生态保护红线管理体系，制定空间管制规划。合理分配生产空间、生活空间、生态空间，综合调控各类空间开发规模，引导和约束开发行为，控制和管治开发强度，优化生态文明建设空间载体，实现空间治理能力优化。

（3）整体统筹与精准施策相配合

空间治理离不开区域间治理和区域内治理两个具体空间层次，其中区域间治理旨在提高区域间现有资源的利用水平，促进区域间的协调发展，因此区域政策的实施主体不能下放给地方政府。但空间治理的对象最终会落到具体空间上，需要针对不同类型的发展问题制定相应的治理工具。现实中，问题区域的精准识别存在指标选择等争议，如早期以高失业率为指标，综合反映某地区问题，但随着人们对美好生活需求的不断增长，问题区域的选择也需考虑多种因素，这给精准识别问题区域增加了难度。因此，保证空间治理区域选择的有效性，增强政策干预逻辑的合理性和准确性，都是空间治理能力优化的重要体现。

12.4　支持空间治理优化的区域政策

习近平（2019）指出，中国各地区资源禀赋差别很大，统筹区域发展从来都是一个重大问题。当前，中国区域发展的总体形势是好的，同时出现了一些新的值得关注的问题：首先，区域经济发展的分化态势比较明显；其次，区域发展动力的极化现象日益突出；最后，部分区域发展面临较大困难。为适应新的区域经济演化特点，支持中国现阶段的空间治理优化，解决区域发展和区域经济关系问题，需要对不同问题的区域有针对性地实施差异化的区域政策；为解决不同地区的区域问题，需要对不同类型的区域进行具体识别，并判断出具体问题，实施更细化并有针对性的区域政策。

12.4.1 划分标准区域——区域政策实施的空间单元

由于中国区域经济发展在当前出现了新的特点，南北方、不同板块之间、板块内部、省际与省内等不同尺度存在不同的经济发展态势，中国目前所实施的尺度过大、精准程度不高的区域政策无法适应新情况，因此，中国下一阶段支持空间治理优化的区域政策应当细化政策的空间单元，明确不同类型的治理优化对象和不同对象所需解决的问题。这需要对中国国土进行标准区域的划分，以针对不同类型的区域实施精准的区域政策。

标准区域是指名称被标准化并被编码的、范围相对固定的、作为区域政策与规划制定基础的多级规划区域体系。标准区域的划分遵循同质性与内聚性的原则，即识别具有同一性的匀质区域和各组成部分具有依赖关系的功能区域，并同时兼顾行政可行性以支持政策实施。在此划分的基础上，根据合理并公认的指标体系对问题区域进行有效识别。

中国未来的标准区域至少应该分为四级：第一级标准区域以省级行政区为基本空间单元，每个区域包含若干个省份，此层级主要服务于区域战略的制定；第二级标准区域以地市级行政区域为基本空间单元，可打破省级行政界线，每个区域都应有实力较强的中心城市或城市群等增长极，区域范围包括增长极的影响范围，这个层级可作为区域经济合作政策的空间范围；第三级标准区域以县级行政区为基本空间单元，每个区域包括若干个县，各区域必须至少有一个中等城市或小城市作为经济中心，这个层级可以作为识别较为普遍存在的问题区域；第四级标准区域以乡镇级别区域为基本空间单元，每个区域由若干个乡镇组成，各区域必须至少由一个中心镇或城市为中心，这个层次的标准区域主要用来识别一些较为特殊的问题区域（张可云，2005）。

在标准区域框架下，可以根据类型和尺度的不同，采取合理并公认的指标体系，依照符合法律规定的程序，对问题区域和区域问题进行识别，并实施具有针对性的区域政策，进行空间治理的优化。

12.4.2 针对区域经济发展分化的区域政策

进入新时代后，中国区域经济格局发生了一些变化，中国社会的主要矛盾从"人民日益增长的物质文化需要同落后的社会生产之间的矛盾"转变为"人民日益增长的美好生活需要和不平衡不充分的发展之间的矛盾"。其中，南北方的经济发展差异出现了一定程度的扩大。2019 年，北方地区各省份经济总量占全国经济总量（不含港澳台地区）的比重为35.4%，比2018年下降了8.1个百分点，其中高于全国增速的北方省份有7个，而南方省份有12个①。南方地区的珠三角城市群和长三角城市群已走上高质量发展轨道，而北方地区的京津冀城市群一体化程度相对较低。各板块之间，东部地区和中部地区省份发展势头良好，西部地区与东北地区发展相对滞后。板块内部各省份及省内同时存在分化的问题。

受资源禀赋、区位、发展生命周期和技术水平等因素的影响，各地区的生产率水平存在差距。资本和人口倾向于流入生产率水平较高的区域，而生产率水平高的发达地区由于其生产回报率高，更容易获得各种优势要素。由于这种累积的不断循环，具有优势的地区将保持发展优势，劣势区域将继续处于劣势状态，区域差距由此产生并扩大。区域差距的存在是全世界所面临的共同问题，如何解决区域分化问题是一个国家实现现代化必须解决的问题。区域差距的存在产生区域之间的竞争甚至上升为区域冲突，各地区为争夺优势资源，催生出以"地方保护主义"为特点的"诸侯经济"，造成区域之间的重复建设，使某些产业不能产生规模经济，导致生产率的无谓损失，对国家整体发展路径存在负面影响。

为解决区域分化的宏观问题，需要在省际区域尺度下制定区域战略并在地市级尺度上实施与之配套的区域合作政策。解决南北方和四大板块的分化问题，需要依靠区域战略，而省际分化态势的缩小同样是大尺度区域分化态势缩小的表现。目前中国在板块与一些经济地带制定并实施了区域战略。区域发展总体战略（如东部率先发展、西部大开发、中部崛起和东北振兴等战略）分别对四大板块指明了发展方向，"一带一路"建设、京津冀协同发展、长江经济带建设、粤港澳大湾区和黄河生态经济带建设等举措为一些经济地带的发展设定了发展方向。在已有的区域发展战略的基础上，结合第一级标准区域的划分，准确识别省际分化态势，并合理划分不同战略所覆盖的省际区域，有利于制定缩小省际区域分化的区域战略。这类战略的制定要考虑省际区域的同质性，相对落后或增长乏力的区域要给予相应的政策扶植，促进其寻找经济增长和结构转型的抓手，使之进入高质量的良性发展轨道。同时考虑区域分化的异质性，使不同发展阶段的区域之间建立一定的经济联系，向区域一体化方向发展。

在上述区域战略的基础上，结合第二级标准区域的划分，制定合理的区域合作政策。在大尺度区域内部，同样存在小尺度区域之间的发展分化。区域合作政策的制定和实施要充分发挥市场与政府的双重作用。鼓励市场主体进行跨区域合

---

① 根据国家统计局及各省份统计局发布的数据计算得到。

作及跨区域生产，使各区域形成产业、资本和劳动力的相互联系，各级政府在政策框架下进行区域市场的协调，促进区域合作的良性发展。

促进区域合作，缩小区域分化趋势，不仅要在省际和地市级别的尺度上制定合理的区域协调发展战略及其配套的区域合作政策，还需要有相对优势的区域对区域整体经济发展产生带动与辐射作用。这需要对区域发展新动能的主体加以培育。

12.4.3 培育区域发展新动能政策

目前，中国的经济和人口呈现出比较明显地向大城市和城市群集聚的趋势。直辖市、省会城市、省内核心城市及其形成的城市群增长动力强劲，已成为新时代的优势发展动力，形成了区域增长极。增长极城市的产业与人口集聚带来的集聚经济、类分效应和选择效应使全国形成了"超大、特大城市及城市群—大城市—中小城市—小城镇（特色小镇）"的城镇体系，而传统和新兴的城市群与大城市的产值占中国生产总值的大部分，这类优势增长极是国家经济增长的主要动力。培育并促进优势的城市群和城市增长极是使中国经济在严峻的国际形势下保持经济中高速增长的关键。

中国的城市群与大城市增长极分布于不同类型的区域中，不同增长极由于发展起步时间与发展路径的不同而处于区域发展生命周期中的不同阶段，各城市的产业结构、人口结构与依托的腹地等因素不尽相同。对于不同类型的优势增长极，需要采取不同的培育政策。根据区域生命周期的不同，增长极可以分为优化增长极、老化增长极和新兴增长极。其中，优化增长极是目前经济增长强劲、辐射带动能力强且产业相对前沿的增长极，这类增长极需要不断优化其增长极的城市（城市群）功能，不断进行创新活动，使自身产业结构、人口结构保持良好的发展路径，并防止其走向老化的发展路径；老化增长极是指在历史上曾经发挥过强大辐射带动作用，并占据区域、国家甚至世界发展高地的城市，虽然目前仍有一定的辐射带动能力，但因其发展过早，产业结构已出现老化，将逐步迈向萧条的泥潭，这类增长极需要对自身产业结构进行更新，注入新的产业与人才要素，进行产业升级或产业重构，重焕生机活力，并重新发挥带动区域经济发展的作用；新兴增长极是目前快速发展并逐步跨入现代化发展轨道的新兴城市和城市群，这类增长极是未来发展的主力军，需要培育其健全的市场，并为其注入更多新的经济发展活力，保持其良好发展态势。

为培育优势增长极，要在总体和地区的区域战略基础上，依托标准区域的划分，对不同类型的增长极做出识别，并根据增长极的类型制定出相应的区域政策。在第二级和第三级标准区域的划分下，对增长极的城市与城市群做出识别，并根据相应的指标体系对增长极的类型做出判别。识别过程中应注意结合两级标准区域的划分,考虑经济流对区域格局的影响,在第二级标准区域基础上识别城市群,在第三级标准区域基础上识别城市增长极,并充分考虑跨行政区增长极和同一区域内增长极中不同类型的区域(如同一城市中存在新兴城区与老化城区),以做出针对性的政策安排。

发挥优势增长极的优势,其主要作用除了要带动国家整体经济良好发展外,还要解决区域发展不平衡的问题,这需要增长极发挥辐射带动作用,优化增长极带动周边高质量发展区域共同进行产业更新,老化增长极带动周边老工业地区打破路径依赖,新兴增长极带动落后地区跨越现代化门槛。在制定区域协调发展战略与合作政策、增长极培育政策的基础上,可以联动地解决不同类型区域的问题。

12.4.4 问题区域发展政策

中国幅员辽阔,不同区域处于生命周期中的不同发展轨道:有的区域处于良性发展轨道;有的地区存在区域拥堵、发展膨胀问题,"城市病"问题突出;有的地区资源枯竭或产业老化,陷入萧条泥潭;有些地区还没有跨越现代化门槛,依然存在发展落后的问题。这些区域问题的根源可以用"穷""堵""老"三个字来概括,即落后、膨胀与萧条。在标准区域框架下,问题区域中的落后地区和萧条地区识别属于匀质区域划分问题,而膨胀地区属于功能区域划分问题。由于过大范围的区域可能包含不同类型的区域,因此在尺度上,应当以第三级标准区域与第四级标准区域来识别。

对于不同类型的问题区域,在基础设施与服务等方面(如医疗、教育、基本生活保障等)应当努力做到均等化,在此基础上,针对具体的"区域病"制定相应的政策。对于膨胀区域,合理疏解区域内部要素向周边地区流动;对于老化地区,给予促进产业升级或支持产业重构的政策支持;对于落后地区,给予精准扶贫等政策促进地方人民生活水平提高,并缩小相对贫困。

中国未来的空间治理优化依赖区域政策的支持,而明确并精准识别区域政策的作用对象是目前需要深入研究的问题。在科学合理的空间治理框架下,可有效解决区域分化、增长极培育与"区域病"等问题。在空间治理优化过程中,要重视政策作用的空间尺度,在不同尺度下,其治理方式存在差异。不同尺度下的政策要实现一体联动,需注意避免政策之间的冲突。

12.5 主要结论

"治理"并不是简单的自上而下的统治，其管理主体更加丰富，强调政府和非政府主体之间多元管理体系的构建，各主体通过协商、交流的方式来共同管理区域公共事务。目前，中国已基本形成"中央统筹，地方为主，非政府主体积极参与"的多元化空间治理格局。但在治理过程中，依然存在诸多突出问题，主要表现在区域管理制度基础、区域规划和政策法制化进程以及区域发展不平衡不充分三个方面。在公共治理领域中，我们不仅要把"空间"视为治理对象的地域范围，还应把"空间"作为治理对象本身。一方面，要处理好市场和政府在空间治理中的关系，从纵向和横向两个方面建立健全区域协调体系，完善空间治理的基本制度基础，优化空间治理体系；另一方面，要注重将地方发展与区域协调相结合，将经济增长与环境社会治理相协调，将整体统筹与精准施策相配合，支持空间治理优化的区域政策，优化空间治理能力。区域政策是优化空间治理的重要工具，一方面要合理划分标准区域并做好问题区域的精准识别，明确区域政策的作用对象；另一方面要协调不同级别标准区域的区域政策，防止政策间发生冲突，才能更好地完善空间治理体系和治理能力，推进国家治理体系和治理能力的现代化。

参考文献

［1］安徽省人民政府：《合肥都市圈一体化发展行动计划（2019—2021年）》，2019年12月6日。

［2］白俊红、王钺、蒋伏心、李婧：《研发要素流动、空间知识溢出与经济增长》，《经济研究》2017年第7期。

［3］《北部湾城市群发展规划》，国家发展和改革委员会、住房和城乡建设部，2017年2月10日。

［4］蔡昉、林毅夫、张晓山、朱玲、吕政：《改革开放40年与中国经济发展》，《经济学动态》2018年第8期。

［5］蔡之兵、张可云：《空间布局、地方竞争与区域协调——新中国70年空间战略转变历程对构建中国特色社会主义空间科学的启示》，《人文杂志》2019年第12期。

［6］曹裕、胡韩莉：《创新能力、吸收能力与区域经济增长关系研究》，《财经理论与实践》2014年第6期。

［7］陈栋生：《走向协调发展之路——改革开放30年的中国区域经济格局巨变》，《珠江经济》2008年第11期。

［8］陈佳贵、黄群慧、钟宏武、王延中：《中国工业化进程报告》，中国社会科学出版社，2007。

［9］陈佳贵、黄群慧、钟宏武：《中国地区工业化进程的综合评价和特征分析》，《经济研究》2006年第6期。

［10］陈瑞莲、张紧跟：《试论区域经济发展中政府间关系的协调》，《中国行政管理》2002年第12期。

［11］陈诗一、汪莉：《中国地方债务与区域经济增长》，《学术月刊》2016年第6期。

［12］《成渝经济区区域规划》，国家发展和改革委员会，2011年5月30日。

［13］程晨、张毅、宁晓静：《城市集聚对城市土地扩张的影响——以长江

中游城市群为例》，《中国房地产》2019 年第 9 期。

［14］戴觅、茅锐：《产业异质性、产业结构与中国省际经济收敛》，《管理世界》2015 年第 6 期。

［15］董志凯：《三线建设中企业搬迁的经验与教训》，《江西社会科学》2015 年第 10 期。

［16］都阳、贾朋：《劳动供给与经济增长》，《劳动经济研究》2018 年第 3 期。

［17］冯飞、王晓明、王金照：《对我国工业化发展阶段的判断》，《中国发展观察》2018 年第 8 期。

［18］付宏、毛蕴诗、宋来胜：《创新对产业结构高级化影响的实证研究——基于2000—2011 年的省际面板数据》，《中国工业经济》2013 年第 9 期。

［19］广东省人民政府：《印发〈珠江三角洲城镇群协调发展规划（2004-2020）〉的通知》，2005 年 8 月 31 日。

［20］国家发展和改革委员会：《关于滇中城市群发展规划的复函》，2020 年 1 月 14 日。

［21］国家发展和改革委员会、交通运输部、中国铁路总公司：《中长期铁路网规划》，2016 年 7 月 13 日。

［22］国家发展和改革委员会：《京津冀都市圈区域规划（2010-2014）》，2010 年 8 月 5 日。

［23］国家发展和改革委员会：《中原城市群发展规划》，2016 年 12 月 29 日。

［24］国家发展和改革委员会、住房和城乡建设部：《关中平原城市群发展规划》，2018 年 2 月 2 日。

［25］郝寿义、曹清峰：《后工业化初级阶段与新时代中国经济转型》，《经济学动态》2019 年第 9 期。

［26］河南省发展和改革委员会：《中原城市群总体发展规划纲要（2006-2020）》，2006 年 3 月 16 日。

［27］贺灿飞、谢秀珍、潘峰华：《中国制造业省区分布及其影响因素》，《地理研究》2008 年第 3 期。

［28］贺灿飞、朱彦刚、朱晟君：《产业特性、区域特征与中国制造业省区集聚》，《地理学报》2010 年第 10 期。

［29］胡安俊、孙久文：《产业布局的研究范式》，《经济学家》2018 年第 2 期。

［30］黄汉权、姜江、盛超迅：《迈向高质量发展的产业新旧动能转换》，载

于《中国产业发展报告 2018：迈向高质量发展的产业新旧动能转换》，经济科学出版社，2018。

［31］黄群慧：《中国的工业化进程：阶段、特征与前景》，《经济与管理》2013 年第 7 期。

［32］江苏省人民代表大会常务委员会环资城建委员会：《关于重点区域城镇体系规划编制情况的调研报告》，2018 年 9 月 14 日。

［33］姜江：《加快建设创新型国家：机理、思路、对策——基于新经济、新动能培育的视角》，《宏观经济研究》2018 年第 11 期。

［34］李君华、彭玉兰：《中国制造业空间分布影响因素的实证研究》，《南方经济》2010 年第 7 期。

［35］李磊、冼国明、包群：《"引进来"是否促进了"走出去"？——外商投资对中国企业对外直接投资的影响》，《经济研究》2018 年第 3 期。

［36］林善浪、张作雄：《技术创新、知识溢出与地区市场潜能》，《软科学》2013 年第 9 期。

［37］林毅夫、巫和懋、邢亦青：《"潮涌现象"与产能过剩的形成机制》，《经济研究》2010 年第 10 期。

［38］刘程军、周建平、蒋建华、王周元晔：《区域创新与区域金融耦合协调的格局及其驱动力——基于长江经济带的实证》，《经济地理》2019 年第 10 期。

［39］刘钜强、赵永亮：《交通基础设施、市场获得与制造业区位——来自中国的经验数据》，《南开经济研究》2010 年第 4 期。

［40］鲁晓东：《我国对外开放与收入差距：基于地区和行业的考察》，《世界经济研究》2007 年第 8 期。

［41］陆大道：《关于"点-轴"空间结构系统的形成机理分析》，《地理科学》2002 年第 1 期。

［42］陆铭：《空间的力量：地理、政治与城市发展》，格致出版社、上海人民出版社，2017。

［43］陆铭、向宽虎：《破解效率与平衡的冲突——论中国的区域发展战略》，《经济社会体制比较》2014 年第 4 期。

［44］罗伯特·J. 巴罗、哈维尔·萨拉伊马丁：《经济增长》，中国社会科学出版社，2000。

［45］吕健：《地方债务对经济增长的影响分析——基于流动性的视角》，《中国工业经济》2015 年第 11 期。

［46］毛振华、闫衍：《中国地方政府与融资平台债务分析报告》，社会科学

文献出版社，2018。

[47] 毛振华、袁海霞、刘心荷、王秋凤、汪苑晖：《当前我国地方政府债务风险与融资平台转型分析》，《财政科学》2018年第5期。

[48] 潘长春、李晓、姜龙：《贸易摩擦、贸易依赖与中美经济增长》，《经济问题探索》2019年第4期。

[49] 山东省人民政府、山东省住房和城乡建设厅：《山东半岛城市群发展规划（2016-2030年）》，2017年1月21日。

[50] 沈觉人：《当代中国对外贸易》，当代中国出版社，2009。

[51] 沈坤荣、马俊：《中国经济增长的"俱乐部收敛"特征及其成因研究》，《经济研究》2002年第1期。

[52] 盛来运、郑鑫、周平、李拓：《我国经济发展南北差距扩大的原因分析》，《管理世界》2018年第9期。

[53] 石敏俊、赵曌、金凤君：《中国地级行政区域市场潜力评价》，《地理学报》2007年第10期。

[54] 宋凌云、王贤彬：《重点产业政策、资源重置与产业生产率》，《管理世界》2013年第12期。

[55] 孙久文、胡安俊：《雁阵模式与中国区域空间格局演变》，《开发研究》2011年第6期。

[56] 孙久文、胡安俊：《主体功能区划解决的主要问题、实现途径与政策建议》，《河北学刊》2012年第1期。

[57] 孙久文：《中国区域经济发展报告2014：中国区域经济发展趋势与城镇化进程中的问题》，中国人民大学出版社，2014。

[58] 汪海波、刘立峰：《中国工业化道路的回顾与前瞻——为庆祝新中国成立60周年而作》，《经济研究参考》2009年第38期。

[59] 王丽洁：《区域创新能力与经济增长动态关系研究》，《统计与决策》2016年第16期。

[60] 魏后凯、刘楷：《我国地区差异变动趋势分析与预测》，《中国工业经济研究》1994年第3期。

[61] 习近平：《推动形成优势互补高质量发展的区域经济布局》，《奋斗》2019年第24期。

[62] 谢彦龙、李同昇、李梦雪、陈云莎、王昭、赵新政：《区域创新与经济发展时空耦合协调分析——以陕西省为例》，《科技管理研究》2017年第2期。

[63] 熊灵、魏伟、杨勇：《贸易开放对中国区域增长的空间效应研究：1987—2009》，《经济学（季刊）》2012年第3期。

［64］徐文舸、刘洋：《我国地区经济增长收敛的动态变化：1978—2017 年》，《贵州财经大学学报》2019 年第 5 期。

［65］徐圆、张林玲：《中国城市的经济韧性及由来：产业结构多样化视角》，《财贸经济》2019 年第 7 期。

［66］许德友、梁琦：《贸易成本与国内产业地理》，《经济学（季刊）》2012 年第 3 期。

［67］闫衍、王新策、袁海霞：《中国地方政府债务风险指数研究》，《财政科学》2018 年第 9 期。

［68］闫衍、袁海霞、汪苑晖：《补短板专项债加速发行，稳增长基建托底经济——地方政府债券撬动投资规模的测算及展望》，《财政科学》2019 年第 6 期。

［69］杨丹辉：《新中国 70 年对外贸易的成就、经验及影响》，《经济纵横》2019 年第 8 期。

［70］杨开忠：《中国区域经济差异变动研究》，《经济研究》1994 年第 12 期。

［71］姚鹏：《贸易开放如何影响经济活动的空间布局？——理论及中国的实证》，《世界经济文汇》2016 年第 6 期。

［72］姚鹏、孙久文：《贸易开放与区域收入空间效应——来自中国的证据》，《财贸经济》2015 年第 1 期。

［73］俞可平：《推进国家治理体系和治理能力现代化》，《前线》2014 年第 1 期。

［74］张可云、何大梽：《改革开放以来中国区域管理模式的变迁与创新方向》，《思想战线》2019 年第 5 期。

［75］张可云：《论老工业基地的内部"缺新"与外部"有新"——成因、适用理论与振兴新思路》，《社会科学辑刊》2017 年第 6 期。

［76］张可云：《区域大战与区域经济关系》，民主与建设出版社，2001。

［77］张可云：《区域经济政策》，商务印书馆，2005。

［78］张可云：《区域协调发展新机制的内容与创新方向》，《区域经济评论》2019 年第 1 期。

［79］张可云：《中国区域经济格局演变趋势分析》，《理论研究》1998 年第 2 期。

［80］张万清：《区域合作与经济网络》，经济科学出版社，1987。

［81］张秀娥：《比较优势理论与中国对外贸易发展战略研究》，中国人民大学出版社，2009。

［82］张泽义、何春丽：《空间相关、地区市场潜能与收入不平衡》，《华东经济管理》2017 年第 10 期。

［83］张钟文、叶银丹、许宪春：《高技术产业发展对经济增长和促进就业的作用研究》，《统计研究》2017 年第 7 期。

［84］张卓元：《十八大后经济改革与转型》，中国人民大学出版社，2014。

［85］浙江省人民政府：《浙江省环杭州湾地区城市群空间发展战略规划》，2003 年 12 月 10 日。

［86］浙江省人民政府：《浙中城市群规划（2008－2020）》，2011 年 6 月 13 日。

［87］中国社会科学院工业经济研究所：《中国工业发展报告：新中国工业 70 年》，经济管理出版社，2019。

［88］中华人民共和国国务院：《关于成渝城市群发展规划的批复》，2016 年 4 月 12 日。

［89］中华人民共和国国务院：《国务院关于兰州—西宁城市群发展规划的批复》，2018 年 2 月 22 日。

［90］中华人民共和国全国人民代表大会：《中华人民共和国国民经济和社会发展第十一个五年规划纲要》，2006 年 3 月 14 日。

［91］中华人民共和国全国人民代表大会：《中华人民共和国国民经济和社会发展第十二个五年规划纲要》，2011 年 3 月 16 日。

［92］中华人民共和国全国人民代表大会：《中华人民共和国国民经济和社会发展第十三个五年规划纲要》，2016 年 3 月 17 日。

［93］周明长：《三线建设与中国内地城市发展（1964－1980 年）》，《中国经济史研究》2014 年第 1 期。

［94］A. M. Angulo, J. Mur, F. J. Trívez, "Measuring Resilience to Economic Shocks: An Application to Spain", *The Annals of Regional Science*, 60 (2), 349－373, 2018.

［95］Cooke P., G. Schienstock, "Structural Competitiveness and Learning Regions", *Enterprise and Innovation Management Studies*, 1 (3), 265－280, 2000.

［96］Cooke P., "Regional Innovation Systems: Competitive Regulation in The New Europe", *Geoforum*, 23 (3), 365－382, 1992.

［97］Cowell F., *Measuring Inequality*, Oxford: Oxford University Press, 2000.

［98］Crozet M., "Do Migrants Follow Market Potentials? An Estimation of a New Economic Geography Model", *Journal of Economic Geography*, 4 (4), 439－458, 2004.

［99］Doloreux D. , C. Edquist, L. Hommen, "The Institutional and Functional Underpinnings of the Regional Innovation System of East-Gothia in Sweden", Paper Presented at The DRUID Summer Conference 2003 on Creating, Sharing and Transferring Knowledge: The Role of Geography, Institutions and Organizations, Copenhagen, June 12-14, 2003.

［100］Duranton G. , D. Puga, "Micro-foundations of Urban Agglomeration Economies", in J. V. Henderson, J. F. Thisse (ed.), *Handbook of Regional and Urban Economics*, Amsterdam: Elsevier, 4, 2063-2117, 2004.

［101］Freeman C. , Technology, *Policy and Economic Performance: Lessons from Japan*, London: Pinter Pub Ltd, 1987.

［102］Harris C. , "The Market as a Factor in the Localization of Industry in the United States", *Annals of the Association of American Geographers*, 44 (4), 315-348, 1954.

［103］Mansfield E. , M. Schwartz, S. Wagner, "Imitation Costs and Patents: An Empirical Study", *The Economic Journal*, 91 (364), 907-918, 1981.

［104］Markusen A. , "Sticky Places in Slippery Space: A Typology of Industrial Districts", *Economic Geography*, 72 (3), 293-313, 1996.

［105］Mensch G. , *Stalemate in Technology: Innovations Overcome the Depression*, Pensacola: Ballinger Publishing, 1979.

［106］Ottaviano G. I. , D. Pinelli, "Market Potential and Productivity: Evidence from Finnish Regions", *Regional Science and Urban Economics*, 36 (5), 636-657, 2006.

［107］Schumpeter J. , *The Theory of Economic Development*, London: Routledge, 2017.

［108］Solow R. , "Technical Change and the Aggregate Production Function", *The Review of Economics and Statistics*, 39 (3), 312-320, 1957.